청소년 인문학 수 ② 업

사회·과학·경제

일러두기

• 외래어 표기는 국립국어원 외래어 표기법을 따르되 일부 널리 쓰이는 관용적 표현에는 예외를 두었습니다.

청소년 인문학 수업 2

초판 1쇄 발행 2020년 8월 25일
초판 4쇄 발행 2023년 11월 30일

편저 백상경제연구원

펴낸이 조기흠
책임편집 최진 / **기획편집** 이수동, 김혜성, 박소현 / **자문** 장선화
마케팅 정재훈, 박태규, 김선영, 홍태형, 임은희, 김예인 / **제작** 박성우, 김정우
교정교열 책과이음 / **디자인** 이슬기

펴낸곳 한빛비즈(주) / **주소** 서울시 서대문구 연희로2길 62 4층
전화 02-325-5506 / **팩스** 02-326-1566
등록 2008년 1월 14일 제 25100-2017-000062호

ISBN 979-11-5784-438-8 03300

이 책에 대한 의견이나 오탈자 및 잘못된 내용에 대한 수정 정보는 한빛비즈의 홈페이지나
이메일(hanbitbiz@hanbit.co.kr)로 알려주십시오. 잘못된 책은 구입하신 서점에서 교환해드립니다.
책값은 뒤표지에 표시되어 있습니다.

⌂ hanbitbiz.com f facebook.com/hanbitbiz N post.naver.com/hanbit_biz
▶ youtube.com/한빛비즈 ⓞ instagram.com/hanbitbiz

지금 하지 않으면 할 수 없는 일이 있습니다.
책으로 펴내고 싶은 아이디어나 원고를 메일(hanbitbiz@hanbit.co.kr)로 보내주세요.
한빛비즈는 여러분의 소중한 경험과 지식을 기다리고 있습니다.

백상경제연구원 편저

청소년 인문학

공부와 삶을 연결하는 인문학

수 ② 업

NO NO

박정호 오준호
장형진 문승호
박영규 이효정
김형찬 최형선
박희용 권준수

사회 · 과학 · 경제

HB 한빛비즈
Hanbit Biz, Inc.

학문과 삶의 접점을 이야기하는 인문학

1995년 미국의 작가 얼 쇼리스Earl Shorris는 뉴욕의 한 복지시설에서 소외된 사람들을 위한 인문학 강의를 열었다. 노숙자와 마약중독자, 전과자 등 31명이 이 강의를 듣기 위해 참석했다. 사회 밑바닥에서 아무 희망도 없이 그냥 하루하루를 보내는 이들이었다. 쇼리스가 이들을 대상으로 인문학 강의를 시작했다는 소문에 주위 반응은 시큰둥했다. 먹을 것도, 잠자리도 없는 사람들에게 느닷없이 인문학 강의를 하겠다고 나섰으니 선뜻 이해가 되지 않는 것은 당연한 일이었다.

쇼리스는 이에 개의치 않고 사재를 털어 역사, 미술, 문학, 음악 등을 가르쳤다. 그러자 놀라운 일이 일어났다. 강의가 진행되면서 점차 노숙자들에게 세상을 보는 눈이 형성됐고 삶의 목표도 생겼다. 1년 과정의 강의를 마친 수료생 중에서 얼마 후 치과의사와 간호사, 패션디자이너도 나왔다. 쇼리스는 먹을거리와 잠자리보다 더 중요한 것이 있음을 강조했다. 그는 강의를 통해 인간이 살아야 하는 이유와 자존감 회복의 중요성을 일깨웠다. 이후 쇼리스의 인문학 강의는 북미, 호주, 아시아 등으로 확산됐다.

"역사를 왜 배워야 하나요?" "문학은 공부해서 어디에 써 먹나요?" 청소년들이 자주 하는 질문이다. 쇼리스의 인문학 강의는 이 질문에 답을 준다. 쇼리스가 인문학 강의를 듣는 이들에게 가르치려 했던 건 '삶을 성찰하는 방법'이었다. 청소년들이 인문학을 가깝게 느끼지 못하는 이유는 이 배움이 자신의 삶과 어떻게 연결되는지에 대한 확신이 없기 때문이다.

인문학은 삶을 대하는 태도와 다른 이들과의 관계 형성을 다루는 학문이다. 내 일상과 별개의 학문이 아니다. 인문학은 궁극적으로 학문과 삶의 접점으로 나아간다. 우리가《청소년 인문학 수업》을 펴내는 이유다.

《청소년 인문학 수업》에 담긴 강의들은 서울시 100여 곳의 중·고등학교를 찾아가 진행한 강의에서 좋은 평가를 받은 콘텐츠들이다. 특히 학문과 삶의 접점을 잘 드러내는 주제들을 엄선해 생각의 힘을 키울 수 있도록 했다.

지금은 융합의 시대다. 학문은 기본적으로 분절되어 있지 않다. 수학이 물리학으로, 물리학이 철학으로, 철학이 다시 문학으로 연결되면서 융합된다. 통찰의 힘은 여기서 나온다. 이전보다 더 많은 정보에 노출된 지금의 청소년들에게 무엇보다 필요한 것이 융합의 힘이 아닐까 생각한다.

코로나 바이러스 감염증이 계속 확산되면서 많은 사람들이 고통받고 있다. 하루 빨리 숨통 트이는 날이 와 여기서 텍스트로 만난 강의들을 직접 얼굴 맞대고 이야기 주고받는 날이 오기를 희망한다.

오철수
백상경제연구원장

(차 례)

청소년
인문학
수업

쉽게 풀어보는 경제원리

· 박 정 호 ·

· 연관 교과목 ·

	중등교과	고등교과
	사회과/사회/ 경제생활의 이해, 시장경제의 이해	사회/경제

· 키워드 ·

경제이론　경제학　경영　금융　투자

한계이론　기회비용　매몰비용　생산자　소비자

의사결정　물류　넛지효과

첫사랑이 기억에 오래 남는 이유는 무엇일까? 경제이론 중 '한계효용 체감의 법칙'을 적용해 보자. 효용가치는 처음 누릴 때 가장 강력하다가 점차 줄어든다는 이론이다. 인생에서 처음으로 이성에게 사랑의 감정을 느꼈을 때 그 감정이 가장 강렬하게 기억되며, 이후 연애를 하면 할수록 사랑의 애틋함과 간절함이 무뎌지기 쉽다는 논리로 해석된다.

당장 대학에 들어갈 것인가 말 것인가, 어떤 전공을 선택해야 할까 등 진로 선택의 기로에 서 있다면 여러분은 이미 경제적인 사고를 하고 있다. 이 같은 선택의 고민을 '기회비용'이라는 경제이론으로 간단히 해석할 수 있다. 기회 비용이란 하나를 선택하기 위해 다른 한쪽을 포기할 때 쓰는 용어다. 포기한 대안 중에서 가치가 가장 큰 것을 기회비용이라고 한다. 즉, 기회비용이 가장 작은 쪽을 선택하는 것이 합리적인 결정이라고 할 수 있다.

'경제학'은 한 사회의 한정된 자원을 관리하는 데 필요한 이론을 세우고, 사회구성원이 이를 위해 어떤 선택을 하고 어떻게 결정을 내리는가를 연구하는 학문이다. 복잡한 수식으로 무장한 어려운 학문이라는 선입견만 걷어낸다면, 경제학은 세상을 이해하는 데 더없이 유용한 지식이자 교양이다. 사회에 진출한 후 재테크 공부를 할 때 필요한 금융지식 역시 경제학의 일부다. 경제적 독립을 희망하는 사람들에게 경제학은 생존교양이자 필수지식이다.

살면서 경제적 판단을 하지 않는 사람은 없다. 교과서에 실린 개념으로 배우지 않았을 뿐이다. 기업을 운영하는 경영자는 물론 최고의 맛을 자랑하는 분식점의 사장님, 어린이날 장난감 선물을 고르는 조카에 이르기까지 누구나 가장 합리적인 선택과 판단을 위해 고민한다.

경제를 공부하면 논리도 터득할 수 있다. 실타래처럼 얽힌 사회현상을 간결하게 정리해 논리의 체계를 세우는 훈련을 자연스럽게 하게 된다.

경제학은 인간의 특성을 이해하기 위해서도 필요하다. 경제학의 연구분야는 인간의 본성과 관련된 내용이 적지 않다. 문명의 발상지인 바빌로니아 지역에서 발견된 함무라비 법전에는 범죄에 대한 처벌과 관련된 조항 외에도 경제와 관련된 조항이 절반에 가깝게 수록되어 있다. 인류가 문명을 탄생시킨 6천여 년 전부터 경제적 사고가 시작됐다고 할 수 있다.

결국 먹고사는 문제를 해결하는 과정에서 합리적으로 판단할 수 있도록 도와주는 학문이 경제학이다. '인간은 이성적이지 않다'는 전제하에 나온 행동경제학이 21세기 경제학의 대세로 자리매김하고 있다는 사실이 이를 잘 보여주고 있다. 나아가 경제학은 인간의 심리까지 연구영역을 확장하고 있다.

경제학은 개인을 행복으로 이끌어주는 학문이다. 인간의 삶에 가장 직접적이면서 강력한 영향을 주는 의식주 문제는 단 하루도 우리를 그냥 놔둔 적이 없다. 경제학은 보다 합리적이고 현명한 판단으로 의식주 문제를 해결해주는 밑거름이 된다. 경제학은 합리적인 경제적 판단으로 꿈을 실현하고 더 나은 세상을 만들어나가는 지식인이 되는 길이며, 국가의 경제정책을 이해하고 세계경제의 흐름을 읽을 수 있게 돕는 유용한 학문이다.

첫사랑이 기억에 오래 남는 이유

한계이론

모든 사람은 행복을 추구하며 살아간다. 경제 언어로 바꿔 말하자면 모든 경제주체는 자신의 만족을 극대화하기 위해 노력한다. 그런데 우리가 자신의 행복이나 만족을 높이려는 방식이 극단적인 선택이 아니라 단계적이며 점진적인 선택이라는 사실에 주목해야 한다. 예를 들어, 저녁을 맛있게 먹는 방법이 굶거나 폭식을 하는 등 극단적인 선택만 있는 건 아니다. 밥을 한 숟가락 더 먹을지, 반찬을 더 먹을지, 어떤 반찬을 한 번 더 먹을지 결정하는 과정에서 맛있는 저녁식사라는 목표를 달성한다. 경제학에서는 이러한 접근 방식을 '한계적marginal'이라고 표현한다.

합리적 결정의 근거,
한계적 접근 방법

'한계'란 특정 경제 행위를 한 단위 추가하는 것을 의미한다. 따라서 '한계비용Marginal Cost: MC'은 특정 경제 행위를 한 단위씩 더해서 늘어나는 비용을 의미하며, '한계수익Marginal Revenue: MR'은 특정 경제 행위를 한 단위 더해서 추가되는 수익을 의미한다.

한계비용과 한계수익의 개념은 개인 차원에서는 자신의 만족을 극대화할 방법을 제시할 뿐만 아니라, 기업 차원에서는 가장 저렴한 비용으로 물건을 생산하는 방법 또는 이윤을 극대화할 방법을 제시한다. 따라서 우리가 합리적인 결정을 내릴 수 있는지는 한계적 접근법에 따른 '한계분석의 원리Principles of Marginal Analysis'를 얼마만큼 정확히 숙지하고 있는지에 달려 있다.

커피숍을 예로 들면, 커피 한 잔을 추가로 판매하는 행위를 한계행위라 할 수 있다. 여기에서 한계수익은 커피 한 잔을 판매해서 벌어들이는 수입에 해당하는 커피 한 잔 가격을 의미하며, 한계비용은 커피 한 잔을 만들기 위해 추가로 투여된 전기료, 수도료, 인건비 등을 의미한다. 만약 커피 한 잔을 만드는 데 투여한 비용인 한계비용이 커피 한 잔을 팔았을 때 얻게 되는 수익인 한계수익보다 적다면 커피를 한 잔이라도 더 파는 것이 이익이다. 반대로 커피 한 잔을 만드는 데 투여된 비용인 한계비용이 이를 판매해서 얻게 되는 한계수익보다 많다면 한계비용과 한계수익의 차액만큼 손해를 보게 된다.

이러한 상황에서 한계비용이 한계수익보다 적다면 커피숍 주인은 계속해서 커피를 판매할 것이다. 그러다 한계비용이 한계수익보다 많아지면 바로 판매를 중단해야 한다. 그래야 손해를 막을 수 있기 때문이다. 따라서 한계수익과 한계비용이 같아지는 수준까지 커피를 생산한다면 커피숍 주인은 가장 높은 이윤을 달성할 수 있다.

한계비용: 현재 상태에서 특정 행위 하나를 더할 때 늘어나는 비용
한계수익: 하나의 행위를 더할 때 얻는 추가 수익
→ 한계비용과 한계수익이 같아질 때 매출이 최대화

백화점의 매장 크기를 결정할 때에도 한계분석의 원리는 유용하다. 한계비용과 한계수익이 같아지는 수준에서 매장 면적을 결정하면 이윤의 극대화를 달성할 수 있다. 여기에서는 매장을 한 평씩 넓히는 것을 한계행위라 할 수 있다. 매장 면적을 한 평 넓히면 매장이 그만큼 눈에 잘 띄어 더 많은 손님이 해당 매장으로 유입되고 매출은 늘어날 것이다. 따라서 매장 한 평을 넓혀서 고객이 추가로 매장으로 유입되고 이로 인해 증가한 매출액이 한계수익에 해당한다. 하지만 매장을 무작정 넓힐 수는 없다. 매장을 넓히려면 증가한 매장 평수만큼 임대료가 상승한다. 따라서 매장 크기를 한 평 늘리는 과정에서 추가로 지급하는 임대료가 한계비용에 해당한다.

합리적인 가게 주인이라면 한계비용과 한계수익을 비교해야 한다. 매장 크기가 작을 때는 매장을 한 평 넓혀서 유발되는 비용보다 고객의 눈에 잘 띄어 매상이 올라가는 효과가 더 클 수 있다. 이런 상황에서는 매장을 한 평씩 넓히는 것이 보다 높은 이윤을 달성하는 방법이다. 하지만 매장이 일정 수준 이상

으로 커지면 고객을 추가로 유인해서 얻는 매출증대 효과는 줄어들고, 오히려 추가로 부담해야 하는 임대료만 높아질 수 있다. 이렇게 되면 매장 크기를 줄여야 한다. 따라서 가장 높은 이윤을 가져다주는 매장 크기는 한계수익과 한계비용이 같아지는 수준에서 결정된다.

한계이론은 소비자 입장에서도 유용하다. 가장 큰 만족을 달성할 수 있는 소비활동을 알려주기 때문이다. 패스트푸드점에서 콜라와 핫도그를 먹을 때 얻을 수 있는 만족감을 수치로 표현할 수 있다고 가정해보자. 둘 중 어떤 것을 선택해야 가장 높은 만족감을 얻을 수 있을까? 핫도그 하나를 먹을 때보다 콜라 한 잔을 마실 때 만족감이 높으면 콜라를 마셔야 한다. 반대의 경우에는 핫도그를 먹어야 한다.

하지만 이 과정에서 우리는 한 가지 요인을 더 고려해야 한다. 바로 콜라와 핫도그의 가격이다. 만약 콜라가 핫도그보다 가격이 높으면 콜라를 마시는 것이 핫도그를 먹을 때보다 더 큰 만족감을 주었다고 말하긴 어렵다. 콜라가 핫도그보다 더 큰 만족을 주었더라도 더 큰 비용을 지불했다면 오히려 핫도그를 구매하는 것이 비용 대비 더 큰 만족감을 얻는 방법이기 때문이다.

첫사랑과 경제적 의사결정의 상관관계

일반적으로 한계효용은 특정 제품의 소비량이 늘어남에 따라 점차 체감한다. 콜라를 많이 마시면 처음 느꼈던 청량감은 점점 사라지고 결국 더부룩한 포만감만 느끼게 되는 시점이 오는데, 이는 소비량이 늘어남에 따라 한계효용이 점차 줄어들기 때문이다. 콜라 한 잔을 더 마시는 한계행위를 할 때마다 누리게 되는 효용이 점차 줄어드는 것이다. 경제학은 이와 같이 특정 제품이 추가로 소비됨에 따라 한계효용이 점차 감소하는 현상을 '한계효용 체감의 법칙Law of Diminishing Marginal Utility'이라 부른다.

첫사랑에 남다른 의미를 부여하고 첫사랑의 애틋함을 간직하는 이유도 한계효용 체감의 법칙과 연관이 있다. 인생에서 처음으로 이성에게 사랑의 감정을 느꼈을 때, 그 감정은 가장 강렬하게 기억된다. 이후 몇 차례 연애를 경험하면, 점점 사랑하는 사람에 대한 간절함이나 애틋함도 무뎌진다.

하지만 모든 제품이 한계효용 체감의 법칙을 따르는 것은 아니다. 어떤 제품은 소비자의 소비량이 증가함에 따라 한계효용이 체증하는 경우도 있다. 이러한 현상은 소비자들이 해당 제품의 사용량을 늘릴수록 해당 제품에 점차 익숙해져서 효용이 높아지는 상황에서 쉽게 목격된다.

스키는 한계효용이 체증하는 대표적인 사례다. 스키를 처음 배울 때는 즐

소비량이 늘어나면
한계효용은 줄어든다

거움보다 넘어지거나 속도에 대한 두려움이 훨씬 크다. 왜 스키가 재밌는지 공감하지 못하는 사람들도 많다. 하지만 스키를 타면서 스릴 있고 재미를 느끼는 순간에 이르면 두려움보다는 즐거움이 더 커진다.

블로그도 좋은 사례다. 블로그 운영 초기에는 상대적으로 재미가 적을 것이다. 블로그를 운영한다는 사실을 아무도 모를 뿐만 아니라 원활히 운영하기 위한 다양한 기능들도 익숙지 않기 때문이다. 하지만 조금씩 이용 횟수가 늘고 사용량이 증가하면서 해당 블로그는 점점 남다른 공간으로 변모한다. 비록 타인의 방문이 거의 없는 공간이라 하더라도 자신의 기록들을 담은 다양한 사진과 글들을 차곡차곡 모아둔 이곳은 이제 쉽게 버릴 수 있는 공간이 아니다. 물론 이 과정에서 친구와 지인들의 방문율이 높아졌다면 블로그 운영이 주는 의미는 남다르다. 해당 블로그에 투여한 시간과 비용이 많아지면 많아질수록, 즉 해당 제품의 소비량을 늘리면 늘릴수록 그로 인한 한계효용은 더욱 높아지는 것이다.

앞서 설명한 일련의 사례들을 통해 일상생활을 되돌아보면 자신이 내리는 경제적 의사결정이 대부분 '어떻게 하면 나의 이익을 극대화할 수 있을까?' 하는 고민에서 출발하는 경우가 많다. 그리고 이러한 고민을 실천할 때 단계적이고 점진적인 방식인 한계적 접근을 활용한다. 이러한 차원에서 한계이론은 어쩌면 우리가 가장 행복한 삶을 살아가는 원리를 설명하는 이론이 아닐까 싶다.

이유 없는 선택은 없다

기회비용과 매몰비용

삶은 선택의 연속이다. 때로는 하나를 선택하기 위해 다른 한쪽을 포기할 때도 있다. TV를 시청하려면 운동이나 독서를 포기해야 하며, 대학원에 진학하려면 취업을 잠시 미루거나 포기해야 한다. 경제학자들은 일찍부터 합리적인 선택을 위해서는 포기 잘하는 방법부터 찾아야 한다는 사실에 주목했다. 이런 과정에서 만고불변의 진리처럼 믿어온 의사결정의 가장 기본적인 원칙에 대한 새로운 시각이 바로 '기회비용'이다.

포기한 것 중
가장 가치가 큰 것과
이미 써버린 것

경제학용어사전에서는 기회비용을 '포기한 대안 중에서 가장 가치가 큰 것'이라고 설명하고 있다. 즉 여러 개의 선택 대안이 있을 때 그중 어느 하나를 선택하면 나머지를 포기하는데, 그 포기한 여러 가지 중에서 가장 가치가 큰 것을 기회비용이라고 한다.

우리는 의사결정을 할 때 기회비용이 가장 작아지는 방식으로 효율적인 의사결정을 할 수 있다. 오후 시간을 어떻게 사용할 것인지 고민하는 학생이 있다고 하자. 이 학생의 대안은 ①공부하기 ②남자(혹은 여자)친구와 데이트하기 ③게임하기 등 세 가지다. 이때 공부를 해서 얻는 가치란 A학점의 성적이 될 것이고, 남자(혹은 여자)친구와 데이트를 해서 얻는 가치는 이성과의 만남에서 얻는 즐거움이 될 것이다. 게임을 해서 얻는 가치는 재미일 것이다. 세 가지 대안의 가치를 수치로 표현할 때 그 값이 각각 100·90·80이라면, 공부를 선택하지 않을 경우 기회비용은 각각 100으로 가장 크다. 따라서 공부를 하는 것이 합리적인 선택이 된다.

경제활동 과정에서도 기회비용은 가장 중요하게 고려해야 하는 요인이다. 노동력을 활용한 경우에는 임금을, 자본을 이용한 경우에는 이자를, 그리고 토지를 사용한 경우에는 임대료 혹은 지대를 지불해야 한다. 여기서 한 가지 궁금증이 생긴다. '생산요소를 사용한 대가를 얼마만큼 지불해야 하는가' 하는 것이다. 이 순간에도 중요하게 고려해야 할 기준 중 하나가 기회비용이다.

노동이나 자본을 공급하는 사람들은 기회비용을 부담해야 한다. 노동의 경우에는 여가를 포기해야 하고, 자본의 경우에는 현재의 소비를 포기해야 한다. 따라서 기회비용은 무언가의 가격을 결정하는 데 고려해야 할 중요한 요인이다. 구체적으로 말하자면 기회비용이란 특정 재화나 서비스를 두 가지 이상의 용도에 사용할 수 있을 때 발생하며, 포기한 것 중 가장 가치 있는 것이 기회비용에 해당하기 때문에 기회비용은 가격 측정의 중요한 고려 요인이다.

특정인을 근로자로 계속 고용하려는 사람이 있다고 가정하자. 그런데 해당 근로자는 다른 직장에서 이미 현재 연봉의 1.5배를 약속받고 이직을 권유받은 상태다. 이 경우 이 사람이 지금 다니는 회사를 계속 다니면 이직으로 인한 연봉상승분을 포기해야 한다. 따라서 이 사람을 현재 회사에서 계속 근무하게 하려면 기회비용 이상의 임금을 지급해야만 한다.

기회비용이 의사결정에서 반드시 고려해야 할 요소라면, 절대로 고려해서는 안 되는 것이 있다. 바로 매몰비용이다. 매몰비용이란 이미 발생해 회수할 수 없는 비용을 말한다. 이미 지불해 돌이킬 수 없는 일련의 비용은 미래의 비용이나 편익에 아무런 영향을 미치지 못하는 비용이다. 따라서 경제적 판단이

기회비용은 포기한 대안 중에서 가장 큰 가치를 말한다.

필요할 때, 이전에 투입된 비용이 합리적으로 지출됐든 비합리적으로 지출됐든 간에 고려할 대상은 아니다.

공연을 보러 갔는데 기대와는 달리 재미없고 지루하다고 느끼면서도 입장료가 아까워서 공연을 계속 봐야 한다고 우기는 사람들이 있다. 그러나 이는 합리적인 의사결정이 아니다. 매몰비용을 무시하고 판단한 결정이 아니기 때문이다. 공연을 끝까지 보든 중간에 그만 보고 나오든 입장료는 이미 지불한 상태다. 따라서 지루함을 참아내며 곤욕을 참기보다 얼른 나와서 재미있는 일을 찾는 것이 만족도는 훨씬 높아진다.

가족과 함께 주말 계획을 세울 때도 매몰비용을 고려해 잘못된 의사결정을 하는 경우를 볼 수 있다. 등산을 좋아하는 가족이 주말에 비가 온다는 일기예보 때문에 등산을 취소하고 썩 내키지 않은 콘서트를 예매했다고 하자. 이 가족은 주말에 날씨가 화창해서 등산하기 딱 좋은 상황이 된다고 하더라도 콘서트 티켓이 환불되지 않는다는 이유로 콘서트장으로 직행할 가능성이 높다. 이역시 매몰비용을 고려한 잘못된 의사결정이다. 만약 돌이킬 수 없는 비용인 콘서트 티켓의 가격을 배제하고 가족끼리 주말에 즐겁게 보낼 방법을 논의했다면 이 가족은 자신들이 좋아하는 등산을 선택했을 것이다.

매몰비용은 의사결정 과정에서 철저하게 배제해야 할 개념이지만, 기업 현장에서는 매몰비용을 심각하게 고려해 잘못된 의사결정을 하는 경우가 종종 있다. 콩코드 여객기 개발 사업이 대표적인 사례 중 하나다.

1969년 프랑스는 초음속 여객기 개발 계획을 발표했다. 많은 국민과 학자가 "천문학적인 비용이 들어가는 콩코드 여객기 개발은 경제성이 없다"며 우려의 목소리를 높였다. 하지만 당시 프랑스 정부는 이미 지급된 금액이 적지

매몰비용을 염두에 두면 잘못된 결정을 하게 된다.

않아 개발 중단을 주저했고, 결국 1976년 콩코드 여객기가 완성됐다. 하지만 기체 결함과 만성적자에 허덕이다가 2000년대 초반 결국 사업은 중단됐다. 이때부터 매몰비용을 고려한 잘못된 의사결정의 오류를 '콩코드 오류'라 부르게 됐다.

기회비용과 매몰비용에 대한 새로운 해석

그동안 수많은 개인 혹은 기업 차원에서 내려진 의사결정은 경제학에서 제시한 기회비용과 매몰비용의 개념을 활용해 이루어졌다. 하지만 최근에는 기회비용과 매몰비용에 대해 새로운 접근과 해석이 나오고 있다.

만고불변의 진리처럼 믿어온 의사결정의 기본 원칙인 기회비용을 고려해 결정하면, 오히려 혁신을 가로막는 폐해가 유발될 수 있다는 지적이 제기되고 있다. 이를 처음 주목한 학자는 1972년 노벨경제학상을 받은 케네스 애로 Kenneth Joseph Arrow 교수다. 애로 교수는 이미 업계에서 확실히 자리매김한 기업과 신규기업 중 누가 더 혁신적인 기술 도입에 적극적일지 비교하는 연구를 수행했다. 당시 애로 교수는 독점기업보다는 신규기업이 혁신에 적극적인 태도를 보인다는 연구 결과를 발표했다.

　　그의 연구 결과에 따르면, 독점적 지위를 누리는 기존 기업은 막대한 수익을 가져다주는 현재의 기술을 포기하고 새로운 기술을 도입할 때 치러야 할 기회비용이 크다. 따라서 독점기업이 신기술을 도입하려면 현재의 기술로 벌어들이는 수익을 초과할 만큼의 수익을 낼 수 있다는 확신이 있어야 한다.

　　독점기업이 이런 성과를 쉽게 달성하기는 어렵지만 신규기업은 다르다. 신규기업은 신기술을 도입해도 포기해야 할 기존 설비투자나 인력 규모가 크지 않다. 즉 기존의 독점기업에 비해 신기술을 도입할 때 유발되는 기회비용이 작다. 따라서 신규기업이 기존의 독점기업보다 더 혁신적이고 개혁적인 태도를 취하게 된다.

　　독점기업이 잘못된 의사결정을 한 사례로 흔히 등장하는 회사가 코닥이다. 코닥은 1975년 세계 최초로 디지털카메라를 개발하는 데 성공했지만, 기존 필름 시장을 버리지 못해 쇠퇴의 길로 접어들었다. 당시 코닥 경영진이 신기술인 디지털카메라를 쉽게 받아들일 수 없었던 가장 큰 이유는 신기술 도입으로 인해 포기해야 할 필름 시장에서의 기회비용이 너무 컸기 때문이었다.

　　빌 게이츠도 자신의 저서에서 스마트폰 출현을 일찍부터 예언했지만 현재

기회비용과 관련해 자주 사례로 등장하는 코닥

마이크로소프트사는 스마트폰 시장에서 고전을 면치 못하고 있다. 이 회사가 스마트폰 시장에 빠르게 대처하지 못한 가장 큰 이유는 핵심 인력과 기술진을 모바일 쪽으로 옮겼을 때 발생할 기회비용이 컸기 때문이다.

기회비용에 근거한 의사결정이 경영 현장에 가져다줄 폐해는 더 있다. 기회비용은 시장가치에 따라 계산된다. 따라서 의사결정과 관련된 사안들의 시장가치가 바뀔 경우 한순간에 결정이 뒤바뀔 수 있다. 계산 주체 내지 범위를 어디까지 설정하느냐에 따라서도 달라질 수 있다.

예를 들어, 특정 부서를 기준으로 기회비용을 산출할 때 고려해야 할 요인과 회사 전체를 기준으로 기회비용을 산출할 때 고려해야 할 요인은 전혀 다를 수 있다. 피터 드러커 교수는 자신의 저서에서 "제2차 세계대전 이후 미국 기업 중 이익을 거둔 기업은 하나도 없다"고 평가한 바 있다. 드러커 교수의 이런 극단적인 발언은 기업에 투여된 주주들의 자본을 기회비용 관점에서 보다 넓은 범주까지 포괄해 비교한 결론일 것이다.

매몰비용의 고려를 제기한 크리스텐슨 교수

이와는 반대로 의사결정 과정에서 철저히 배제됐던 매몰비용에 주목해야 한다는 의견도 제기되고 있다. 가장 먼저 매몰비용을 주목한 사람은 클레이튼 크리스텐슨Clayton M. Christensen 하버드 대학교 교수다. 크리스텐슨 교수는 "매몰비용을 배제한 의사결정은 새로운 변화와 시도를 주저하게 만드는 요인으로 작용한다"고 언급한 바 있다.

복사기를 생산하기 위한 업체가 시장 상황을 잘못 판단해 막대한 설비투자를 감행했으며, 설비투자는 돌이킬 수 없는 상황이라고 가정해보자. 이때 복사기 판매가격이 복사기를 생산하는 데 투여되는 추가적인 가변비용보다 크기만 하면 생산을 하는 게 합리적인 선택이다. 예를 들어 복사기 한 대를 추가로 생산하기 위해 100만 원의 비용이 발생하더라도 복사기 판매금액이 100만 원보다 클 경우 그 차액만큼 설비투자로 인한 손실을 줄일 수 있다. 물론 이 같은 의사결정은 앞서 언급한 바와 같이 매몰비용인 설비투자 금액을 배제하고 얻어진 결론이라 할 수 있다.

지금도 수많은 경제학자들은 기회비용과 매몰비용 개념뿐만 아니라 우리의 합리적 의사결정을 돕기 위해 기존 개념을 재정립하거나 새로운 이론과 개념을 제시하려 노력하고 있다. 우리가 어떤 분야에서 무슨 일을 하던 간에 경제학이라는 학문에 주목해야 할 이유가 여기에 있다.

3교시

전쟁, 금융의 발달을 재촉하다

집안의 대소사에 필요한 소액은 물론 사업자금을 융통하지 못해 전전긍긍하는 상황은 살면서 누구나 한 번쯤 겪게 마련이다. 이런 예상치 못한 일을 겪으면 반드시 급전이 필요하다. 돈을 빌리고 빌려주는 금융의 가치는 급전이 필요한 상황을 들여다보면 쉽게 이해된다.

역사를 되돌아보면 금융은 절실하게 돈이 필요한 사람들로 인해 발달했다. 특히 사건·사고에 대응하지 못하게 될 경우 그동안 쌓아온 업적은 차치하고 심각하게는 자신과 가족의 생명까지 위협을 받게 될 수도 있는 사람들에 의해서 말이다.

금융은 인간의 불행을 막기 위해 존재한다. 역사상 가장 불행한 사건은 바로 전쟁이다. 칼과 방패를 들고 싸웠던 과거와 달리 과학기술의 발전으로 20세기 이후 전쟁은 막대한 자금이 필요했다. 부의 중심에 선 왕이라 해도 자신의 전 재산을 털어도 군자금을 충당하기 어려울 때가 있었다. 전쟁에 필요한 자금 융통을 모색하는 과정에서 오늘날의 금융체계가 성립됐고 금융상품이 개발됐다.

화폐를 발행하고, 금리를 결정할 권한을 가진 중앙은행의 탄생도 이와 무관하지 않다. 고대의 왕들은 화폐 발행 권한을 손아귀에 쥐기 위해 금속으로 화폐를 주조했다. 철과 구리 등 화폐의 원료가 된 금속광산은 왕의 소유자산이었기 때문에 화폐 발행을 통제하기 수월했다. 또 금속은 무기의 재료로도 쓸 수 있기 때문에 권력을 유지하는 데 필요한 자산이기도 했다. 뿐만 아니라 전쟁이 터져 자금이 필요할 때에도 신규 화폐 발행을 명령할 수 있었다.

전쟁,
금융의 발달을 재촉하다

현대사회에서 거대(또는 공적) 자금조달을 위한 일반적인 방법은 주식과 채권이다. 채권 역시 전쟁으로 인해 나온 금융상품이다. 채권은 정부, 지방자치단체, 회사 등 자금이 필요한 기관이 불특정 다수를 대상으로 자금을 조달할 때 투자자에게 발급하는 유가증권이다. 즉 채권은 돈을 빌릴 때 자신이 빌린 액수와 사용기간, 그리고 이자와 함께 언제 돌려줄 것인지를 표시한 일종의 차용증서다.

채권의 탄생은 자금을 공급·조달해야 하는 측에서 보면 일종의 혁명이었다. 은행대출 이외에도 불특정 다수에게 필요한 자금을 빌릴 또 하나의 방법이기 때문이다. 국가가 이러한 채권 발행에 관심을 갖게 된 배경을 거슬러 올라가 보면 전쟁과 맞닿아 있다. 전쟁을 치르는 중에는 막대한 군비조달이 필요했다. 세금을 거두는 방법이 있지만 세금은 일상적인 국가운영에 필요한 자금을 조달하는 수단이다. 일단 국가에 세금을 내고 나면 돌려받을 수 없는 것이 원칙이다. 전쟁에 필요한 비용을 조달하기 위해 막대한 세금을 부과할 경우 국민에게 전쟁을 치르는 명분을 설득하기 어려웠다.

하지만 채권은 다르다. 채권을 발행해 군자금을 조달하면 일시적으로 자금을 쉽게 조달할 수 있을 뿐만 아니라 국가에 돈을 빌려준 사람도 수익을 거둘 수 있기 때문에 호응을 얻기 쉬웠다. 국가는 전쟁에서 승리하면 전리품을 얻을 수 있어 채권을 쉽게 갚을 수 있었다. 여러 국가가 전쟁을 치르며 채권 발행에 관심을 두었던 이유가 여기에 있다.

영국의 전쟁 채권 광고

14~15세기 이탈리아 피렌체, 피사, 시에나 등에서는 전쟁을 치르기 위해 채권을 발행한 기록이 있다. 이들은 자국 시민만으로는 군대를 구성할 수 없어 용병을 고용하기 위해 채권을 발행했다.

19세기 초 세계 금융시장에서 막강한 권력을 행사했던 로스차일드 가문 역시 워털루 전투에서 상당한 부를 쌓았다. 전쟁이 터지자 로스차일드 가문에서는 프랑크푸르트 · 파리 · 런던 · 빈 · 나폴리로 이어지는 치밀한 정보망을 구축하고 자금을 축적했다. 전쟁 결과 가 선포되기 하루 전에 '영국군이 졌다'는 가짜 정보를 흘려 국채를 샀던 사람 들이 팔아치우자 로스차일드 가문은 시장에 나온 영국 국채를 모두 사들여 20 배나 되는 이득을 챙겼다는 사실은 금융사에서 유명한 일화로 남아 있다.

채권은 남북전쟁의 승리를 결정짓는 요인으로 작용하기도 했다. 전쟁이 터 지자 남부군은 군자금을 조달하기 위해 유럽인을 대상으로 남부의 특산품인 면화를 담보로 채권을 발행했다. 유럽에서는 미국에서 전쟁이 터지면 면화 가 격이 상승할 것으로 예상하고 이 채권에 적극적으로 투자하려고 했다. 하지만 예상은 빗나갔다. 북부군이 남부군의 면화 생산과 수출의 요충지를 점령해버 린 것이다. 투자자들은 남부에서 발행한 채권의 이자는 물론이고 대신 받기로 한 면화조차도 제대로 받기 어려운 상황이 되었다. 결국 채권을 팔아 군자금 을 마련하려는 계획이 수포로 돌아갔고, 전쟁은 남부군의 패배로 끝났다.

전쟁을 위한 십시일반, 채권

현대 금융산업에서는 수학적 방법론이 널리 쓰인다. 금융에 정밀한 수학적 · 공학적 개념을 적용하게 된 배경에도 전쟁의 그늘이 드리워져 있다. 20세기 중반 미국 정부는 물리학자와 수학자들을 육성 하고 이들에게 다양한 연구를 맡겼다. 군사적인 이유에서였다.

제2차 세계대전 동안 미국 정부에 고용된 물리학자와 수학자들은 군수물자 관리·암호 해독·레이더와 원자폭탄 개발 등 다양한 분야에 참여해 성과를 거두었다. 미국 정부는 종전 후에도 군사 및 우주기술 개발을 위해 거액을 투입해 연구를 수행했다. 소련이 1957년 세계 최초로 인공위성을 발사하자 미국은 일명 '스푸트니크 쇼크'를 앓으며 자존심에 큰 상처를 입었다. 그러자 미국 정부는 예산을 대폭 늘려 대학과 연구소를 지원했고 물리학자와 수학자들은 쉽게 일자리를 구할 수 있었다.

그러나 호시절은 1970년에 들어오면서 막을 내렸다. 1973년 제4차 중동전쟁이 터지면서 페르시아만의 산유국들이 가격 인상과 원유 감산에 돌입했다. 오일쇼크가 터졌고, 1975년 군대를 철수하기까지 10여 년간 계속된 베트남전쟁 때문에 미국은 극심한 재정적자에 시달렸다. 여기에 미소 냉전체제가 종식되자 미국 정부는 대학과 연구소의 연구개발 지출을 줄였다. 더 이상 많은 숫자의 물리학자와 수학자가 필요하지 않게 된 것이다.

1950~1960년대 박사학위를 딴 많은 물리학자와 수학자들은 일자리를 찾아 떠돌아다니는 신세가 됐다. 이들은 대학이든 연구소든 일자리가 있는 곳이라면 단기 임시직이라도 일을 할 수밖에 없었다. 그나마 일자리를 얻으면 다행이었다. 학계에서 급료가 낮고 고용이 불안정한 자리도 차지하지 못한 이들은 다른 분야로 눈길을 돌려야 했다.

그들을 받아준 곳이 바로 뉴욕의 월스트리트, 즉 금융권이다. 오일쇼크로 석유가격이 폭등하고 금리가 치솟자 인플레이션에 대한 두려움으로 금값이 삽시간에 온스^{oz} 당 800달러를 넘었다. 금융시장은 앞날을 예측하기 어려운 상황으로 바뀌었다. 가장 안정적이던 채권마저 하루아침에 위험천만한 금융자산으로 전락해버렸다. 금리와 주가변동예측이 중요한 과제가 됐다. 이렇게

1960년대 많은 수학자들이 월스트리트 금융권으로 몰렸다.

되자 위험요소의 관리와 분산이 금융계의 새로운 화두로 떠올랐다.

　문제의 해답은 물리학자와 수학자가 제시했다. 물리학은 시간에 따른 사물의 변화를 관찰하는 방식, 즉 동학動學 혹은 역학力學에 관한 학문이다. 물리학자들은 물리학적 방법론을 금융시장에 적용해 주가의 움직임을 파악하고 예측하는 데 적용했다. 수학자들도 마찬가지였다. 금융상품의 수익률을 계산하고, 투자과정에서 발생할 위험성을 계산해냈다. 정교한 투자기법이 절실했던 금융회사들의 수요와 넘쳐나는 물리학·수학자의 공급이 맞물리면서 금융산업은 수학적·공학적으로 정밀하게 진화하게 된 것이다.

　21세기에도 지구 어디에선가 전쟁은 계속되고 있다. 각 나라들은 전쟁에서 승리하기 위해 금융 수단을 정교하게 활용하고 있다. 본격적인 전투에 앞서 상대국가의 국력을 약화시키기 위해 해외 송금을 차단시키는 등 금융 제재부터 단행하는 것은 이제 기본적인 매뉴얼이 됐다.

금융산업은 야누스의 두 얼굴을 갖고 있다. 현대인의 삶을 윤택하게 하는 수단이라는 온순한 얼굴과 탐욕과 독식을 위해 전쟁을 불사하며 공학자들을 동원하는 악마적인 얼굴이다. 인간의 욕망이 살아 있는 한 어떤 형태로든 금융산업은 지속적으로 발전할 것이다.

4교시

물류, 도시를 만들다

'사농공상士農工商'은 중국 춘추시대 이후로 동아시아에 오랜 기간 자리 잡았던 신분제도 중 하나다. 조선시대에는 성리학을 강조하며 농본억말農本抑末과 같이 상업을 억제하는 정책을 펼쳤으니 이 시기에 경제학 혹은 경제학자다운 면모를 찾기 어려운 건 당연지사다. 그러나 여기에 반기를 든 사람이 있었다. 바로 박제가朴齊家다.

조선시대 후기 실학자이자 북학파인 그는

수레에 주목한 박제가

요즈음으로 치면 외교관이자 통역관으로 인정받았겠지만, 18세기 조선에서는 조정 사신의 수행원으로 청나라를 드나들던 말단 관료에 불과했다. 조선시대를 대표하는 경제학자 혹은 경제적 식견을 가진 인물로 그를 감히 꼽는 이유는 조선 정조 때 쓴 저서《북학의北學議》에서 찾을 수 있다. 박제가는《북학의》〈내편內編〉에 부강한 청나라의 원동력을 자세하게 소개했고, 조선이 가난한 원인을 정리해두었다. 청나라를 네 차례 드나들었던 박제가가 눈여겨본 것은 수레와 선진 물류체계였다. 청나라 경제를 부강하게 만든 주요 요인으로 수레를 주목한 것이다.

수레는 하늘을 본받아 만들어서 지상을 운행하는 도구다. 수레를 이용해 온갖 물건을 싣기 때문에 이보다 더 이로운 도구가 없다. 유독 우리나라만이 수레를 이용하지 않는데 그 까닭은 무엇일까. 내가 그 까닭을 물으면 곧잘 "산천이 험준하기 때문이다"라고 대꾸한다. (…)

짐을 싣는 상자는 두 바퀴 사이에 놓인다. 짐 상자에 실리는 물건의 크기는 바퀴의 폭에 따라 제한을 받는다. 반드시 나무널판을 상자 위에 가로로 다시 얹어 그 위에 짐을 더 싣고 바퀴가 널판 아래에 놓이게 한다. (…)

우리나라는 동서의 길이가 1000리이고 남북의 길이는 그 세 곱절로 서울이 그 중앙에 위치한다. 사방의 산물이 서울로 몰려들어와 쌓이는데 각지로부터 거리가 횡으로 500리를 넘지 않고 종으로 1000리를 넘지 않는다. (…)

육지로 통행해 장사하는 사람은 아무리 먼 곳이라도 오륙 일이면 넉넉하게 목적지에 도달하고 가까운 곳이라면 이삼 일 걸린다. 잘 달리는 사람을 대

기시켜 놓았던 유연처럼 한다면 사방 물가의 고하는 수일 안에 고르게 조
정할 수 있을 것이다. (…)

영동에서는 꿀이 많이 나지만 소금이 없고, 관서에서는 철이 생산되지만
감귤이 없으며, 함경도에서는 삼이 잘 되고 면포가 귀하다. (…)

자기가 사는 지역에서 많이 나는 물건으로 다른 데서 산출되는 필요한 물
건을 교환해 풍족하게 살려는 백성이 많으나 힘에 미치지 않아 그렇게 하
지 못한다.

– 《북학의》〈내편〉, '수레' 중에서

수레가 길을 만든다

당시 조선의 일반적인 교통수단은 도보였다.
말을 타고 다니기도 쉽지 않았다. 일반적으로 말이 소보다 많이 먹어 유지비
용이 막대했기 때문에 양반이나 돼야 말을 타고 다녔다. 하지만 노비가 말을
끌고 가면서 이동하다 보니 속도는 노비의 걸음걸이에 맞춰질 수밖에 없었다.
상거래를 맡았던 보부상도 봇짐을 지고 다니며 물건을 판매하는 형식의 거래
만 가능했다. 상거래 속도와 규모를 따져볼 때 조선에서는 상공업이 발달하기
어려웠다.

하지만 청나라는 달랐다. 거리에서 흔히 볼 수 있는 마차는 상거래의 규모
를 확대할 운송수단이었다. 보부상의 등짐과는 비교할 수 없을 정도의 상품을
싣고 원거리를 이동하며 장사를 할 수 있었기 때문이다.

조선에서 수레를 활용하기 어려웠던 이유는 지리적인 여건 탓도 있었다. 전 국토의 70퍼센트가 산지였고, 도성인 한양도 사대문을 벗어나면 무악재 등 험준한 고개를 넘어야 했다. 한양에서도 말 한 필이 겨우 지나갈 정도로 좁은 길이 허다했다. 마차가 여유롭게 다닐 수 있는 도로가 없었던 것이다.

도로시설 등 원활한 물류환경을 갖추지 못했던 조선은 대규모 상거래 활동이 불가능했다. 시설이 미비해 상거래가 발달하지 못한 탓에 조선시대에는 시장을 갖춘 도시가 형성되기 어려웠다. 수레예찬론을 펼친 박제가는 수레가 다니면 길이 자연스럽게 만들어진다면서 청나라를 벤치마킹해 표준화해야 한다고 주장하기도 했다. 거리를 이동하는 시간을 단축하면 물가조절도 가능하다는 것을 그는 알고 있었다. 물류와 통상이 부국강병의 지름길이라는 것을 청나라의 선진문물을 통해 깨달은 것이다.

물류가 발달하면 새로운 거점도시가 형성되게 마련이다. 도시의 탄생은 생산의 변화에서 시작된다. 자급자족하던 원시시대에는 모여 살 필요가 없었다. 모여 살 경우 도난의 위험성이 커질 뿐 아니라 전염병 등 위생적으로도 문제가 많았다.

지금의 터키 중남부 지역에 고대 아나톨리아 도시 카탈 후유크Çatal Hüyük가 발견되면서 기원전 7000년 중반에도 신분과 출신지역에 따라 각각 다른 경제활동이 있었음이 확인되었다. 양탄자를 짜고 토기와 공예품을 제조하는 기술과 물자를 운반한 흔적이 발견된 것으로 보아 인근의 메소포타미아 문명과 교류한 것으로 짐작된다. 그들은 이미 직업의 전문화, 분업화로 생산활동에만 전념하며 생산력을 증대시켰다. 또한 잉여생산물을 인근 도시와 교환하면 더욱 풍요로워진다는 사실을 알게 되었다. 교환경제 아래에서는 서로 이웃해있

고대 도시 카탈 후유크 유적

으면 물물교환이 수월해 거래비용이 낮아진다는 사실을 깨달은 것이다.

교역이 가능하면
어디든 도시가 된다

특정 지역에 도시를 형성한 사람들은 그 형태를 획일화할 필요는 없다는 사실을 깨달았다. 기후, 지정학적 위치, 토양 등의 차이로 생산품이 달랐기 때문이다. 각각의 도시들은 농산물, 수산물, 축산물 등 생산품이 달랐다. 도시마다 생산활동 측면에서 서로 다른 비교우위 품목이 생기자 도시는 다양한 형태로 진화·발전하기 시작했다.

4대 문명발상지는 대부분 평야와 강을 인접한 지역에 있다는 공통점이 있지만, 교환경제로 만들어진 도시는 새로운 자연조건 하에서 조성됐다. 사막 한가운데, 고산지대 등 척박한 곳이지만 다른 도시와의 교역으로 부족한 물품을 거래할 요건이 갖춰지면 어디든 도시가 형성됐다.

기원전 3000년경 페니키아인들은 염료를 생산할 수 있는 지역에 도시를 형성하고 교역을 하며 살았다. 도시국가로 유명한 아테네의 경제활동의 핵심도 교역이었다. 아테네는 가내수공품과 올리브 제품을 생산했고, 필요한 물품은 교역을 통해 조달했다. 이 밖에 베니스, 제노바 등 고 대도시 중에는 교역 없이 형성되기 어려운 경우가 많았다. 도시 간 교역은 다양한 지역에 도시가 출범할 수 있게 만든 주요 원동력이 됐다.

초창기 교역 중심의 도시가 언제 어디서 시작됐는지를 명확히 확인할 근거는 아직까지 밝혀지지 않았다. 하지만 도시 간의 교역 규모가 확대되면서 교역 혹은 중개무역의 기능만으로도 존재하는 도시가 등장했다. 원거리 교역이 발달하면서 상인들의 휴식을 위한 장소가 필요했고, 이와 함께 형성된 도시들이 생겨난 것이 그 예다. 그리고 이들 교역 도시는 숙박뿐 아니라 보험, 대출, 투자 등 새로운 서비스를 수행하는 형태로 발전하기 시작했다. 직접적인 생산에 기반하지 않고도 도시가 형성될 수 있는 환경이 갖춰졌다.

미국의 발전사를 살펴보면 도시 형성의 과정을 다시 확인할 수 있다. 청교도가 미국에 도착한 후 처음 도시가 형성된 곳은 보스턴, 뉴욕 등 동부 해안가와 오대호 연안이었다. 이후 옥수수, 밀, 면화 등 특정 농산물 생산이 유리한 내륙지역에 도시가 형성됐고, 동부 해안도시와 교역을 통해 필요한 물품을 조달하기 시작했다. 서부 해안지역까지 개발되자 미국 중앙에는 교역 도시들이

1800년대 미국 보스턴의 모습

형성되기 시작했다.

물류에서 소비로, 도시의 이동

역사적인 사례로 미루어볼 때, 도시의 형성과 발달과정에서 물류와 교역은 경제활동의 핵심 역할을 했다. 미래의 도시 형성도 물류가 핵심 요소가 될 것이다.

최근 인터넷의 발달로 물류산업도 크게 바뀌었다. 상점에 들러 구매할 상품을 직접 눈으로 확인하고 비용을 지불하던 오프라인 상거래 방식은 클릭 한 번으로 문 앞까지 배달이 되는 온라인 방식으로 진화했다.

2015년 7월 이후 시가총액 기준 세계 최고의 물류기업이 오프라인 중심인 월마트에서 온라인 중심인 아마존으로 바뀐 것은 어찌 보면 예견된 사건이었다. 이러한 거래 행태의 변화는 도시의 흥망성쇠에도 영향을 주었다. 주요 항구도시는 창고와 운송기능을 제외한 현장 거래가 대폭 축소됐고, 전통시장과 지방의 오일장은 예전과 같이 비중 있는 역할을 수행하지 못하고 있다.

인류는 생산과 물류보다는 소비가 원활한 곳에 거주지를 선택하기 시작했다. UN 경제사회국DESA이 발표한 〈2012년 유엔도시보고서〉에 따르면, 현재 전 세계 인구의 절반 이상이 도시에 살고 있으며, 매달 500만 명에 가까운 인구가 도시로 이주하고 있다. 머지않아 도시는 인류의 보편적인 거주지가 될 것으로 예상된다. 이제 특정 지역을 발전시키려면 기업을 유치할 것이 아니라 다양한 가게와 상점 등을 유치하는 것이 더욱 효과적인 수단이 될 것이다.

나도 모르는 사이에
나의 선택에 개입하는, 넛지 효과

　마트나 백화점 등 유통채널이 발전하면서 소비자에게 노출되는 제품의 종류는 증가하고 있다. 미국의 경우 1949년 식료품점에서 구매할 수 있는 물품은 약 3,700종에 불과했지만, 오늘날에는 약 45,000종으로 12배가 넘는다. 이러한 증가율은 전체 늘어난 물품 수에 비하면 제한된 상승폭에 불과하다. 넘쳐나는 제품 중에서 그나마 선별해서 매장에 올려놓고 있기 때문이다. 이 과정에서 자연스럽게 판매자들은 소비자들에게 몇 개의 물건을 제시해야 할지 고민하게 된다.

　유통업체는 가능한 한 많은 상품을 한눈에 볼 수 있도록 매장에 배치하면 소비자들이 선호하는 상품이 있을 가능성이 커져 소비자들의 만족도가 자연스럽게 높아진다고 생각하는 경향이 있다. 하지만 결과는 다르다.

선택지가 많다고
만족감도 높아질까?

행동경제학에서는 이를 '선택의 역설Paradox of Choice'이론으로 설명한다. '선택의 역설'이란 선택의 폭이 넓어지면 오히려 만족도가 떨어지는 현상을 말한다. 선택의 폭이 넓어지면 소비자들이 자신이 선호하는 선택지가 많아져 만족도가 더 높아질 것이라고 생각하기 쉽다. 하지만 선택할 대상이 많아지면 소비자들은 오히려 적합한 것을 고르는 데 어려움을 겪는다. 최종적으로 선택한 것이 최적의 선택이 아닐 가능성도 높아진다. 선택지가 많을 경우 설사 자신이 고른 물건이 최적의 선택이었다 하더라도, 수많은 선택지 중에서 나에게 더 적합한 대안은 따로 있지 않았을까 하는 생각에 불안해질 수 있다. 선택지를 늘리는 것이 반드시 고객의 만족감을 높이는 일이 아니라는 말이다.

미국 스와스모어대학교 심리학과 배리 슈워츠Barry Schwartz 교수는 흥미로운 실험을 했다. 슈워츠 교수는 실험 참가자들을 두 그룹으로 나눠 쇼핑센터의 잼을 구매하게 했다. 이때 한 그룹에는 6종의 잼을 보여주었고, 또 다른 그룹에는 24종의 잼을 보여주었다. 실험 결과 24종의 잼이 진열되어 있을 때 방문자 수가 가장 많았지만, 구매자 수는 6종의 잼이 진열됐을 때가 더 많았다. 슈워츠 교수는 너무 많은 선택지가 소비자들의 최종선택을 주저하게 만들고 결국 사람들을 쫓아내는 효과만 가져왔다고 설명했다.

더 적은 종류의 잼을 진열했을 때 구매가 늘었다.

하지만 무작정 선택지를 줄이거나 최적의 대안만을 제시하는 것도 정답은 아니다. 사람들은 하나의 대안만 주는 것도 좋아하지 않는다. 이를 '단일대안회피Single-Option Aversion' 성향이라고 한다. 사람들은 대안이 하나만 있으면 다른 대안을 찾아 서로 비교하고 차이를 분명하게 확인한 후에 최종적으로 선택하는 방법을 선호한다. 하나의 딸기잼만 보여주면 뭔가 더 찾아보고 결정해야 할 것 같아 결국 구매를 거부하고 다른 매장의 딸기잼을 찾아보려 한다는 것이다.

소비자들은 너무 적은 선택지도 싫어하고, 그렇다고 너무 많은 선택지도 좋아하지 않는다. 즉, 선택지 수를 늘리고 줄이는 것으로는 소비자들을 설득하기 쉽지 않다.

눈치 채지 못하게
슬쩍 개입하는 기술

그렇다면 소비자들을 설득하는 유의미한 전략은 무엇일까? 최근 주목받고 있는 이론이 바로 '넛지^{Nudge}' 효과다. 넛지는 미국 시카고대학교 경영대학원의 행동경제학자이자 노벨경제학상을 받은 리처드 탈러^{Richard H. Thaler} 교수와 하버드대학교 로스쿨 캐스 선스타인^{Cass R. Sunstein} 교수가 제시한 개념이다. 넛지는 '팔꿈치로 슬쩍 찌른다'라는 뜻으로, 사람들의 선택을 일정 방향으로 유도하기 위해 직접적이고 강제적인 메시지를 사용하는 것이 아니라 눈치채지 못할 정도로 간접적이고 은유적인 방식으로 개입하는 전략을 말한다.

남자 화장실의 소변기 위에 '화장실을 깨끗이 사용하세요'라는 문구를 붙여놓아도 사용자들에게는 은밀한 장소에서 훈계받는 느낌을 주기 때문에 화장실 문화 개선이라는 목적을 달성하기 쉽지 않다. 대신 재미있으면서도 사소한 시도로 큰 효과를 보는 방법이 있다. 소변기 내부 중앙에 파리 모양의 스티커를 붙여놓아 사용자가 소변을 보면서 소변기 중앙에 붙은 파리를 겨냥하고 싶은 흥미를 유발시키는 것이다. 실제 네덜란드 암스테르담의 스히폴 국제공항에서 이 방식이 최초로 시도됐는데 파리 스티커를 붙이기 전보다 소변기 밖으로 튀는 소변의 양이 80퍼센트나 줄었다.

넛지 효과가 알려지면서 기업들은 무분별한 마케팅 효과에 의구심을 가졌다. 가장 저렴한 마케팅 방법인 불특정 다수에게 광고성 메일을 보내는 것은 스팸메일을 양산할 뿐 판매에는 별다른 효과가 없다. 또 불특정다수에게 전화

넛지 효과를 적용한 소변기

를 걸어 설득하는 텔레마케팅 방식도 판매 증진 대신 불쾌함만 커지게 만들 뿐이다. 고객이 알지 못하는 사이에 스스로 설득되도록 하는 방식인 넛지 효과는 기존 마케팅 방법론의 한계를 극복할 방법으로 주목받았다.

　현재 글로벌 혁신기업들은 넛지 형식의 마케팅 방식을 찾아내고 있다. 넷플릭스는 수백 개가 넘는 영화 중 어떤 영화를 봐야 할지 고민하는 고객들을 위해 영화를 추천해주는 시스템을 도입했다. 고객이 초기에 설정한 선호도와 이후 서비스를 이용하는 과정에서 추가로 선택한 영화 등을 조합해 좋아하는 배우와 감독, 영화 장르와 스토리를 바탕으로 맞춤식 영화를 추천해준 것이다. 실제로 고객이 넷플릭스에서 소비하는 영화 중 60퍼센트 이상이 추천 시스템을 통해 제시한 영화라고 한다.

　아마존도 고객 추천 시스템으로 유의미한 성과를 거둔 기업이다. 아마존은 자체 계정으로 로그인해도 되지만 페이스북 계정을 연동해서 사용해도 된다. 하지만 각각의 계정으로 접속할 때 차이점이 있다. 페이스북 계정으로 로

그인하면 페이스북에 담긴 개인정보와 지인들의 정보를 바탕으로 적합한 상품을 추천해준다. 친구에게 줄 생일선물을 고를 때도 페이스북 계정으로 로그인하면 아마존은 내 페이스북 친구들의 위시리스트를 확인해 그들이 무엇을 원하는지를 알려준다. 구매자는 내 친구의 위시리스트 목록에 있는 상품 중에서 적절한 것을 고르기만 하면 된다. 예전처럼 개별적인 취향과 전혀 상관없는 내용으로 가득 찬 스팸메일을 지속적으로 보내는 행위는 해당 회사에 반감만 갖게 한다. 하지만 친구의 생일을 빌미로 보낸 추천 메일은 새로운 감성으로 다가온다.

사람들은 기꺼이 비용을 지불한다

가격 정책도 넛지 효과를 활용해 다양한 전략을 사용하고 있다. 그중 하나가 'PWYW^Pay What You Want' 전략 즉, 고객 스스로 원하는 만큼 지불하는 방식이다. 가격은 일반적으로 제품이나 서비스를 공급하는 회사가 결정한다. 하지만 PWYW 전략은 고객 각자가 자신이 지불하고 싶은 금액을 내는 구조다. 이는 가격을 기업이 일방적으로 정하고 소비자에게 강요하는 방식에서 벗어나 소비자 스스로 가격을 정할 기회를 주어 더 많이 소비하고 더 많이 지출하도록 유도하는 전략이다.

자신이 구매한 물건의 가격을 스스로 결정하고 지불한다면 과연 누가 돈을 내겠느냐고 의문을 제시할 수도 있다. 실제 물건을 공짜로 이용하는 사람도 적지 않다. 하지만 예상과 달리 많은 사람이 기꺼이 일정 수준 이상의 금액을 지불하고 있다. 심지어 회사에서 책정한 희망가격보다 더 비싼 가격을 지불하는 고객도 많았다.

독일 프랑크푸르트 대학교에 다니던 김주용 연구원은 PWYW 전략과 연관된 흥미로운 사례를 학계에 발표한 바 있다. 그가 주목한 곳은 프랑크푸르트 시내의 뷔페였다. 원래 이 뷔페의 이용료는 식당에서 제시한 7.99유로였다. 이 뷔페에서 PWYW 전략을 도입하자 평균 이용료는 6.44유로로 이전의 이용료보다 낮아졌다. 대신 이용자는 늘어 매출이 32퍼센트나 증가했다. 원하는 만큼 지불할 수 있는 식당이 생겼다는 사실이 또 하나의 홍보 효과로 작용해 이용객이 증가한 것이다. 해당 연구팀은 프랑크푸르트 뷔페 사례가 다른 분야에도 적용되는지 확인하기 위해 극장과 음료가게에 PWYW 전략을 적용해보았다. 실험 결과, 극장에서는 입장료가 6.81유로에서 평균 4.87유로로 낮아졌지만, 음료 가게에서는 오히려 가격이 1.75유로에서 1.94유로로 상승했다.

실제 PWYW 방식으로 지불하는 사례가 있다.

넛지 효과가 스스로 인지하지 못한 상태에서 강요당하는 구조를 만든다는 부정적인 이미지도 있다. 하지만 넛지 효과를 긍정적인 측면으로 활용하기 위한 시도들은 다수 존재한다. 미국 미네소타주에서는 체납고지서에 '주민의 90퍼센트 이상이 이미 납부했다'는 문구를 넣었더니 법적 처벌을 명시할 때보다 납세율이 더 높아졌다. 체납요금을 납부하라는 강요 전화나 직접 방문

없이도 다른 사람들의 행태를 소개해서 자연스럽게 납부를 유도한 것이다.

미국 퇴직연금제도도 또 다른 성공사례다. 미국 정부와 의회는 근로자가 퇴직연금 운용상품을 고르지 않으면 자동으로 최적의 상품을 선택해 운용하는 디폴트 옵션을 도입했다. 이어 2009년에는 근로자가 거부의사를 밝히지 않는 한 자동으로 가입시키는 자동가입제까지 시행했다. 그 결과 자산 규모는 지난 10년간 2배 가까이 증가했다고 한다.

강도가 칼을 사용하면 사람을 위협하는 무기가 되지만, 의사가 사용하면 생명을 살리는 도구가 될 수 있다. 이처럼 경제이론이나 개념도 어떻게 슬기롭게 활용하느냐가 관건이다.

정리

- '어떻게 하면 내 이익을 극대화할 수 있을까'의 고민이 '한계분석의 원리'를 낳았다.
- 의사결정에서 '기회비용'은 꼭 고려해야 할 원칙, 배제해야 할 원칙은 '매몰비용'이다. 그러나 보다 합리적인 의사결정을 위해 기존의 개념은 계속 재정립되고 있다.
- 채권이 전쟁에서 비롯된 금융상품인 것처럼, 지금도 전쟁을 중심으로 정교하게 금융 수단이 활용되고 있다.
- 물류와 교역이 도시 형성의 주요인이었으나, 최근 인류는 소비를 중심으로 도시를 형성한다.
- 사람의 선택에 간접적으로 개입하는 '넛지 효과'는 많은 정책과 마케팅에 응용되어 지금도 효과를 내고 있다.

제4의 물결

· 오 준 호 ·

· 연관 교과목 ·

중등교과	고등교과
사회과/역사	사회/세계사

· 키워드 ·

혁명	세계의 혁명	민주주의	영국혁명	시민혁명

프랑스대혁명	러시아혁명	베트남혁명	촛불혁명

왜 알아야 할까

역사에서 가장 드라마틱한 이야기를 꼽으라면 혁명이 으뜸으로 꼽힐 것이다. 단단해 보이던 제방이 큰 파도에 무너지듯 막강한 권력이 대중의 저항에 쓰러지는 사건을 우리는 혁명이라고 부른다. 그런데 혁명의 역사를 공부하다 보면 회의감이 들 때가 있다. 영화나 그림 속 혁명의 이미지는 카타르시스를 불러올 만큼 권선징악이 뚜렷하지만, 실제 역사를 살펴보면 성공한 혁명을 찾기가 쉽지 않기 때문이다.

혁명은 기존의 정치체제와 사회질서 전반을 완전히 변모시키는 사건을 뜻한다. 하지만 그러한 의미에서 성공한 혁명은 프랑스대혁명을 제외하면 찾기 어렵다. 대부분의 혁명은 처음 지향했던 목표 달성에 실패하거나 일시 성공하더라도 추구하던 이상과는 다른 방향으로 변질됐다. 게다가 혁명의 과정에서 많은 사람들이 피를 흘려야 했다. 지배 권력은 저항 세력을 탄압하면서 순순히 물러나지 않았다. 이념의 차이로 혁명을 함께한 동지들끼리 죽이는 일도 있었다.

그래서 어떤 이들은 "혁명으로 무엇이 더 나아졌는가? 통치자가 새 통치자로 바뀐 것에 불과하지 않은가?"라며 혁명의 의미를 부정하기도 한다. 이 같은 태도는 역사 속의 혁명을 너무 좁은 관점에서 보는 데서 비롯된다. 혁명의 역사를 올바로 이해하기 위해서는 관점 전환이 필요하다.

첫째, 역사를 개별 사건으로 떼어 보지 말고 긴 역사적 과정으로 보아야 한다. 그렇게 보면 모든 혁명적 사건은 순간의 성공과 실패에 국한되지 않고 인과관계의 사슬을 이루면서 '인류 진보'의 과정을 구성한다. 가령 이 강의에서 다루는 프랑스대혁명은 근대 자본주의의 기틀을 놓았는데, 자본주의 발전과 함께 자본가 계급과 노동자 계급의 갈등이 고조되었고 20세기 초 러시아혁명의 배경이 되었다. 또 러시아혁명은 조선을 비롯해 식민 지배를 당하던 민족의 독립투사들에게 큰 영감을 줬다. 2008년 우리나라의 촛불 시위는 성공하지 못했으나 2017년 박근혜 정권을 무너뜨린 촛불혁명으로 다시 일어섰다. 이처럼 사건 하나하나를 따로 떼어 살피기보다 사건들이 영향을 주며 만든 '숲'에서 사건의 의미를 이해하는 것이 중요하다.

둘째, 정권 교체와 같은 혁명의 결과를 아는 데 그치지 말고, 혁명에 이르기까지 사회 내부에서 일어나는 변화를 이해할 수 있어야 한다. 역사는 눈여겨보지 않으면 알기 힘든 복잡한 내부의 동학動學을 가지고 있다. 하늘의 새는 한순간 공중에 정지한 것처럼 보이지만, 그것은 앞으로 나아가려는 새의 비행 에너지와 이를 막는 맞바람의 에너지가 부딪치며 나타나는 현상이다. 즉, 새의 정지 상태는 순조로운 비행보다 더 격렬한 에너지를 분출한다고 할 수 있다. 마찬가지로 대중이 지배 권력에 순응하는 듯하고 그 권력이 굳건해보여도, 사람들의 의식이 달라지고 불만이 쌓이며 작은 저항들이 여기저기 일어나기 시작할 때 사회는 혁명이라는 끓는점을 향해 에너지를 쌓고 있는 중이다.

세상은 성공한 혁명과 실패한 혁명의 시도를 포함한 모든 혁명에 의해 진보해왔다. 우리가 공기처럼 누리는 자유와 평등, 인권, 민주주의는 더 나은 세상을 꿈꾸며 역사의 진보에 참여한 사람들의 땀과 피로 이뤄낸 유산이다. 하지만 이 유산은 가만히 두어도 빛나는 트로피처럼 지켜질 수 있는 것이 아니다. 지키고 발전시키려는 부단한 노고를 통해서만 그 과실을 계속 누릴 수 있다. 이 강의가 영화보다 재미있는 혁명의 역사에 빠져보는 기회가 되길 바란다. 사회 진보를 위한 우리 각자의 책임을 생각해보는 기회도 될 것이다.

평민이 왕의 목을 친 최초의 시민혁명

영국혁명

겨울바람이 매서웠던 1642년 1월 4일 아침, 잉글랜드 국왕 찰스 1세는 근위병을 거느리고 하원 의사당이 있는 런던 웨스트민스터궁^{Palace of Westminster}으로 향했다. 의원들은 찰스 1세가 병사와 함께 온다는 급보에 긴장했다. 찰스 1세는 의사당 문을 벌컥 열고 들어가 한껏 위엄을 부리며 말했다.

"반역자 존 핌과 그를 따른 다섯 명의 의원을 체포하러 왔다. 그들을 내놓아라!"

하원 의장은 떨리지만 단호한 목소리로 대답했다.

"폐하, 의회의 동의 없이는 의원을 체포할 수 없습니다. 그걸 잊으셨습니까?"

이미 의원들은 존 핌^{John Pym} 등 찰스 1세가 지목한 동료 의원들을 탈출시켰다. 의사당 밖에는 어느새 런던 시민들이 몽둥이를 들고 "의회를 지키자! 왕은 물러가라!"고 소리치고 있었다. 분위기가 심상치 않다는 걸 깨달은 찰스 1세는 도망치듯 의사당을 빠져나갔다.

2년 전 의회가 다시 소집된 이래, 왕과 의회의 대립은 날이 갈수록 커졌다. 의회를 지지하는 런던 시민들이 왕의 근위병과 충돌하는 일도 자주 벌어졌다. 시민들은 의회를 지키기 위해 민병대를 조직했는데, 빵집 주인과 제화공, 세공업자 등 소상공인이 민병대의 주축을 이뤘다. 이날도 왕이 무력으로 의회를 제압하려 한다는 소식에 의사당으로 달려온 것이다.

찰스 1세는 불충한 의회와 그 의회를 편든 시민들에게 치를 떨었다. '반역자'들에게 벌을 주려면 의회의 손에 놓인 런던에서 벗어나야 했다. 런던을 탈출한 찰스 1세는 런던 북쪽 노팅엄에서 왕의 사자기를 내걸고 의회에 전쟁을 선포했다. 의회 역시 자신을 지키기 위해 군대를 조직했다. 1642년 10월, 내전이 시작되었다.

찰스 1세 vs. 의회
내전에 돌입하다

영국혁명은 근대 시민혁명의 시작을 알린 사건이다. 평민이 최초로 왕을 공개 재판해 처형하고 공화국을 열었다. 그런데 '영국혁명'이란 용어를 사용할 때는 주의할 필요가 있다. 오늘날 '영국'의 정식 명칭은 '대^大브리튼과 북^北아일랜드의 연합왕국^{United Kingdom of Great Britain and}

Northern Ireland'이다. 줄여서 UK나 GB라고 부른다.

중세 브리튼 섬에는 잉글랜드, 웨일스, 스코틀랜드 왕국이 존재했다. 여기서 소개하는 혁명은 잉글랜드 국왕과 의회 사이에 벌어졌으므로 정확히 말해이 사건은 잉글랜드혁명 또는 잉글랜드 내전이라 해야 맞다. 하지만 스코틀랜드와 아일랜드도 잉글랜드혁명에 어떤 식으로든 개입한 것은 맞다. 한편, 혁명의 주도 세력인 청교도Puritans를 강조해 이 사건을 청교도혁명이라 부르기도 한다. 연합왕국의 수립을 주도한 것이 잉글랜드여서, 우리는 잉글랜드의음을 딴 한자어인 영국을 연합왕국 전체를 가리키는 말로 사용한다.

잉글랜드는 13세기에 웨일스를 복속시켰고, 1603년 잉글랜드 여왕 엘리자베스가 자식 없이 죽자 여왕의 먼 친척인 스코틀랜드 왕 제임스를 잉글랜드에모셔 오면서 '잉글랜드·스코틀랜드 연합왕국'이 된다. 전부터 부분적으로 잉글랜드의 식민 지배를 받았던 아일랜드는 후일 올리버 크롬웰Oliver Cromwell의원정으로 잉글랜드에 복속된다(현재는 북아일랜드만 영국에 편입되어 있다).

찰스 1세는 스코틀랜드·잉글랜드 연합왕국의 왕이 된 제임스 1세의 아들이다. 아버지도 의회와 관계가 좋지 않았지만, 뒤를 이은 찰스 1세는 맹목적인 왕권신수론자*여서 왕을 견제하려 드는 의회와 사이가 나빴다.

1628년에 찰스 1세는 에스파냐와의 전쟁에 자금을 조달하려고 의회를 열었다. 그러나 의회는 '권리청원'에 서명하라고 왕을 압박했다. 그 내용은 "의회의 동의 없이 과세하지 말라·정당한 이유 없이 인신을 구속하지 말라·민간 지역에 국왕 군대를 숙영시키지 말라" 등이었다. 권리청원은 '젠트리gentry'

---

* 왕권신수설: 왕의 권력은 신에게서 온 것이고, 왕은 신하에게 자기 행위에 대해 설명할 필요가 없다.

찰스 1세

라 불리는 중소 지주계급의 이해를 반영했
다. 젠트리는 하원을 구성하는 핵심 세력이
었다.

찰스 1세는 돈이 급해 권리청원에 서명
했지만 곧 무효를 선언하고 의회도 해산해
버렸다. 그는 11년간 의회 없이 국교회(성
공회) 대주교 윌리엄 로드와 측근인 스트래
퍼드 백작의 도움을 받아 전제 통치를 했
다. 당시 국교회는 단순한 종교가 아니라
지방의 행정과 사법을 도맡으면서 가톨릭
교도와 청교도의 신앙의 자유를 억누르는
'왕의 통치 수단'이었다. 또 국왕이 임의로 부과한 각종 세금에 서민은 물론
중산계급이었던 젠트리조차 불만이 컸다.

1640년, 찰스 1세가 스코틀랜드에 무리하게 국교회 예식을 강요하자 장로
교가 주류인 스코틀랜드가 반란을 일으켰다. 반란을 진압할 돈이 없는 찰스 1
세는 할 수 없이 다시 의회를 열어 지원을 청했다. 의회가 열리자마자 의원 존
핌은 왕에 대한 불만을 적은 '불만의 목록'을 읽어 내려갔다. 화가 난 찰스 1세
는 다시 의회를 해산하고 혼자 스코틀랜드군과 싸웠지만 패하고 전쟁 배상금
까지 물어야 했다.

배상금 마련을 위해 찰스 1세가 다시 의회를 열자 의회는 "의회의 소집과
해산은 의회 스스로 정한다"는 요구를 왕에게 관철시켰다. 의회는 스트래퍼
드 백작과 윌리엄 로드 대주교도 탄핵하여 백작은 처형하고 주교는 투옥했다.

의회는 찰스 1세의 잘못을 2백 개나 적은 '대항의서'를 표결로 통과시켰다. 이런 사실에 분노한 찰스 1세가 표결을 주동한 의원들을 체포하러 의회에 들이닥쳤으나 실패한 것이다.

혁명의 주역 수평파의 꿈은 사라지지 않았다

내전 초기에는 전쟁 경험이 풍부한 귀족들이 왕의 편에 서면서 국왕군이 우세했다. 반면 의회는 갈팡질팡했다. 귀족 출신 의원들은 "왕은 아흔아홉 번 져도 여전히 왕이지만 우리는 한 번만 져도 교수형에 처해질 것"이라며 주저했다. 의원 대다수는 찰스 1세가 의회의 권한을 인정해주면 앞으로도 국왕으로 모신다는 생각이었다. 그러나 국왕군이 런던에서 20킬로미터 떨어진 곳까지 진격해오자 의회도 다급해졌다.

이때 등장한 인물이 올리버 크롬웰이다. 젠트리 출신 의원이자 청교도인 크롬웰은 "백성과 국가는 왕의 소유물이 아니다"라는 신념으로 무장했다. 그는 강제 징집으로 군대를 구성한 종래 방식을 버리고 자원병을 모집해 급여를 충분히 지급하며 정예 기병대로 훈련시켰다. 엄격한 규율과 독실한 신앙심으로 무장한 그의 군대는 전투마다 앞장서서 국왕군의 전열을 부수었다. '강철

올리버 크롬웰

의 군대鐵騎軍'라는 별명도 얻었다. 의회는 크롬웰군을 모델로 군대를 새로 조직해 '신형군new model army'을 만들었다. 신형군은 1645년 네이즈비 전투에서 국왕군을 대파해 5천 명을 전사시켰다. 전세는 의회로 기울었고, 찰스 1세는 스코틀랜드에 망명하려다 실패해 잉글랜드 의회에 붙잡혔다.

의회는 이쯤에서 왕과 타협해 의회의 권리를 보장받으려 했다. 하지만 신형군의 중심 세력인 하층민 출신 병사들은 더 급진적인 개혁을 원했다. '수평파levellers'라 불린 급진파 장교와 병사들은 자기들의 요구를 정리한 '인민협약Agreement of the People'을 의회에 제출했다. 인민협약은 왕과 귀족이 농민에게서 빼앗은 토지를 공평하게 분배할 것, 성인 남성에게 보통 선거권을 줄 것, 모든 종교의 자유를 허락할 것을 요구했다. 하지만 이러한 요구는 크롬웰 등 의회 지도부가 인정할 수 없는 내용이었고, 수평파 군인들과 의회의 갈등은 깊어갔다.

찰스 1세는 의회 분열을 틈타 탈출해, 스코틀랜드와 동맹을 맺고 국왕군을 다시 일으켰다. 정신이 번쩍 든 의회는 군사를 재조직했다. 역시 수평파가 가장 헌신적으로 전투에 임했다. 수평파의 용맹 덕에 의회는 국왕군과 스코틀랜드군을 무찌르고 찰스 1세를 체포했다. 크롬웰은 더 이상 왕과 타협은 없다며 의회에서 온건파·타협파 의원들을 힘으로 쫓아내고 재판을 열어 찰스 1세에게 사형을 선고했다. 1649년 1월 30일 찰스 1세는 런던 화이트홀 거리에서 참수되었다.

국왕과의 싸움이 끝나자 크롬웰은 수평파 지도자들을 투옥하고 이에 반발한 수평파 사병들의 봉기를 무력으로 진압했다. 공화국이 된 잉글랜드에서 크롬웰은 스스로 '호국경Lord of protection'에 취임해 죽을 때까지(1658년) 독재 정치를 펼친다. 크롬웰은 무역의 경쟁자 네덜란드를 제압하고 대영제국으로 나가는 길을 닦는다. 하지만 가혹한 독재에 신물이 난 의회와 국민들은 크롬웰 사후 왕정복고를 받아들인다.

왕정복고가 곧 혁명의 실패는 아니었다. 영국 국민들은 더 이상 과거와 같은 전제 왕권을 허용하지 않았고, 정치 안정을 위해 왕정을 유지하더라도 실질적 통치권은 의회가 갖는 의회 민주주의를 발전시켰다. 핌, 크롬웰 같은 젠트리 계급이 혁명을 주도했으나, 하층 민중도 내전에 대규모로 참가해 20만 명이나 목숨을 잃었다. 피 흘린 민중을 대변해 수평파는 급진적인 시민권을 요구했다. 수평파의 사상과 활약은 훗날 민주주의 운동에 큰 영감을 주었다.

천 년 넘은 신분 제도를 끝장낸 대사건

프랑스대혁명

파리 콩코르드 광장은 프랑스대혁명 때 '혁명 광장'으로 불렸다. 혁명이 절정에 달한 1794년에는 하루 100명 이상의 귀족, 투기꾼, 반혁명 혐의자들이 이곳 단두대에서 처형당했다. 바닥에 핏자국이 선명했고 주변에는 피 냄새가 진동했다. 혁명의 격정이 지나간 후에 그 광장에 굳이 '콩코르드(Concorde, 화합)'라는 이름을 붙인 것은 우연이 아니다.

근대 이전까지 사람들은 왕 없는 사회를 상상할 수 없었다. 신분의 구분은 신의 뜻으로 여겼다. 단지 핏줄만으로 정해진 귀족 같은 특권층은 일도 하지 않고 세금도 내지 않으면서 대토지를 세습했다. 인구 대다수인 평민은 허리가 굽도록 노동하고, 또 세금으로 특권층을 부양했다.

현재의 파리 콩코르드 광장

프랑스대혁명은 이런 관념과 제도를 부수었다. 봉건 사회의 특권층을 재기 불능 상태로 숙청해버렸다. 프랑스대혁명은 인류의 뇌에 고정된 소프트웨어를 통째로 갈아치웠다. 지금 우리가 공기처럼 당연하게 여기는 자유·평등·헌법·인권·공화국·소유권 같은 개념은 바로 프랑스대혁명의 산물이다.

호랑이를 탄 부르주아, 혁명을 일으키다

호랑이 등에 타면 호랑이가 달리는 도중에는 내릴 수가 없다. 프랑스대혁명에서 호랑이는 상퀼로트(Sans-culotte, 귀족이 입던 하의 '퀼로트'를 입지 않은 사람이라는 뜻)라 불린 하층 민중이다. 부르주아는 그 호랑이를 탄 이들이다. 잠에서 깬 호랑이 즉, 민중이 자기 주인인 특권층에게 달려들었다. 부르주아는 민중을 자기들 뜻대로 몰고 가려 했으나 역으로 그들이 민중에게 끌려가게 된다.

혁명 이전 18세기 프랑스 사회는 세 개의 신분으로 나뉘었다. 신분을 초월한 존재인 국왕 아래 성직자가 제1신분, 귀족이 제2신분, 평민이 제3신분이었다. 인구의 2퍼센트에 불과한 1·2 신분이 98퍼센트인 3신분을 지배했고 전체 토지의 절반을 차지했다.

제3신분인 평민의 대다수는 농민이었고, 나머지는 도시 영세상인, 노동자, 부르주아였다. 부르주아는 평민 가운데 소수의 엘리트 집단이었다. 그들은 자기 능력과 여건을 이용해 자본가, 은행가, 상업가, 법률가, 언론인 등으로 성공했다. 부르주아들은 자신의 재산과 능력에 걸맞은 신분 상승을 원했다. 하지만 특권층은 평민인 부르주아와 기득권을 나눌 생각이 없었고, 각종 규제와 억압으로 부르주아의 신분 상승 기대를 찍어 눌렀다. 부르주아 계층은 특권층에 대한 불만으로 끓어올랐다.

긴 바지와 혁명모, 긴 창으로 상징되는 상퀼로트

한편 평민 가운데 도시의 영세상인과 노동자는 하루하루 겨우 먹고사는 노동 빈민이었다. 영세상인들은 빵, 밀가루, 생선, 나막신, 모자 따위를 팔았다. 이들 노동 빈민은 상류층이 입는 퀼로트를 입지 못하고 허름한 긴 바지를 입어 상퀼로트라 불렸다. 농민과 상퀼로트는 특권층의 횡포와 툭하면 오르는 세금에 분노했다. 다리를 건널 때 내는 교량세, 도시에 들어올 때 내는 통행세, 각종 생필품에 붙는 부가세 등 왕실과 귀족들이 마음대로 만들어냈다. 만약 특권층이 이익을 부르주아와 나눴다면 부르주아도 민중에게 등을 돌렸을지 모른다. 하지만 그러지 않았기 때문에 부르주아는 민중과 한편이 되었다.

1789년에 이르러 프랑스 정부는 왕실의 사치와 대외 전쟁 등으로 파산 직전이었다. 파산을 피하려면 특권층에게 세금을 거두어야 했다. 하지만 특권층이 반발하자 국왕 루이 16세는 이전까지 하던 대로 평민을 쥐어짜기로 하여 1789년 5월에 베르사유 궁에서 삼부회를 소집했다. 삼부회란 귀족, 성직자, 평민의 세 신분 대표자 회의다. 삼부회는 국왕의 제안을 받들기 위한 형식적인 기구에 불과했고, 각 신분마다 한 표를 주어 언제나 2대 1로 특권층이 우세했다.

국왕은 삼부회를 통해 평민에게 세금 부담을 떠넘기려 했다. 그러나 평민 대표들이 이번엔 호락호락하지 않았다. 주로 부르주아인 평민 대표들은 형식적인 삼부회 진행을 거부하고, 자기들은 제3신분 대표가 아니라 전체 국민의 대표라며 '국민의회'를 선포한다. 놀란 국왕이 국민의회 개회를 방해하자 평민 대표들은 죄드폼(Jeu de paume, 오늘날의 테니스 경기장)에 모여 "헌법을 제정하기까지 해산하지 않겠다"고 결의한다. 이것이 '테니스 코트의 서약'이다.

반역이라고 여긴 루이 16세는 용병을 불러 국민의회를 진압하려 했다. 군대가 움직인다는 소식을 들은 파리 상퀼로트는 흥분했다. '왕이 우리를 죽이려고 한다!' 젊은 문필가이자 저널리스트인 카미유 데물랭Lucie Simplice Camille Benoist Desmoulins이 거리에서 자유를 위한 봉기를 호소했다. 시민 동지의 표식으로 나뭇잎을 모자에 꽂은 상퀼로트는 바스티유 감옥으로 몰려갔다. 바스티유에 있는 대포로 용병들과 싸우기 위해서였다. 상퀼로트는 피 흘린 끝에 바스티유의 수비대를 제압하고 '압제의 상징' 바스티유를 산산이 부쉈다. 바스티유를 함락한 1789년 7월 14일은 혁명 기념일이 되었다.

부르주아들은 상퀼로트의 봉기에 올라타 국왕의 양보를 얻어내려 했다. 부르주아들은 절대군주제를 입헌군주제로 바꾸고 특권층의 이익을 자기들도 나누려 했다. 하지만 무장한 상퀼로트는 아예 특권층을 없애고자 했다. 국민의회는 상퀼로트의 요구를 일부 수용한 〈인간과 시민의 권리선언Déclaration des droits de l'Homme et du citoyen〉을 발표했다. 이 선언은 '인간은 천부의 자유권이 있다'는 말로 시작해 '소유권은 침해될 수 없다'는 말로 끝난다. 서슬에 눌린 루이 16세가 파리 시민을 달래고, 혁명은 일단락된 것처럼 보였다.

우리는 모두
프랑스대혁명의 후손

근대 사회로의 변화는 막을 수 없더라도, 통치자가 현명했다면 변화 양상이 다소 온건해질 수 있었다. 그러나 루이 16세는 현명한 인간이 아니었다. 그는 베르사유 궁전에서 보수파 귀족들과 반혁명 모의를 벌였다. 그 사실이 알려지자 파리의 상퀼로트 여인들이 창과 부엌칼을 들고 베르사유로 들이닥쳤다. 여인들은 국왕의 근위병을 죽이고 왕과 왕비 마리 앙투아네트를 파리 튀일리궁으로 '모시고' 왔다. 왕은 상퀼로트의 인질로 전락했다.

국왕은 왕비의 처가인 오스트리아 왕가에 비밀 서한을 보냈다. 군대를 몰고 와 자기들이 당한 능욕을 갚아달라고! 오스트리아 왕가는 루이 16세와 왕비에게 일단 프랑스를 탈출하라고 지시한다. 1791년 6월에 루이 16세는 튀일리궁에 국민의회를 조롱하는 글귀를 붙이고 식솔과 함께 탈출하지만, 상퀼로트 민병대에 의해 국경에서 체포되었다. 국왕에 대한 민중의 마지막 신뢰는 무너졌다.

부르주아들은 그래도 국왕은 인정해야 한다는 입헌파와 왕정을 끝내고 공화국을 세우자는 공화파로 갈라졌다. 공화파 부르주아의 대표 세력은 자코뱅 수도원을 본거지로 삼아 회합하던 자코뱅파였다. 소수파인 자코뱅파는 상퀼로트의 지지를 받아 점점 세를 키웠다. 1792년에 오스트리아 군주와 독일 군주가 '역도'의 손에서 루이 16세를 구출하고자 군사동맹을 맺었다. 바깥에는 외국 군대가 몰려오고, 안에서는 귀족들이 선동한 반란이 일어나자 자코뱅파는 상퀼로트에게 호소했다. "혁명이 위기에 처했다. 일어나 압제에 맞서자!"

1792년 8월에 전국 각지로부터 의용군이 파리로 집결했다. 의용군은 파리 상퀼로트와 힘을 합쳐 튀일리궁으로 쳐들어가 루이 16세를 끌어내렸다. 왕정은 무너졌고 프랑스 공화국이 탄생했다. 공화파 부르주아의 승리였다. 그러나 이들은 루이 16세의 처리를 두고 또 갈라졌다. 혁명을 종료하고 재산을 지키려는 보수 부르주아와 보다 평등하고 민주적인 공화국을 원하는 급진 부르주아로. 급진 부르주아인 자코뱅파가 주도해 루이 16세를 단두대에서 처형하자, 보수 부르주아는 자코뱅을 몰아내려는 음모를 꾸몄다. 결과는? 자코뱅파를 도와 다시 상퀼로트가 봉기했고 보수파를 숙청한 후 자코뱅파가 권력을 잡게 되었다. 자코뱅파는 결연하게 싸워 외국의 적과 내부의 반란을 격퇴했다.

루이 16세의 처형을 묘사한 그림

　이처럼 민중은 반혁명 세력은 물론 혁명을 멈추려는 보수파까지 몰아내버렸다. 호랑이를 타고 가다 호랑이를 멈추려 든 이들은 차례로 호랑이의 먹이가 되었지만, 더 철저한 평등을 원한 상퀼로트는 급진파 부르주아와 손잡고 혁명을 밀어붙였다.

　프랑스 공화국은 외국군의 공격을 막아내고 나아가 유럽 군주국들을 하나하나 격파하고 정복했다. 혁명을 통해 갖춘 효율적 행정체제를 이용해 프랑스는 다른 군주국들을 압도하는 엄청난 병력과 자원을 동원했다. 유럽의 봉건체제는 '자유·평등·우애'의 삼색기 앞에 추풍낙엽으로 무너졌다. 혁명의 산물인 자유주의와 자본주의의 토대 위에 유럽은 근대 사회로 변모했고, 근대적 유럽이 다시 세계를 바꿔냈다. 이것이 이 혁명을 프랑스대혁명이라 부르게 된 이유다. 어떤 의미에서는 우리 모두가 프랑스대혁명의 후손이다.

빵·토지·평화를 위한 노동자의 혁명

러시아혁명

1917년 2월 23일(러시아 달력. 그레고리력으로 3월 8일), 제정 러시아 수도 페트로그라드의 빵 가게 앞에 여자들이 빵을 사려고 길게 줄을 섰다. 가게 문이 열리기 전부터 두 시간 넘게 기다린 여자가 자기 차례가 돼 가게로 들어가려는데, 주인이 나와 문을 닫으려 했다.

"돌아가요. 빵이 다 떨어졌어!"

"아니 두 시간이나 떨면서 줄을 섰는데 빵이 없다니?"

빵을 사지 못하면 자녀를 굶겨야 하는 여자들의 얼굴에 절망감이 서리더니 곧 분노로 바뀌었다. 여자들은 닫힌 가게 문을 부술 듯이 두드렸다. 비슷한 일이 페트로그라드의 식료품점마다 일어났다. 성난 여자들은 임금 체불에 항의해 파업 중인 여공들과 함께 자연스럽게 시위의 물결을 이뤄 광장으로 모여들었다. 그날은 마침 '세계 여성의 날'이었다.

"빵을 달라!"

"전쟁을 중단하라!"

"차르를 타도하자!"

기름 부은 섶에 불씨를 던진 것처럼 군중은 폭발하고 있었다. 1917년 러시아 2월혁명의 시작이었다.

모든 권력을
소비에트로

모순이 심화되면 혁명이 일어난다. 20세기 초 러시아는 더 버틸 수 없는 모순덩어리 체제였다. 러시아의 군주는 '차르Czar'라고 불렸는데 차르는 헌법도 의회도 없이 러시아를 통치하는 전제 군주였다.

차르가 다스리는 백성의 절대 다수는 농민이었고 농민들은 서유럽보다 수백 년 늦은 1861년에야 농노에서 해방되었다. 농민들은 종교적 신앙심이 컸고 가난했으며 농촌 공동체에 속해 있었다. 이처럼 러시아는 후진 농업국이지만 한편으로 영국과 프랑스에서 자본을 빌려 거대한 공업단지를 짓고 자본주의를 발전시키고 있었다. 노동자의 숫자가 늘면서 쟁의와 파업도 자주 일어났다. 이렇듯 봉건적 후진성과 자본주의 근대화가 공존하는 모순이 심해지고 있는 상황에도 러시아는 유럽의 경찰을 자처하며 국제 정치에 개입했다. 차르

니콜라이 2세는 결국 1차 세계대전에 참전하기에 이른다.

1차 세계대전의 배경은 먼저 산업화를 이룬 영국·프랑스와 뒤늦게 산업화한 독일의 다툼이었다. 독일이 주도한 독일·오스트리아·이탈리아의 삼국 동맹과 영국·프랑스가 러시아를 끌어들여 만든 삼국 연합은 사상 유례가 없는 총력전에 뛰어드는데, 그것이 1차 세계대전이다.

러시아는 엄청난 병력을 동원하지만 군

러시아의 마지막 황제 니콜라이 2세

수와 보급에서 비효율성이 심각해 전사자가 계속 늘었다. 탈영병도 급증했다. 한편 물자를 우선 전선에 보내느라 후방의 러시아 국민들은 가혹한 노동과 기아에 시달렸다. 이런데도 차르 정부는 전쟁을 멈추려고도, 민생을 돌보려고도 하지 않았다. 빵을 사지 못해 가족을 굶기게 된 여성과 임금을 받지 못한 노동자들이 차르 정부에 적개심을 갖게 된 것은 당연했다.

2월 23일 페트로그라드에서 시작된 시위는 도시 전체의 총파업으로 번졌다. 차르는 수도를 지키는 경비 부대에게 진압을 명했지만, 농민들의 자식인 병사들은 명령을 거부하고 도리어 장교를 사살한 뒤 시위대와 한편이 되어버렸다. 무장한 시위대는 관공서로 쳐들어가 경찰과 관료를 체포했다. 크론시타트 해군 기지의 군함에서도 수병들이 반란을 일으켜 장교를 제거하고 인근 도시를 장악했다. 봉기는 모스크바와 대도시로 확산되었다. 두마(1905년에 만들어진 의회로 '생각하다'라는 뜻의 러시아어 동사 두마티에서 유래된 이름이다. 실제 권한은 없으며 차르의 자문기관 성격이 강했다)의 귀족·부르주아 의원들은 차르에게 퇴위를 권유했고, 자기편이 아무도 없음을 깨달은 차르 니콜라이 2세는 퇴위를 결정한다. 철벽같던 전제정이 무너지는 데 일주일도 걸리지 않았다.

2월혁명은 러시아에 '이중권력' 상태를 가져왔다. 이중권력이란, 한쪽에는 귀족인 게오르기 르보프 대공과 부르주아 혁명가 알렉산드르 케렌스키가 중심인 임시 정부가 서고, 또 다른 쪽에는 혁명을 일으킨 병사와 노동자들 대표가 평의회 '소비에트'를 구성해 권력을 나눈 상태를 말한다. 소비에트는 공장에서 뽑힌 노동자 대표들과 부대에서 뽑힌 병사 대표들이 구성한 자치 기구로, 차르 정부가 몰락한 후 실질적으로 도시 행정을 책임지고 있었다.

귀족과 부르주아가 구성한 임시 정부는 표면상으론 러시아를 대표했지만, 민중의 지지를 받지는 못했다. 왜냐하면 임시 정부는 민중의 뜻과는 반대로 전쟁을 계속 수행하고자 했고, 민중이 바라는 토지 개혁과 물자 배급을 추진할 의지도 없었다. 그 모든 것은 자본가와 지주의 이익을 제약해야 가능한데 임시 정부는 곧 자본가들의 정부였던 것이다.

이중권력의 또 다른 주체인 소비에트는 왜 임시 정부를 당장 무너뜨리지 않았을까? 여러 이유가 있지만, 소비에트의 혁명가들이 혁명의 본질을 정확히 보지 못했기 때문이다. 이전의 혁명 이론은 민중을 위한 혁명 즉, 사회주의 혁명이 일어나려면 먼저 자본주의 체제가 충분히 성숙해야 한다고 가르쳤다. 혁명가들은 러시아는 후진 농업 국가였으므로 일단은 부르주아가 주도하여 산업 자본주의를 발전시키는 게 우선이라고 생각했다. 소비에트는 임시 정부를 적절히 비판하고 견제하면 된다고 여겼다.

이러한 입장을 신랄하게 비판하며 등장한 인물이 1917년 4월에 오랜 망명에서 돌아온 레닌이었다. 레닌은 전부터 줄기차게 유럽의 전쟁이 '제국주의 전쟁'이라고 비판했다. 전쟁 당사국들은 '조국 방어' '문명 수호'를 운운하지만 사실 독점 자본과 정부의 군사력이 결탁해 약소민족을 식민지화하는 게 목적인 제국주의 국가이며, 이 전쟁의 본질은 제국주의 국가들의 이권 다툼이 무력 충돌로 번진 것이었다. 따라서 이 전쟁에서 노동자 민중은 결코 자기 정부를 위해 목숨을 바쳐서는 안 되며, 각국에서 혁명을 일으켜 정부를 무너뜨려야 평화와 민생 해결이 가능하다고 역설했다. 레닌은 이 입장을 '4월 테제'로 발표했다.

"차르는 붕괴했지만 정권을 차지한 임시 정부는 자본가 계급의 이익을 대변하여 제국주의 전쟁을 계속하려 한다. 즉각 독일과 강화하여 전쟁을 끝내자! 인민은 전쟁이 아니라 빵과 토지를 원한다. 부르주아 임시 정부에 어

연설 중인 레닌

떤 지지도 보내서는 안 된다. 모든 권력을 노동자 · 농민 · 병사 소비에트로!"

'빵 · 토지 · 평화'를 위한 10월혁명이 일어나다

레닌과 입장이 다른 멘셰비키(러시아 사회민주노동당의 한 분파로 다른 분파인 볼셰비키와 대립했다)는 레닌이 성급하다고 비난했고, 레닌을 따르는 볼셰비키조차 레닌의 생각을 지지할지 망설였다. 하지만 전선의 병사들은 계속 탈영하고 노동자들은 자본가에 대항해 파업하고 있었으며 농촌에서는 농민들이 지주를 쫓아내고 땅을 재분배하고 있었다. 임시 정부는 민중의 희망을 충족시킬 능력도 의지도 없었다.

볼셰비키는 곧 레닌의 생각을 받아들였다. 볼셰비키는 '빵, 토지, 평화'를 내걸고 노동자와 병사들 속으로 파고들었다. 노동자와 병사들이 볼셰비키를 지지하여 볼셰비키 당원 수는 페트로그라드에서 3월 초에 2천 명이었다가 5월 초에 1만 6천 명으로 늘었다. 소비에트 대의원 다수가 볼셰비키이거나 볼셰비키를 지지했다.

소비에트에 혁명의 기운이 감돌자 임시 정부는 혁명 세력을 억누르기 위해 우익 장군인 코르닐로프를 총사령관으로 임명했다. 그런데 코르닐로프가 권력욕에 불타 아예 임시 정부를 뒤엎고 자기가 권력을 쥐기 위해 쿠데타를 감행했다. 믿는 도끼에 발등 찍힌 케렌스키는 소비에트에 도움을 요청했고, 노동자와 병사들은 코르닐로프의 우익 쿠데타 군대를 격퇴했다. 이 사태는 러시

아의 실질적 권력이 소비에
트에 있음을 보여주었다.

케렌스키는 소비에트를
파괴하고 볼셰비키를 체포
하려고 기회를 엿보았고,
레닌은 볼셰비키 지도부를
모아 "때가 왔다. 지금이야
말로 무장 봉기를 일으켜

적위대

임시 정부를 무너뜨려야 한다"고 설득했다. 뛰어난 혁명가 트로츠키는 레닌
을 지지하며 소비에트의 노동자를 '적위대Red guard'로 조직, 무장시켰다. 볼셰
비키를 지지하는 군부대도 행동을 준비했다.

페트로그라드에서 '제2차 전 러시아 소비에트 대회'가 열리는 10월 25일,
볼셰비키는 대회 직전에 임시 정부에 대한 봉기를 개시했다. 적위대와 수병
부대가 도시의 주요 기관을 점령하고 임시 정부가 거처한 '겨울 궁전'으로 진
격했다. 소비에트 대회에서는 멘셰비키 대의원들이 볼셰비키의 무장봉기를
불법이라 비난하였으나 이미 노동자 병사들 다수는 볼셰비키와 행동을 함께
하고 있었다. 얼마 안 가 겨울 궁전은 함락되었고 각료들이 체포되며 임시 정
부는 붕괴했다. 레닌은 소비에트 대회 연단에 올라와 연설했다.

"혁명은 승리했습니다. 임시 정부는 타도되었습니다. 러시아는 이제 노동
자 계급의 사회주의 국가로 나아갈 것입니다!"

10월혁명의 승리로 러시아 소비에트사회주의공화국이 수립되었다. 혁명
정부는 반혁명 세력과 4년의 내전을 치른 후 1922년에 인근 민족과 함께 소비

에트사회주의공화국연방(소련)을 창설했다. '노동자와 농민이 세운 최초의 국가' 소련은 조선의 독립운동을 지원하는 등 약소국 해방 운동에도 영향을 주었다.

나라의 주인이 누구인지 보여준
독립 혁명

베트남혁명

1968년 2월 초, 미국인들은 TV 뉴스를 보다가 화들짝 놀랐다. 베트남 공화국(남베트남) 수도 사이공의 미국 대사관에 성조기 대신 베트콩(베트남 공산주의를 낮춰 부르는 말)의 깃발인 남베트남 민족해방전선기가 휘날리고 있지 않은가!

1월 31일 음력설을 기해 남베트남 민족해방전선과 북베트남군이 남베트남의 주요 거점에 대공세를 가했고, 당시 사이공의 베트남 공화국 대통령궁과 미국 대사관 등이 공격받았다. 베트남 전통 왕조 시대 수도였던 후에^{Huế}시는 민족해방전선의 손에 완전히 넘어갔다. 이 사건을 '테트 공세^{Tet Offensive}'라고 한다.

미국인들은 충격에 휩싸였다. 존슨 대통령은 베트남에서 미군이 승리하는 것은 시간문제라고 호언장담했다. 그런데 남베트남 수도 사이공이 베트콩에게 장악되고 심지어 미국 대사관까지 점령당하다니. 존슨 대통령이 한 말은 거짓이었나? 미국이 과연 이 전쟁에서 승리할 수 있을까? 아니, 미국의 젊은이들을 이 전쟁에 보낸 것이 과연 잘한 결정이었나? 의문이 터져 나왔다.

테트 공세로 미군과 남베트남 정부군 4천여 명이 죽거나 다쳤다. 하지만 미군의 반격으로 민족해방전선은 곧 사이공과 여타 도시에서 밀려났다. 민족해방전선과 북베트남군의 사상자는 4만 명이 넘었다. 전투로만 보면 테트 공세는 실패였다. 하지만 테트 공세의 성과는 미국과 전 세계에 미친 심리적 효과

테트 공세 당시의 사진

에 있었다. 미국 청년들은 이전부터 미국의 베트남 전쟁에 반대했는데, 정부의 거짓말에 분노한 사람들이 결합하며 반전 시위는 훨씬 격렬해졌다.

베트남에서는 승리를 장담할 수 없고 본국에서는 반전 시위가 격화되자 존슨 대통령은 자신이 늪에 빠졌음을 알게 되었다. 그해 대통령 선거에 존슨은 불출마를 선언하고, 종전과 철군을 공약으로 내건 닉슨이 대통령에 당선되었다. 민족해방전선은 비록 전투에서 패했으나 전쟁의 승리에 한발 다가서게 되었다.

약소민족 해방 투쟁의 모범
8월혁명

베트남은 제2차 세계대전이 끝나는 시점부터 30년간 일본, 프랑스, 미국의 군대와 싸워 모두 승리했다. 이 모든 싸움은 베트남 통일과 독립국가 수립을 위한 과정, 즉 베트남혁명의 일부였다. 이 혁명의 지도자 호치민은 한평생을 혁명과 전쟁을 치르며 살았고, 지금도 베트남 독립의 아버지로 존경받고 있다.

유학자 가정에서 태어난 호치민은 학창 시절 반ㅈ프랑스 시위에 참여했다 퇴학당하고, 서구 문명을 배우기 위해 프랑스로 유학을 떠났다. 뱃삯이 없어 요리부 일꾼으로 일하며 프랑스에 간 호치민은 유학 중에 러시아에서 혁명(1917년)이 일어났다는 소식을 듣고 러시아로 향했다. 식민지 해방에 소극적인 프랑스 사회주의자들에 비해 러시아혁명 정부는 약소민족의 해방투쟁을 지원했다. 호치민은 러시아 정부의 도움을 받아 베트남의 청년 혁명가들을 규합하여 1930년에 '인도차이나 공산당'을 창당했다.

베트남의 역사는 우리나라와 닮은 점이 많다. 외세의 침략을 여러 번 겪었고 그때마다 이겨냈으며, 열강의 식민지로 전락했다가 독립을 되찾았다. 베트남은 10세기까지 약 천 년 동안 중국의 지배를 받다가 독립했고, 남쪽으로 세력을 확장하여 18세기에 현재의 영토를 가진 국가가 되었다. 그 사이에 몽골과 명나라의 침략이 있었으나 밀림을 이용한 게릴라 투쟁으로 위기를 극복했다.

1802년 마지막 베트남 왕조인 응우옌 왕조가 세워졌다. 응우옌 왕조는 프랑스 선교사들의 기독교 포교도 허락할 만큼 개방적이었는데, 기독교의 보호 아래 정부 반대 세력이 모이자 기독교를 탄압하고 선교사를 처형했다. 프랑스 황제 나폴레옹 3세(나폴레옹 보나파르트의 조카)는 이를 빌미로 무력 침공해 1858년에 베트남 남부 사이공을 점령하고, 1885년에는 베트남 중부 응우옌 왕조의 땅만 남긴 채 남부와 북부를 모두 차지했다. 프랑스는 라오스와 캄보디아까지 포함한 '프랑스령 인도차이나'를 지배했다. 프랑스는 총독부를 두어 베트남의 쌀, 고무 등 풍족한 물산을 수탈하고 저항하는 베트남인은 가혹하게 탄압했다.

2차 세계대전이 벌어지자 일본군이 베트남을 침략했다. 일본군은 프랑스군을 제압하고 베트남의 해방군이라 자처했지만, 목적은 베트남의 쌀을 차지하는 것이었다. 농촌에서 쌀을 강제 징발하는 일본군과 이에 저항하는 베트남 농민 사이에 '쌀 전쟁'이라고 불린 치열한 싸움이 벌어졌다. 일본군이 쌀을 빼앗아간 1944~1945년에 베트남인 2백만 명이 굶어 죽는 참사를 겪었다.

이 시기 호치민은 베트남 북부 밀림의 은신처에서 비밀리에 전국의 저항 세력을 규합해 베트남 독립 동맹, 줄여서 '베트민越盟'을 창설한다. 베트민 무장 선전대는 북부 지역부터 농촌 마을을 하나씩 해방시키며 토지 개혁을 이뤄 농민의 지지를 얻었다. 독립 투쟁에 참여하는 청년들이 늘어나자 호치민은 명장 보 응우옌 지압 장군에게 인민해방군을 조직하도록 명한다.

보 응우옌 지압 장군

1945년 3월에 일본군은 명목상 존재하던 프랑스 총독부를 해체하고 응우옌 왕조의 마지막 황제인 바오다이를 허수아비 수반으로 하는 베트남 정부를 세운다. 물론 베트남 수탈을 위한 기만이었다. 그러나 호치민은 일본이 곧 전쟁에 패하리라 예측했다. 문제는 일본이 물러간 후 프랑스가 되돌아오지 못하게 하는 것이었다. "나라의 주인이 누구인지 보여주어야 한다."

1945년 8월 6일과 9일에 일본 히로시마와 나가사키에 미국이 원자폭탄을 떨어뜨리자, 13일에 호치민은 베트민 군대에 총궐기를 명했다. 진격하는 인민해방군과 봉기한 베트민 게릴라들은 일본군을 속속 무장 해제시키며 나흘 만에 바오다이 정부를 무너뜨리고 하노이를 장악했다. 사이공에서도 봉기가 일어나 25일에 도시를 수복했다. 단 2주일 만에 베트민은 베트남 전 국토를 외세로부터 되찾았고, 9월 2일에 호치민은 하노이에서 베트남 민주공화국 수립을 선포했다. '8월혁명'은 약소민족 해방 투쟁사에 유례없는 대승리였다. 준비된 혁명 세력과 민중이 서로 호응했기에 가능했다.

겨울이 지나면
꽃이 핀다

일본이 패망하자 호치민의 예상대로 프랑스 군이 다시 베트남에 들어왔다. 전쟁을 피하려는 호치민의 노력에도 불구하고 프랑스군이 북부 하이펑 항구를 폭격하자 호치민은 "겨울이 지나면 꽃은 반 드시 핀다"는 말로 항전을 호소하며 밀림으로 들어갔다.

1946년에 시작된 프랑스와의 전쟁은 1954년 디엔비엔푸 전투에서 베트민 군이 승리하며 끝났다. 디엔비엔푸는 라오스에 인접한 북부의 작은 촌락으로, 프랑스는 여기에 대규모 요새를 만들어 단숨에 호치민 정부를 꺾으려고 했다. 하지만 자전거로 물자를 옮기고 땅굴을 파서 공격하는 베트남 병사들의 근성 에 프랑스군은 항공기와 야포를 가지고도 5천 명이 전사한 끝에 항복하고 말 았다.

프랑스는 호치민 정부의 북베트남과 프랑스가 지배하던 남베트남이 총선 거를 치러 베트남 통일국가를 세울 수 있게 돕기로 약속했지만, 프랑스를 대 신해 미국이 베트남에 개입하며 이 약속은 휴지 조각이 되었다. 미국은 베트 남 통일국가는 공산국가가 될 것이고, 그 영향으로 아시아 각국이 공산화되리 라고 여겨 남베트남에라도 친미 정부를 세우려고 했다. 1955년에 미국의 지 원을 받는 친미 반공 정치가 응오딘지엠을 대통령으로, 수도를 사이공으로 하 는 베트남 공화국(남베트남)이 세워졌다.

응오딘지엠의 남베트남 정부는 지주의 이익을 대변해 농민을 수탈했고 부 정부패가 만연했다. 남베트남의 공산주의자와 독립운동 세력은 1960년에 남

베트남 전쟁 당시의 모습

베트남 민족해방전선을 조직해 남베트남 정부에 대한 무장 투쟁을 시작했다. 남베트남 정부가 민심을 잃는 만큼 민족해방전선의 지지는 커져 남베트남 국 토의 3분의 2가 사실상 민족해방전선의 영향력 안에 놓였다. 남베트남 정부의 운명이 위태롭다고 판단한 미국은 민족해방 전선을 군사적으로 제압하기 위 해 1965년에 해병대를 파병한다. 박정희 정부도 미군을 도와 여러 경제적 이 권을 얻으려는 생각으로 한국군을 파병했다. 1973년에 철수할 때까지 미군은 연인원 250만 명을, 한국군은 연인원 32만 5천 명을 베트남에 보냈다.

8년의 전쟁 기간 동안 미국은 남베트남과 북베트남에 엄청난 양의 폭탄을 투하했다. 그 양은 '(1차 세계대전 사용 폭탄량 + 2차 세계대전 사용 폭탄량 + 한국전 쟁 사용 폭탄량)×2'라고 한다. 여기에 무차별 살포한 고엽제까지 더해 베트남 전 국토가 초토화되었다. 그 정도의 군사력을 가지고도 미군은 밀림에 숨었다가 덤비는 베트남 게릴라들을 압도하지 못했다. 테트 공세 이후 미국은 호치민 정부와 남베트남 민족해방전선에게 평화 협상을 제의했고, 5년을 끌다 1973년에 파리협정으로 휴전이 선포되었다. 미군과 한국군은 베트남에서 철수했다.

미군은 남베트남 정부에 막대한 군비를 지원했다. 하지만 1975년 3월에 북베트남이 통일전쟁을 시작하자 두 달도 안 되어 남베트남 정부는 무너져버렸다. 1976년 북베트남과 남베트남 민족해방전선이 손잡고 베트남 사회주의공화국을 수립한다. 독립 국가를 세우려고 30년 동안 혁명과 전쟁을 해온 베트남 민족은 1980년대 중반 이후 '도이머이(1986년 베트남 공산당 제6차 대회 슬로건으로 사회주의 기반 시장경제의 목표 달성을 주창한 개혁 개념)' 정책을 택하며 사회주의 이념과 시장경제를 결합한 실험을 진행 중이다.

한국은 미군과 함께 베트남 전쟁에 참전해 베트남인과 싸웠고, 그 과정에서 일어난 수많은 베트남 민간인 학살에 책임이 있다. 2018년 문재인 대통령이 베트남을 방문해 "양국 사이에 일어난 불행한 일에 유감의 뜻을 표한다"고 에둘러 사과했다. 사과는 진정한 반성과 행동이 뒤따라야 의미를 가질 것이다. 외세 침략에 끝내 굴하지 않은 베트남 민족의 저항 정신은 비슷한 역사적 경험을 한 우리에게 커다란 교훈을 준다.

민주주의 역사를 다시 쓰다

대한민국 촛불혁명

"제 대통령직 임기 단축을 포함한 진퇴 문제를 국회의 결정에 맡기겠습니다."

박근혜 대통령은 2016년 3차 대국민 담화에서 스스로 물러나지 않을 것임을 분명히 했다. 최순실의 국정 농단, 아니 박근혜 대통령의 국가 사유화에 분노한 국민들은 박 대통령에게 하야를, 국회에는 대통령 탄핵을 요구했다. 하지만 박 대통령은 국회에게 대통령 임기 단축을 논의하라고 떠넘겼다. 여야가 합의를 이루지 못하는 동안 촛불 민심이 가라앉는 것을 기다려보겠다는 심산이었다.

아니나 다를까, 당시 새누리당은 '4월 퇴진 – 6월 조기 대선'을 주장했고, 야당 역시 탄핵안을 발의했다가 부결될 때의 후폭풍을 의식해 미적댔다. 야 3당 (더불어민주당, 정의당, 국민의당)은 12월 1일 탄핵소추안 발의에 합의하지 못했고, 탄핵이 물 건너간 게 아니냐는 우려가 여기저기서 들렸다.

하지만 담화 직후 열린 제6차 범국민대회는 박 대통령에게 응수라도 하는 듯 보였다. 광화문 광장에만 170만 명, 전국에 232만 명이 모여 촛불을 든 것이다. 1987년 6·10항쟁보다도 많은, 단일 집회로 대한민국 사상 최대 규모였다.

오후 7시, 사회자의 제안에 따라 시민들은 '세월호 7시간 진상규명'을 염원하는 의미로 1분간 촛불을 껐다. 광화문 광장에서 남대문까지 종로 전역이 암흑에 잠겼다가 다시 빛으로 바뀌었다. "어둠은 빛을 이길 수 없다!" 시민들의 구호는 '박근혜 퇴진'을 넘어 '구속'으로 바뀌었다. 시위대는 역사상 처음으로 청와대 100미터 앞까지 전진했다. 촛불이 청와대를 포위하는 순간이었다.

2017년 촛불 집회

국민의 항쟁 의지를 확인한 야당은 대통령 권한 남용, 헌법 위배, 세월호 참사 책임 등 13가지 사유로 탄핵소추안을 발의한다. 새누리당 비박계 의원 29명도 탄핵안 표결에 참여하겠다고 밝혔다. 가결을 위해 28표가 부족한 상황에서 이들의 동참은 탄핵으로 가는 청신호였다. 여론조사 전문기관 리얼미터는 국민 78퍼센트가 탄핵 찬성이라는 조사 결과를 발표했다.

12월 9일, 국회 앞에 시민들이 진을 친 가운데 국회의원들이 하나둘 본회의장에 들어섰다. 결과는 의원 1명이 불참해 총 299명 가운데 찬성 234표, 반대 56표, 무효 7표. "탄핵소추안 가결을 선포합니다!" 시민들이 함성을 질렀다. "촛불이 승리했다!"

바람이 불어도 촛불은 꺼지지 않는다

2016년 겨울에서 2017년 봄까지, 촛불혁명은 대한민국 역사를 새로 썼다. 촛불혁명은 박근혜 대통령을 권좌에서 끌어내리고 정권교체를 이뤄냈으며 박 대통령 및 그와 공모한 고위 공직자, 재벌 총수, 비리 연루자를 감옥에 보냈다. 게다가 시위 참가자 중 단 한 명도 구속되거나 부상당하지 않았다. 평화적이고 절제된 시민의 힘으로 무엇까지 이룰 수 있는지 전 세계에 보여준 사례였다.

촛불혁명의 배경은, 멀리는 박근혜 정부에서 벌어진 민주주의의 후퇴, 재난 수준의 무책임, 커져가는 사회 불평등에 있었다. 특히 2014년 세월호 참사에서 박근혜 정부가 보인 비정하고 무책임한 태도는 이 나라의 정부가 국민의 안전과 생명을 지킬 의지가 있기는 한 건지 회의하게 만들었다.

맨손인 백남기 농민에게 물대포를 쏴 사망케 한 사건은 정부가 자기를 비판하는 이들을 국민으로 보지 않음을 말해주었다. 재벌 임직원과 주주의 배당금은 날로 커지는 반면 청년들은 비정규직을 전전하는 현실에서, 박근혜 대통령은 "간절히 원하면 전 우주가 도와준다" "대한민국을 텅텅 비우고 중동으로 나가보라"며 어이없는 소리를 반복했다. 국민의 불만은 쌓이고 쌓여 터질 구멍만 기다리고 있었다.

여기에 더 직접적 배경이 된 사건은 언론이 폭로한 박근혜-최순실의 국정 농단 사건이었다. 2016년 10월 24일, JTBC 〈뉴스룸〉은 자사 취재진이 방송 직전에 입수한 '최순실 태블릿 PC'를 제시하며 최순실이 대통령 연설문을 미리 받아보고 수정까지 했다고 폭로했다. 그전에도 여러 언론이 최순실이 박근혜 정부의 비선 실세라는 의혹을 제기했다. 가령 〈한겨레〉는 2015~2016년 미르·K스포츠 재단이 대기업으로부터 돈을 거두어 비정상적일 정도로 빨리 설립되었으며, 그 과정에 최순실이 개입한 사실을 추적해오고 있었다. JTBC 보도를 본 국민들은 '대통령은 그냥 꼭두각시였나'라며 허탈감에 빠졌다.

다음 날 박 대통령은 대국민 담화를 발표해 일부 연설문이나 홍보물 문구 수정에 최순실의 도움을 받았을 뿐이라며 사태의 의미를 축소했다. 그러나 JTBC는 태블릿 PC에 안보 기밀이 포함된 문서도 들어 있었다고 다시 폭로했다. 대통령이 국가 안보에 관련된 사안을 일반인과 뚝딱뚝딱 결정했다는 사실에 여론이 들끓었다. '민중총궐기투쟁본부' 주최로 시민 2만여 명이 참가한 첫 대규모 촛불집회가 청계광장에서 열렸다(10.29). "이게 나라냐?"는 시민들의 마음을 가장 잘 대변하는 피켓 문구였다.

대국민 담화 중 고개를 숙인 박근혜 대통령

박근혜 대통령은 검찰의 안종범 수석과 정호성 비서관의 청와대 집무실 압수수색 영장 집행을 거부했다. 독일로 도피했던 최순실이 돌아와 검찰에 출두했고(10.31) 곧 구속됐다. 최순실이 독일에서 차명 휴대폰으로 박 대통령과 127회나 통화하며 입을 맞춘 정황이 나중에 밝혀졌다. 최순실이 청와대를 '프리패스'로 드나들고 2014년 차세대 전투기 도입 사업에서 리베이트에 관여했다는 정황도 드러났다. '한국갤럽' 여론조사에서 박근혜 대통령 지지율이 역대 최저치인 5퍼센트를 찍었다(11.4). 20~30대에서는 1퍼센트였다.

박근혜가 뒤를 봐준 최순실의 딸 정유라의 과거 SNS 글이 화제가 되었다. "돈도 실력이야. 너희 부모를 탓해." 박 대통령은 2차 대국민 담화에서 "내가 이러려고 대통령을 했나 자괴감 들어"라고 말해 국민들의 실소를 샀다(11.4). 다음 날 2차 촛불집회(11.5)에 모인 사람들은 "지지율도 실력이야" "내가 이러려고 국민을 했나 자괴감 들어"라고 권력의 추함을 비꼬았다. 이날 광화문에 20만, 전국에 50만이 모였다.

"곧은 소리는 곧은 소리를 부른다"고 어느 시인이 노래했듯이 촛불은 촛불을, 각성한 시민은 각성한 시민을 불렀다. 11월 12일, 처음으로 100만 명이 광화문에 모였다. 지방에서 10만 명이 상경하느라 기차표와 전세 버스가 동이 났다. 시민들은 "박근혜는 하야하라"고 소리치고 흥겹게 '하야가'를 불렀다. 이날 사상 처음으로 청와대 입구 율곡로까지 행진이 허용됐다. 시위 참가자 일부가 경복궁역 사거리 내자동에서 경찰과 대치하다가 몸싸움을 벌이기도 했으나, 비폭력 평화 원칙을 지키자는 단단한 공감대가 거친 행동을 절제시켰다. 100만이 모인 사실 자체가 그 어떤 폭력보다 강한 힘이라는 사실을 시민들은 몸으로 느끼고 있었다. 그 힘은 더불어민주당이 '즉각 퇴진'을 당론으로 삼게 만들고, 새누리당이 특별검사 도입과 국정조사 실시에 합의하도록 압박했다. 문재인 전 민주당 대표도 국민과 함께 퇴진 운동에 나설 뜻을 밝혔다.

그러나 박 대통령은 국정 복귀를 시도했고, 새누리당 김진태 의원은 "어차피 촛불은 바람이 불면 꺼진다"고 냉소했다. 그러자 "바람 불어도 안 꺼진다"며 LED 촛불이 등장했다. 이날 광화문 집회 참가자들은 이순신 장군의 한산대첩처럼 청와대를 에워싸는 '학익진' 행진을 펼쳤다. 5차 촛불집회가 예정된 11월 26일에는 첫눈이 내렸다. 오후 3시쯤 TV 화면으로 광화문에 이전보다 적은 인원이 비치자 시민들은 광장이 비면 안 된다는 마음으로 모여들어 광화문에 150만, 전국 190만이라는 또 한 번의 기록을 세웠다.

박근혜 대통령의 3차 대국민 담화에도 시민들은 흔들리지 않고 사상 최대 규모인 전국 232만 명이 모였다. 이날의 촛불집회는 국회가 역사적인 탄핵소추안을 가결하게 만든 힘이었다.

이게 나라냐?
이게 나라다!

성탄과 새해를 축하하며 촛불은 계속 타올라 12월 31일 '송박영신(박근혜를 보내고 새해를 맞는다)' 촛불집회에도 전국에 백만 명이 모여 연인원 천만 명을 돌파했다. 1월 1일 박근혜 대통령은 직무 중지인 상태에서 기자들을 불러 "완전히 엮은 것" "(세월호 참사에 대해) 대통령으로 제 할 것은 다했다"고 했다. 권력자의 인식에는 어떠한 변화도 없음이 드러났다. 세월호 천 일을 앞둔 촛불집회에 유가족이 희생된 아이들의 사진이 인쇄된 현수막을 들고 선두에 섰고, 시민들은 "진실을 인양하라"고 외치며 유가족을 따라 행진했다.

촛불의 힘은 박근혜와 한 몸인 새누리당이 '바른정당'으로 갈라지게 만들었고, 박영수 특별검사팀이 박근혜 정부와 재벌의 유착을 파고들어 이재용 삼성전자 부회장을 삼성 총수로는 처음으로 뇌물 공여·횡령·재산 해외도피·범죄수익 은닉 혐의로 구속시켰다.

마침내 헌법재판소가 "대통령 박근혜를 파면한다"며 탄핵을 인용하자 (3.10) 이틀 뒤 박근혜는 청와대에서 퇴거했고, 검찰 조사 후 구속되었다. 참사 1,073일 만에 물 위로 올라온 세월호는 박 전 대통령이 구속되는 날 목포신항에 도착했다. 조기 대선을 열흘 앞두고 마지막 촛불집회가 열렸다.

촛불의 분노는 부패를 무너뜨리고 새로운 정부 탄생의 원동력이 되었다.

19대 대통령 선거(투표율 77.2퍼센트)에서 문재인 더불어민주당 후보는 41.1퍼센트를 차지해 2위인 홍준표 자유한국당 후보와 557만 표라는 사상 최대 격차를 기록하며 대통령에 당선됐다.

누적 참가 인원 1천 700만 명, 183일간 23차의 집회 가운데 단 한 명의 부상자나 사망자가 없는 비폭력 평화시위. 세계 민주주의 운동사에 획을 그은 혁명이었다. 독일 일간지 〈디 차이트 Die Zeit〉가 "민주주의의 사례"라는 칼럼에서 "유럽과 미국은 이제 한국에서 민주주의를 배워야 한다"고 보도한 이후 민주주의 종주국으로 자처해온 영국, 프랑스, 독일 언론들이 앞다퉈 촛불혁명의 가치를 높이 평가했다.

'이게 나라냐?'고 물은 시민들은 거짓과 불의를 바로잡으려는 항쟁에 자발적으로 참여해 깨어 있는 시민이 나라의 주인임을 보여줬다. 촛불혁명은

〈뉴욕 타임스〉에 실린 촛불집회

4·19, 10·16 부마항쟁, 87년 6월 항쟁 등 거대한 민주적 열망이 분출한 뒤 다시 독재체제로 회귀했던 한국 정치 특유의 마의 순환 고리를 끊어내는 계기가 되었다.

'이게 나라다!' 촛불의 거시적 배경은 세계화와 신자유주의의 그늘에 드리워진 사회적 부조리와 불평등이다. 촛불혁명은 평화적 정권교체로 일차 과제를 완료

했지만, 혁명의 완성이라고 보기는 어렵다. 사회 개혁과 복지국가 실현을 요구하는 거대한 희망을 완수하기 위해서는 사회 구석구석의 부조리와 불평등을 청산하고 정의로운 나라를 만들어가야 한다. 촛불은 아직 꺼지지 않았다.

정리

- 1642년 국왕 찰스 1세의 왕당파와 의회파 사이의 내전이 발발해 영국혁명으로 이어졌다. 영국혁명은 근대 시민혁명의 시작을 알린 사건이다.

- 프랑스대혁명은 1789년부터 1799년까지 프랑스에서 일어난 시민혁명으로, 왕과 특권층을 몰아내고 이전의 관념과 제도를 송두리째 바꾼 사건이다. 자유와 평등, 헌법, 인권, 공화국 등의 개념이 모두 여기에서 시작됐다.

- 1917년 고통스러운 전시 생활과 굶주림을 못 이긴 러시아의 국민들이 2월혁명을 일으키고 군주를 끌어내렸다. 이어 '빵과 토지, 평화'를 기치로 내건 볼셰비키(노동자와 병사들)가 임시정부를 무너뜨렸다. 최초의 사회주의 정권이 수립된 이 사건을 10월혁명이라 부른다.

- 1945년 프랑스의 식민지였던 베트남은 일본의 침략을 받아 수탈에 시달렸다. 이때 호치민을 중심으로 한 베트남 독립연맹(베트민)이 국민의 지지 속에 정권을 장악했다. 이어 프랑스, 미국과의 전쟁에서 모두 승리한 베트남은 1976년 마침내 베트남 사회주의공화국을 세웠다.

- 박근혜 전 대통령을 권좌에서 끌어내리고 정권 교체를 이룬 촛불혁명은 세계 민주주의 운동사에 획을 그은 비폭력 평화시위다. 2016년 겨울에서 2017년 봄까지 진행된 촛불혁명은 '국민이 나라의 주인'임을 보여준 대표적인 민주주의의 사례다.

'지구'라는 터전

· 장 형 진 ·

· 연관 교과목 ·

중등교과	고등교과
과학과	과학/지구과학

· 키워드 ·

지구과학　지구이해　달　우주　태양계　지구의기원

행성　생명체　생태계　기원　진화　인류　문명

생물종　기후변화　지구온난화　우주관　세계관　집단지성

왜 알아야 할까

"이렇게 멀리 떨어져서 보면 지구는 특별해 보이지 않습니다. 하지만 우리 인류에게는 다릅니다. 저 점을 다시 생각해보십시오. 저 점이 우리가 있는 이곳입니다. 저곳이 우리의 집이자 우리 자신입니다. 여러분이 사랑하는, 당신이 아는, 당신이 들어본, 그리고 세상에 존재했던 모든 사람들이 바로 저 작은 점 위에서 일생을 살았습니다."

1990년 보이저 1호가 태양계 마지막 행성을 지나며 뒤돌아본 지구의 모습, 여리고 희미하지만 검은 우주에서 푸른빛을 띠고 있는 행성. 칼 세이건은 《창백한 푸른 점》에서 가장 멀리서 찍은 지구 사진에 대한 소감을 이렇게 시작했다. 칼 세이건은 이후 모든 글에서 우리가 살아가는 세계를 조망한다.

숲을 벗어나야 숲을 볼 수 있듯, 우리에겐 익숙한 사회문화적 관점을 벗어나 거리를 두고 일상을 바라보는 기회가 필요하다. 우리가 살고 있는 커다란 세계를 좀 더 객관적으로 바라본다는 것은, 세상과 일상을 바라보는 창문에 쌓인 주관과 관습의 먼지를 닦아내는 일이다. 맑아진 창 너머로 세상을 더 생생하고 자세히 보다 보면 얼마간 마음이 흔들릴 수도 있고, 깨끗해진 창에 자신의 초상이 비칠 수도 있다.

지구를 조금 더 알아간다는 것이 단지 지식의 가짓수를 늘리는 데 불과하다면 다음에 이어지는 강의는 크게 의미를 갖지 못할 것이다. 우리가 살고 있는 세상인 지구를 알아가는 것은 사람을 알아가는 것과 비슷하다. 겉모습이나 행동만으로 그 사람을 다 안다고 할 수 없는 것처럼 지식도 보이는 게 다가 아니다. 과학지식을 이해하는 과정과 훈련은 일상의 사건들을 더 잘 바라보고 현명하게 판단할 수 있는 역량을 키우는 일이다.

학교에서 배우는 과학지식의 양과 질은 의외로 상당하다. 시대의 천재들이 오랫동안 고민해 얻은 지식들이 보완과 검증의 과정을 거쳐 교과서에 쌓였다. 짧은 시간에 모두 이해되고 기억될 만한 것들이 아니다. 따라서 지식을 너무 쉽게 이해하는 건 자연스럽지 않다. 검증을 거친 지식이라 해서 그대로 받아들이고 암기하는 건 바람직하지 못하다.

과학은, 지식을 수동적으로 받아들이는 게 아니라 그 지식이 왜 올바른 것인지를 객관적으로 따지는 훈련의 기회다. 그래서 가치가 있다. 우리가 사는 세상에 관한 유용한 지식 모두를 고민하는 것은 현실적이지 않다. 우리는 선택할 수 있다. 각자가 선택한 지식의 영역에 대해 과학적 훈련을 하는 것이 중요하다. 어느 지식, 어느 사람, 어느 대상을 우리가 얼마나 객관적으로 볼 수 있느냐에 따라 각자의 마음에 다르게 자리 잡는다.

현대인이 살아가면서 원하는 것들은 특정 사회문화에 의존적이다. 다른 사회 혹은 다른 시간대에 살았다면 다른 가치와 다른 방식의 삶에 의존했을 것이다. 우리 삶에서 어떤 것은 상대적인 가치이고, 어떤 것은 보편적으로 가치가 있다. 사는 동안 우리는 계속 판단을 이어나가야 하지만, 판단의 주체인 자신을 훈련시킬 기회나 여유는 부족하다.

여기 얼마간의 지식을 더하려 한다. 어떤 지식은 그 자체로 유용할 수 있다. 하지만 과학의 더 큰 가치는 현명하게 판단할 수 있는 역량을 키우는 거라 생각한다. 다음의 강의가 지구에 관한 지식을 전하는 데 그치지 않길 바란다. 자유롭게 상상하면서 익숙하지 않은 생각을 만날 수 있기를 바라며 썼다.

우리는 익숙한 세계 속의 한 생명체이기도 하지만, 더 큰 세계의 일원이기도 하다. 우리가 사는 세상을 보다 객관적으로 보거나 다른 관점에서 볼 수 있다면, 한 번뿐인 삶을 좀 더 확장할 수 있을 것 같다. 여행을 하는 동안 떠나온 일상을 새롭게 감각할 수 있듯, 익숙한 관점에서 떠나는 여행이기를 바란다.

지구의 기원과 진화

아마도 우리의 조상들은 훨씬 더 멋지고 경이로운 밤하늘을 보았을 것이다. 빛의 공해^{光害}에서 벗어나 올려다보는 밤하늘에는 찬란한 별천지가 펼쳐져 있었을 듯하다. 조화롭고 신비로운 천상의 세계와 달리 지상의 세계에서 펼쳐지는 자연현상은 복잡하게만 보인다. 세상은 독특하고 신비로운 생명체들로 둘러싸여 있고, 헤아릴 수 없이 다양한 온갖 것들로 가득하다. "내가 발 디딘 이 세상과 무수한 생명체는 언제 생겼을까? 또 앞으로 어떻게 그리고 얼마나 변하게 될까?"

희로애락이 반복되는 일상에서 잠시 벗어나 우리가 살아가는 지상의 세계를 살펴보자. 비록 한정된 시간과 공간에 얽매여 살아가고 있지만 한 발짝 떨어져 나를 조망해본다면 삶이 좀 다르게 느껴지지 않을까. 어쩌면 각자에게 주어진 시간과 사회문화에 얽매여 살아가는 삶을 좀 더 거시적인 관점에서 바라보게 될지도 모르니 말이다. 지금부터 우리가 살아가고 있는 지구라는 세계와 우리의 관계를 살펴보자.

이 세상은 언제 시작되어 지금과 같이 되었을까?

　　　　　　　　슬픈 사랑의 이야기를 담고 있는 겨울철 대표 별자리 오리온. 신화적 상상력의 상징으로 널리 알려져 있지만 오리온자리의 허리띠 아래에서 희미하게 빛나는 오리온성운에서는 새로운 별들이 태어나고 있다. 태양계가 어떻게 만들어졌는지 직접 확인할 수는 없지만 놀라운 현대 과학기술 덕분에 우리는 유사 현상을 관찰할 수 있다. 오리온성운에서는 현재 150개가 넘는 원시 항성계를 관측할 수 있다.

스스로 빛을 내는 별과 별 주위를 공전하는 행성, 행성 주위를 공전하는 위성들이 생겨나고 있는 장엄한 광경을 세세하게 볼 수는 없지만, 가스와 먼지가 모여 중심부가 밝게 빛을 내고 있는 아기별과 행성이 될 가스구름이 응축된 모습은 관

오리온성운

찰할 수 있다. 낮을 지배하는 지구 에너지의 원천인 태양, 월급날과 비슷한 주기로 지구 주위를 돌고 있는 달, 새벽 무렵 동쪽에서 반짝인다고 해서 샛별이라고 불렀던 금성, 태양계에서 가장 큰 행성인 목성 그리고 우리 삶의 터전인 지구도 이렇게 만들어졌으리라.

현대 과학 중에서 가장 잘 검증된 이론과 놀라울 정도로 정밀하게 관측한 결과에 따르면, 우주는 약 138억 년 전에 생겼고, 우리은하에 속한 태양계의 나이는 우주 나이의 3분의 1인 46억 살 정도다. 오랫동안 흩어져 있던 우주의 가스와 먼지가 중력에 의해 오랜 시간에 걸쳐 서서히 모였다. 대부분의 물질이 중심으로 뭉쳐지고 중심부의 중앙은 다시 중력으로 뭉치면서 온도가 올라갔던 시기가 지금으로부터 약 46억 년 전이다. 중심부 주변에서는 여기저기에서 물체들의 소소한 뭉침 현상이 빈번하게 있었고, 작은 덩어리들이 서로 부딪히고 주변의 먼지들을 끌어당기면서 덩치를 키워갔다. 이러한 좌충우돌을 겪으면서 큰 덩어리는 중력 때문에 주변의 물질들을 모으기에 유리했고, 아주 커다란 충격이 아니라면 자기 형태를 유지하고 오히려 더 커질 수 있게 된다.

처음에 있던 가스와 먼지의 약 4분의 3은 수소이고 나머지 대부분은 헬륨 원자였으나, 탄소와 산소, 철과 같은 원소들도 약간 섞여 있었다. 이것은 우리 태양계를 형성하던 물질이 초신성超新星: supernova에서 유래했음을 의미한다. 가스와 먼지는 과거 언젠가 지금의 지구에서 그렇게 멀지 않은 곳에서 엄청난 별이 장렬하게 폭발하며 남긴 잔해다. 별의 잔해가 모여 다시 다음 세대의 별과 행성을 만드는 것이다. 우리에게 친숙한 태양은, 아마도 우주가 생기고 나서 처음 우주를 밝혔던 1세대 별의 손자뻘에 해당하는 3세대 별로 추정되고 있다.

여느 우주처럼 태양계를 이루는 재료 대부분의 원소도 수소와 헬륨이었다. 대부분의 물질은 중심부에서 중력에 의해 수축하면서 수소가 헬륨으로 융합했고 캄캄했던 이곳에도 드디어 우주의 등대인 별이 나타났다.

과학적 이론과 시뮬레이션, 그리고 지구에 떨어진 초창기의 태양계 관련 기록, 달에서 가지고 온 광물 등을 분석한 결과에 따르면 태양의 형성과 비슷한 시기에 태양계를 구성하는 행성과 위성, 소행성과 혜성 등이 생겨났다. 따라서 수십억 년 동안 급격한 변화를 겪은 지구와 달리, 우주 공간에서 오랫동안 잘 보존되다가 지구로 쏟아진 운석들은 태양계 초창기 모습을 담고 있다.

밤하늘에 신비롭게 빛을 발하며 떨어지는 유성들은 대부분 대기 중에서 타 버리지만, 일부는 운석이라는 이름으로 지상에 흔적을 남긴다. 건조한 사하라 사막 등은 운석이 잘 보존되기 때문에 운석 사냥꾼이 좋아하는 장소다. 과학적으로 가치가 높은 운석들은 직거래나 운석 전문 온라인 장터에서 높은 가격에 팔리기도 하지만, 우리는 몇만 원 정도로도 대표적인 e마켓 아마존에서 초기 태양계의 모습을 간직한 운석 반지나 운석 목걸이를 구매할 수 있다. 아직 외계 생명체가 발견되지 않았으니, 우주 바이러스를 걱정할 필요는 없을 것 같다.

어쨌든 태양계는 여러 행성과 수많은 소행성으로 구성되었지만, 태양은 태양계의 나머지 물체를 모두

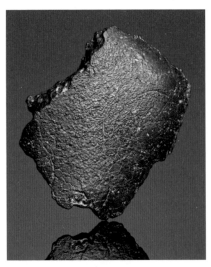

경매에서 약 1억 원에 낙찰된 화성 운석

합한 것의 1천 배 정도 되는 물질을 독식하고 있는 절대 강자다. 지구뿐만 아니라 태양계의 어느 것도 태양의 절대 권력에서 자유롭지 못하다. 태양의 영향권을 의미하는 태양계의 직선거리는 빛의 속도로 약 1년, 그러니까 지구와 태양 사이의 거리보다도 10만 배 정도 길다. 즉 태양계는 지구가 살아가는 세계보다도 약 1천 조배 큰 방대한 세계다.

지구의 가족, 달

우리가 사는 지구는 도대체 어떤 변화를 거쳐 지금의 모습이 된 것일까? 어떻게 해서 태양계의 세 번째 행성에 수많은 생명이 가득하고, 여러 생명체 중에서 하나의 종種: species이 지구를 벗어나 달 위를 걷고 태양계 끝자락까지 무인 탐사선을 쏘아 올릴 수 있게 되었을까?

지구가 겪었던 수많은 사건 중에서 첫 번째로 마주한 것은 지구의 가족인 달과 관련된다. 지금도 지구와 달은 서로 뗄 수 없는 사이로 달이 지구에 미치는 중력의 영향은 태양계의 절대 강자인 태양보다도 2배 정도 크다고 할 수 있다. 지구에 가장 큰 영향을 미치는 것은 당연히 빛나는 태양이지만, 달은 지구 표면에서 바닷물에 더 큰 영향력을 행사하고 있으며 지구의 내부로도 중력을 작용하여 맨틀과 핵의 흐름에 영향을 준다. 물론 달은 지표면에 붙어 사는 모든 생명체에게도 영향을 미치고 있으며, 인간의 생활주기인 한 달月과도 밀접하다. 그런데 과거에 달은 지구와 더 가까이 있었고 지구 내부와 조수의 흐름을 더 강력히 지배하고 있었으며, 심지어 지금의 지구와 달이 되기 전에 엄청난 충돌을 한 주인공이었다.

달에서 가져온 암석과 표토, 지구에 대해 알고 있는 많은 정보와 자연을 지배하는 자연원리에 따른 계산과 시뮬레이션 등의 다각적인 분석과 검증에 따르면, 초기 지구는 45억 년 전에 거대한 충돌을 겪었다. 지구 역사상 가장 큰 충돌이었던 이 사건이 일어난 개요는 다음과 같다.

현재의 수성(지구 반지름의 반 정도) 크기나 되는 천체가 초기 지구를 빗겨 충돌하면서, 지축이 지금처럼 23.4도 정도 기울어졌고 충돌의 파편들을 끌어당기면서 지구는 충돌 전보다 조금 더 커졌다. 그리고 지구와 충돌한 천체는 지구 가까이에서 다시 부스러기들을 뭉쳤지만 크기가 줄어들어 지금의 달(수성 반지름의 반 정도)이 되었다.

초기 지구와 충돌하여 달을 낳았던 천체는, 그리스신화에 등장하는 달의 여신 셀레네Selene의 어머니 이름을 따서 테이아Theia라고 부른다. 이렇게 지구는 거대한 충돌을 거쳐 성장했고, 태양계의 다른 행성들과 달리 자신에 비하여 엄청나게 큰 위성을 갖게 되었다. 오래전에 달은 지금보다 훨씬 가까운 곳에서 형성되었으므로, 아주 커다란 달이 밤을 환하게 비춰서 보통 때는 별을 보기 어려웠을 듯하다. 그러나 지구 그림자에 달이 완전히 가려져 깜깜해지는 월식에는 무수한 별이 갑자기 나타났을 것이다. 찬란히 솟아난 수많은 별을 배경으로, 충돌의 흥분이 채 가라앉지 못한 달의 맨얼굴에는 지각이 격렬하게 활동하는 모습이 생생하게 드러났을 것이다.

달은 충돌의 아픔을 멀리한 채 지구로부터 조금씩 멀어져서 지금과 같은 위치, 빛의 속도로도 약 1.3초 걸려야 도달하는 곳에서 지구와 관계를 맺고 있다. 손톱이 자라는 속도와 비슷한 속도로 멀어지고 있는 달은 현재 약 38만 킬

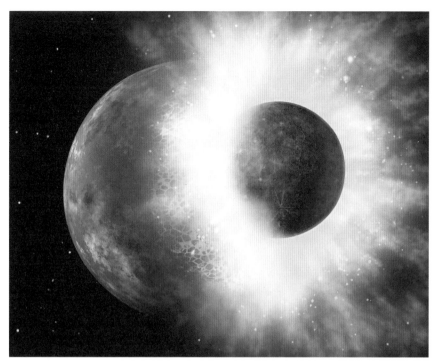

두 천체의 충돌을 그린 상상도

달의 지평선 위로 떠오르는 지구

로미터 떨어진 곳에서 1년에 3.8센티미터 정도씩 멀어지고 있다.

지구의 속사정

이제 지구에서 벌어진 사건을 살펴볼 차례다. 뜨거웠던 원시 지구는 처음에 내부의 어느 곳이든 비슷한 성분으로 균질했고, 표면과 내부 온도는 현재 태양의 표면 온도와 비슷한 정도로 뜨거웠다. 벌겋게 달아오른 지구의 열이 우주로 방출되는 동안, 철이나 니켈처럼 무거운 금속원소들은 지구 중심을 향하며 중심핵이 되었다. 규소나 산소와 같이 가벼운 원소들은 바깥으로 떠오르면서 미량의 여러 성분과 섞여서 다양한 광물을 이루고, 광물들은 암석을 형성하며 굳어져서 지각이 형성되었다. 지각과 중심핵 사이에는 지구 부피의 80퍼센트를 차지하는 맨틀이 생겼고, 지각 활동을 결정하며 지구의 진화와 지표면의 모습에 큰 영향을 끼쳐왔다.

지구 내부에서 생명체들의 터전인 지각으로 나오기 전에 언급해야 할 것은, 맨틀 아래에서 유동적으로 움직이고 있는 외핵에 대한 이야기다. 인간이 지각을 뚫고 직접 맨틀에 다다른 적도 없는 바에, 지각의 100배나 더 깊은 곳에서 시작하는 외핵이 생명체와 무슨 연관이 있는지 의아할 수도 있을 것이다.

외핵은 비록 맨틀 안쪽에 있지만, 지구의 얇은 대기권을 넘어 지구 반지름의 10배 정도나 되는 곳까지 뻗어나가 우주에서 오는 강력한 입자들을 쳐내고 있다. 만약 외핵이 회전하며 발생시키는 지구 자기장이 없었더라면 생명체가 번성할 수도 없었다. 현재와 미래에도 생명을 보호하기 위하여 지구 자기장은 절대적으로 필요하다.

　지구의 외핵이 만드는 자기장은 극지방에서 들어가거나 나오기 때문에, 우리는 자기장이 미처 다 쳐내지 못한 우주 입자들이 지구 대기와 충돌하며 빛나는 오로라를 고위도 지방에서 볼 수 있다. 오로라는 외핵이 지구 생명체들을 지켜주고 있다는 사실을 시각적으로 보여주는 표현이다. 지각에 발을 붙이고 사는 생명체 입장에서는 직접 마주하고 있는 대기가 더 중요하게 느껴지겠지만, 철을 듬뿍 함유한 외핵의 회전에 의해 발생한 자기장이 지구 멀리서 지구를 보호하지 않았다면, 지구의 대기조차 먼 옛날에 강력한 태양풍을 견디지 못하고 우주로 흩어져서 지구는 불모지가 되었을 것이다.

오로라는 외핵의 존재를 보여준다.

	명왕누대	약 46억 년 전~40억 년 전
선캄브리아 시대	**시생누대**	약 40억 년 전~25억 년 전
	원생누대	약 25억 년 전~5억 4200만 년 전
	현생누대	약 5억 4200만 년 전~현재까지

이제 지구는 비로소 생명이 살아갈 수 있는 최소한의 조건을 갖추게 되었다. 지구의 역사를 구분하는 지질시대의 우리식 이름에는 생명의 생^生이란 글자가 모두 들어가 있다. 명왕누대 이후에 생명이 시작한 시생^{始生}누대와 이후의 원생^{原生}누대 그리고 현재를 포함하는 현생^{現生}누대가 그렇다.

지구의 변화는 크게 보아서, 지각활동과 생명활동이라는 두 가지 활동 때문이다. 생명체가 지구에 의존하듯이, 지구도 생명체에 크게 의존하여 상호작용하면서 변해온 것이다.

당연하지만 지질시대의 첫 시기는 생명이 살 수 있는 환경이 아니었다. 아마 상상 속의 지옥보다도 훨씬 가혹했을 것이다. 지옥보다 더 가혹했던 지질시대의 첫 시기를 과학자들은 '명왕누대^{Hadean}'라고 부른다. 지옥의 지배자인 하데스가 다스리는 시대라는 뜻인데, 하늘에서는 여전히 커다란 운석들이 쏟아지고 연약한 지각은 맨틀의 움직임으로 격렬하게 요동치며, 수많은 화산에서 뿜어져 나온 메탄과 이산화탄소, 황과 수증기로 뒤덮인 대기는 지구의 열을 차단하는 온실효과로 인해 여전히 불지옥과 비슷했을 것이다. 그러나 차가운 우주에서 스스로 핵연료를 태우는 별이 아닌 다음에야, 행성이 계속하여 뜨거운 상태를 유지할 수는 없다. 물론 여전히 태양으로부터 오는 빛과 태양 풍 그리고 맨틀이 공급하는 열에너지와 방사성 물질이 붕괴하며 만드는 에너지가 있다고 하더라도 말이다.

시간이 지나며 지각이 식고 두꺼워지면서 맨틀의 영향이 줄어들고, 하늘에서 쏟아지던 운석들도 줄어들었다. 38억 년 전에도 이미 지구에 바다가 형성되었다는 지질학적 증거가 발굴되었기 때문에 그 정도면 생명이 어디선가 시작할 수 있는 환경이었다고 할 수 있다. 다수의 학자들은 약 38억 년 전에는 깊은 바다에서도 해양지각이 만들어지는 해령 근처의 심해열수구에서 생명이 출현했을 것으로 추정하고 있다. 이것은 직접 확인할 수 없는 머나먼 과거의 일이다. 원시 지구와 거의 유사한 환경을 실험실에 구현하고 오랫동안 실험하면서 확인할 수는 없는 노릇이다.

심해열수구의 모습

생명의 기원에 대한 심해열수구 가설이 나온 건 유기체가 탄생하기에 적합하다는 환경적 특징 때문만이 아니다. 심해열수구는 다른 심해보다 훨씬 많은 생명체가 살고 있는 특별한 곳이다. 또한 여러 생명체들의 DNA가 가진 공통 형질을 분석하여 추정하는 최초의 생명체 LUCA the Last Universal Common Ancestor의 특성과도 어울리는 환경이다. 물론 지구 너머의 외계 어디선가 왔을 수도 있겠지만, 그랬다면 그 생명체가 지구환경에 잘 적응할 수 있었을지 혹은 혹독한 우주에서 과연 탄생할 수 있었을지 의문스럽다. 지구 생명체의 기원은, 보다 온순해진 지구의 어느 곳에서 시작했다고 보는 편이 더 합리적일 것 같다.

다음 시간에는 생명의 진화가 인간으로, 원시인에서 문명사회로 발달해온 수십억 년의 시간을 짧게 이야기할 예정이다. 오늘 하루도 수고하셨다는 말을 전하고 싶다.

인간의 출현과 발달

첫째 날, 지구가 형성되고 불덩이 지구가 식으며 지구 내부는 여러 층으로 분화되고, 바다에서는 생명체가 생기며 지구는 보다 복잡한 시스템이 되었다. 복잡해진 지구는 이후에 스스로 변화를 거칠 수밖에 없었으며, 이제는 우리가 알고 있는 우주 어느 곳보다도 다양한 것들이 넘치고 있다. 미약하게 출현한 생명체는 가장 단순한 형태였을 것이다.

생명의 첫 시대를 살아간 작은 생명체의 흔적을 찾는 일은 아주 오래된 암석을 찾아 얇게 잘라서 현미경으로 분석하는 어려운 작업이다. 지각은 태어나서부터 지금까지도 계속해서 사라지고 생기며 변화했기 때문에, 생명은 고사하고 생명의 선조가 살았던 시대의 암석을 발견하는 것조차 지금의 지구에서는 어렵다. 46억 년 가까이 되는 지구의 역사에서 커다란 사건이 적지 않았고 이것들을 다 얘기할 수는 없다. 이 강의에서 우리가 살펴보려는 주제와 너무 동떨어질 것이다. 그럼에도 불구하고 지구의 평균온도를 15℃ 정도로 유지할 수 있게 만들고, 미생물이 보다 효율적인 대사를 하면서 고등생물로 변했으

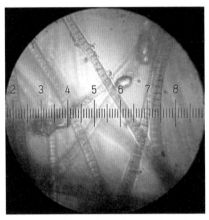

며, 식물이 번창함으로써 다양한 동물들이 나타나게 한 사건, 약 25억 년 전에 일어났던 산소대폭발 사건을 짧게 얘기할 필요를 느낀다. 산소가 거의 없던 원시대기를 산소가 풍부한 대기로 바꾼 주역은 남세균藍細菌: Cyanobacteria이었을 것으로 추정된다.

남세균은 광합성을 통해 산소를 만드는 세균이다.

산소 증가와
생명체의 진화

　　　　　무궁무진한 태양에너지를 받고 원시대기에 풍부한 이산화탄소를 흡수하여 산소로 바꾸는 테라포밍Terraforming (행성 개조)이 일어났다. 반응성 높은 산소에 적응하지 못한 생명체들은 사라지고, 산소를 바탕으로 보다 효율적으로 대사할 수 있는 생명체들이 나타났다. 또한 대사에 필요한 영양을 섭취하기 위해 환경에 종속되던 생명체가 풍부한 빛과 물 그리고 이산화탄소를 재료 삼아 스스로 양분을 생산할 수 있는 독립성을 획득

하게 된 것도 생명의 진화 분기에서 중요한 요인으로 작용한다.

대기 중에 메탄과 이산화탄소가 줄어들면서 지구는 최초로 빙하기를 겪을 만큼 냉각되기도 했다. 이는 지구환경에서 생명체가 얼마나 큰 영향을 미치는지를 보여준다. 지질시대 이름에 생명의 '生' 자를 넣는 것이 역시나 어색한 일은 아니었다. 또한 산소 농도가 증가하면서 대기 중에 오존층이 형성되어 태양에서 비추는 강력한 에너지 영역인 자외선을 막아 땅 위에 생명체가 진출할 수 있는 환경이 만들어졌다. 이제 지구에는 생명체가 더 빠르고 다양하게 더 넓은 지역으로 퍼져나갈 수 있는 환경이 마련되었다.

산소에 적응한 생명체 → 산소 농도 증가 → 오존층 형성 →
생명체 진출 및 진화 → 고생대 → 중생대 → 신생대(인류의 조상 출현)

산소를 활용하여 효율적으로 대사할 수 있게 된 생명체들은 더욱 복잡한 생명체로 진화했고, 드디어 눈으로 볼 수 있을 정도로 큰 생명체 화석들이 나타났다. 눈으로 볼 수 있는 오래된 생명체가 시작되는 시기를 고생대古生代라 부른다. 이후 지구 역사상 가장 큰 생명체인 공룡들이 지구에 군림하던 중생대가 지나고, 공룡 대신에 먹이사슬의 상층부를 차지하게 된 포유류가 득세하는 신생대에 들어서 인류의 조상이 나타났다.

진화 과정에서 수많은 종이 분화한 것처럼, 인류의 조상도 6백만 년 전에 침팬지의 조상과 결별하여 독자적인 진화의 길을 걸었다. 2백만 년 전에는 Homo 속을 이루다가 30만 년 전 현대인과 같은 종인 현생인류Homosapiens가 나타났다. 현재는 Homo 속에 속하는 생물종이 하나만 남았지만, 30만 년 전에 출현한 호모 사피엔스가 약 10만 년 전에 고향을 떠나 세계 각지로 이동하면서 다른 호모 속 인류들을 만나고 교류했던 것으로 보인다. 현대의 유전학적 분석에 의하면, 우리 조상이 만났던 네안데르탈인[Homo neanderthalensis], 데니소바인[Homo denisova]의 흔적 일부가 현대인의 유전자에 남아 있다.

여기서 잠깐 생물종의 이름을 나타내는 규칙을 짚어보면, 사람의 이름과 비슷한 구조로 되어 있음을 알 수 있다. 어느 집단에 속하였는지를 나타내는 성에 해당하는 속명이 먼저 오고, 개인의 정체성을 가리키는 이름에 해당되는 생물 고유의 종 명칭이 뒤따른다. 우리 한국어 이름과 어순이 같고, 이름에 요구되는 기능도 같다. 그러니까 여러 동물들 앞에서 나를 소개한다면, 아마도 '호모 사피엔스 장형진'이라고 말해야 할 것 같다. 생물종을 두 단어로 표기하는 이명법二名法이 사람 이름과 다른 규칙은 앞에 오는 속명은 대문자로, 뒤에 오는 종명은 소문자로 표기하며 다른 단어와 구별하기 위하여 이탤릭체를 쓴다는 것이다. 그러니까 다시 지구의 동물모임에 나가서 방명록에 이름을 써야 한다면, '호모 사피엔스 장형진'으로 표기하는 것이 정확하다.

Homo   sapiens   장형진

속명   종명   고유명칭

아직도 인류의 고향과 생일은 확실하지 않다. 유전적 연구와 화석 연구를 바탕으로 연구하지만 더 많은 자료가 발견되면 변동될 여지가 있는 것이다.

아마도 인류는 20만 년 전 혹은 30만 년 전에 출현했다고 여겨지며, 동쪽인지 남쪽인지는 좀 더 봐야 할 거 같지만 어쨌든 아프리카에서 기원했다고 한다. 지금은 건조하지만 당시에는 숲과 초원으로 뒤덮였을 따뜻한 곳에서, 인류의 첫 세대는 두려움을 극복하고 땅 위의 삶을 성공적으로 치러내며 후손에게 좀 더 나은 세상을 물려주었다. 세대가 흘러가며 인류의 개체 수는 늘어나고 변화하는 기후에 대응하기 위하여 집단적인 이주를 시작하기도 했다.

대부분 실패로 끝나 새 보금자리를 만들지 못했지만 10만 년 전 중동과 아프리카 대륙 다른 지역으로 이주하는 데는 성공했던 것으로 보인다. 7만 년 전에는 인도를 거쳐 동남아시아로 진출했고, 5만 년 전에는 인도네시아를 거쳐서 호주까지 그리고 4만 년 전에는 유럽으로 삶의 영역을 넓힌 것으로 파악된다. 이러한 인류의 이주 역사는 생물학적 화석과 DNA 외에도 이미 예술적 감각을 갖춘 인류가 남긴 동굴벽화나 조각상 그리고 생활에 쓰였던 석기 등으로도 확인할 수 있다.

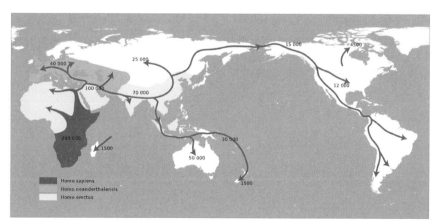

초기 인류의 이동 경로. 약 7만 년 전 아프리카를 벗어난 인류는 지구 전역으로 퍼져나가기 시작했다.

그 외에 인류의 이주가 새로운 지역에 뚜렷이 남긴 간접적 증거는, 그 지역에 번성했던 대형동물들이 인간의 이주와 맞물려 갑자기 멸종되어 버리는 사건이었다. 비단 한두 개 지역에서 나타난 사건이 아니라, 지구 전 대륙에서 광범위하게 벌어졌다. 1만 5천 년 전의 빙하기에 연결되어 있던 지금의 베링해협을 건너서 북아메리카에 진출했고, 이전에 그 지역을 지배하던 대형동물들 47속屬: genus에서 34속이 사라졌다. 북아메리카를 거쳐서 1만 년 전 남아메리카에 인류가 이주한 시기에는, 대형동물 60속 가운데 50속이 빠르게 멸종했다. 이보다 이른 시기인 5만 년 전에는 호주에서 50킬로그램 넘는 대형동물 24종 가운데 23종이나 멸종되었다.

인간은 어느 동물보다 더 많은 지역으로 퍼져나갔고, 생존을 위해 치열하게 경쟁할 수밖에 없었을 테니 이것을 인간의 파괴적 본성이라고까지 생각할 필요는 없다. 자연의 일부였던 인간은 다른 동물과 크게 다르지 않았다. 오히려 자연을 벗어나 인간들끼리 모여 만든 사회라는 생태계에 속해 살면서 생겨난 사회적 속성이 더 위험스러워 보인다.

인간이 다른 동물보다 사냥을 더 잘하고 불을 다루며 예술을 표현하고 도구를 만들 정도로 똑똑했다고 하더라도 그때의 인간은 다른 동물과 마찬가지로 자연에서 먹이를 구하며 전적으로 자연에 의지해 살았다.

문명과 도시의 탄생

약 1만 2천 년 전에 흔히 초승달 지역이라고

일컬어지는 중동의 어느 곳에서 이전과 다른 변화가 시작되었다. 아마도 먹고 남아서 집 근처에 버린 씨앗에서 식물이 자라며 손쉽게 열매를 구하는 경험을 우연히 겪었을 것이다.

처음에는 호기심과 약간의 기대를 갖고서 일부러 씨앗을 여기저기 뿌려보고, 사냥을 하거나 채집을 하러 다니면서 지나쳐보았고, 한편으로는 싹이 나기를 기다렸을 것이다. 어느 곳에 뿌린 열매는 기대보다 더 큰 결실을 주었고, 또 어떤 씨앗은 싹을 틔우지 못했을 것이다. 전에 없었던 신기한 이 일을 이웃과 얘기하고, 누군가는 가설 검증을 위해 더 많은 씨앗을 뿌리고 물을 주거나 돌봐주었을지도 모르겠다.

이런 경험은 결국 새로운 지식이 되어, 열매를 구하러 멀리 헤매지 않아도 어떤 씨앗을 어디에 심고 어떻게 돌봐주어야 큰 결실을 맺는지를 차차 알게 되었을 것이다. 이렇게 해서 지구에는 인위적으로 재배한 먹거리가 처음 생산되기 시작했고, 어느 지역에서 성공한 농업은 주변으로 전파되기 쉬웠으리라 짐작된다.

의도를 갖고 식물을 재배하여 먹을 것을 생산하는 농업의 결과는 엄청났다. 단지 좀 더 쉽게 열매를 먹을 수 있다는 차원을 넘어, 한 지역에서 얻을 수 있는 식량이 기하급수적으로 늘어날 수도 있다는 사실을 깨닫게 되었다. 농업을 성공적으로 수행하는 경우 같은 면적에서 50배나 넘는 생산량을 달성할 수도 있었다.

비슷한 시기에 인간들은 사냥감을 찾아 들로 산으로 쫓아다녔지만, 어느 날 사냥한 짐승을 바로 죽이지 않고 묶어두니 새끼를 얻을 수 있다는 사실도 알게 되었을 것이다. 물론 사육하기에 적합한 동물도 있었겠지만, 빠듯한 살

가축을 이용한 농사가 묘사된 이집트 벽화

림살이에 사육이라는 긴 시간 동안 동물을 먹여 살리기가 힘들었으며, 또 건강하게 키우지도 못했을 것이다.

식량으로는 너무 작은 늑대를 집으로 데리고 와서 키웠을 수도 있다. 야생 늑대 새끼는 아이들과 잘 놀고 함께 자라면서 어느덧 새끼를 낳기도 하여 자신의 가치를 인간들에게 보여주었을 수도 있다. 개와 양, 염소, 돼지, 소, 닭 같은 야생의 동물들은 이렇게 인간의 영역에서 공존하게 되었다. 농업과 비슷한 시기에 일어났던 목축 역시 인간에게 위험을 무릅쓰고 먹을 것을 찾아 헤매지 않게 하는 블루오션이었다.

인간은 농업과 목축에서 더 많은 수확을 얻기 위한 지혜와 경험을 쌓아나갔으며, 그럴수록 삶은 더 여유로워졌고 인구는 급격하게 늘어났다. 과거에 다른 동물과 마찬가지로 채집하거나 사냥했던 자연 의존적 삶에서, 농업과 목축이라는 방식으로 자연을 재배하는 존재로 변했다. 인간만이 지구에서 유일하게 자연과 관계를 맺고 자연의 위상을 바꾼 생물종이 된 시기가 1만 년 전이다.

목축하는 동물에 맞추어 계절에 따라 이동해야만 하는 유목민의 삶도 있지만, 농업에 의존하는 농민은 정착해서 살아야 했다. 이 때문에 인류의 라이프스타일에도 변화가 불가피했다. 공동으로 분배하여 늘 먹을 것을 쫓아 살아가던 야생의 존재에서, 저장 기술 발달과 잉여생산물의 소유가 야기한 불평등한 사회적 존재로 자연스럽게 변해갔다. 물이 풍부하고 기후가 온화해 더 많은 식량을 생산할 수 있는 지역에서는 집단의 규모가 커져서 도시를 형성하기도 했다.

사회 인프라와 제도가 갖춰진 도시는 약 6천 년 전 지금의 이라크 지역에서 처음 나타났다. 다른 지역에서도 도시가 생겨나면서 도시라는 사회적 형태는 인간 사회의 변화를 이끄는 선봉이 되었고, 원활한 도시 운영을 위해 분업화와 전문화가 이루어지게 되었다.

인구가 늘면서 사람 사이에 교류도 많아지고 새롭게 필요한 것들이 나타나기 시작했다. 거래를 위한 셈법과 일상과 농업에 필요한 달력 그리고 문자 발명은 수메르인이 기원전 3400년경에 시작한 것으로 보인다. 문자가 발명되면서 사람들의 기억과

수메르인의 언어가 기록된 토판

구전은 기록이 되었고, 거래와 의사소통에 객관적인 기준이 생겨났다.

우리는 조상들이 남긴 문자를 해독하면서 인류의 진화 과정을 더 잘 알 수 있게 되었으며, 지식은 대를 거듭해 보완과 발전을 거치면서 인간 사회 발전에 중요한 역할을 했다. 문자는 인간의 지적 자산을 그 지역의 소수에게만 한정시키지 않았고, 공간적으로 더 넓게 전파하게 도왔다. 문자로 기록된 지식은 세월을 넘어서 전달될 수도 있었으므로 인간의 지성이 발달할 수 있는 기회가 더 늘어났다. 인간이라는 존재는 이제 다른 동물들과 완연히 구별되었고, 사회라는 새로운 생태계는 자연이라는 이전의 생태계보다도 훨씬 중요해졌다.

현재에도 인류의 절반 이상은 도시에서 살고 있다. 2018년 발표한 유엔 해비태트의 보고서*에 따르면 2030년이 되면 전체 인구의 60퍼센트가 도시에 거주하게 된다. 먹을 것과 주거지를 넘어, 인간이 가진 다양한 욕구와 필요를 해결할 수 있는 거대한 도시에 머무는 우리는 얼마나 만족스러운 삶을 살고 있는 것일까?

문명화된 세상은 인간의 생리적 한계를 극복하는 데 도움을 주었다. 그런데 정신적인 면에서 우리는 과연 얼마나 나아진 것일까? 어찌 보면, 현대인은 정신적인 면에서 오래전의 원시인과 크게 다르지 않은 것처럼 느껴지기도 한다. 단지 삶의 공간이 자연이 아닌 사회로 옮아왔을 뿐, 생존방식에 있어서 현대인은 원시인과 비교하여 그리 나아 보이지 않는다. 문명이 발달해온 것처럼, 우리의 정신영역도 진화해야 하지 않을까. 개인적 발달이 아니라, 집단지성을 통하여 더 나은 사회로 발달해가는 게 중요하다는 생각이 든다.

---

* UN-DESA, World Urbanization Prospects The 2018 Revision, United Nations New York.

인간과 지구의 미래

현재 지구에는 약 1천만 종의 다양한 생명체가 살고 있지만, 그중에서 인류라는 한 생물종이 지구에 끼치는 영향은 점점 커지고 있다. 심지어 지질시대의 이름까지도 새로 등장할 정도다. 마지막 빙하기가 끝난 지금의 시기는 신생대 제4기 홀로세에 속해 있었는데, 최근 200년이라는 매우 짧은 시기를 별도로 '인류세'로 불러야 한다는 주장까지 나오고 있다.

지구온난화의 경고

인간의 활동으로 지구에 가장 큰 영향을 주는 부분은 기후변화이고, 그중에서도 지구온난화다. 지구온난화로 인한 지구의 변화는 단지 미미한 온도 상승으로 끝날 일이 아니다. 지구 생태계가 더 이상 평형을 이루지 못하고 한 방향으로 급격하게 변할 수 있다는 점에서 더욱 위험하다.

산업혁명기 이후부터 현재까지의 온도는 1도 이상 올라 섭씨 15도 정도다. 그런데 지구 평균기온이 상승하는 속도가 점점 빨라지고 있다는 점을 주목해야 한다. 약 30만 년 전 아프리카에서 출현한 현생 인류가 빙하기와 간빙기를 거치며 기후변화를 겪었지만, 섭씨 15.7도는 인류가 한 번도 경험해보지 못한 온도다. 1년에 몇십 도의 온도변화를 겪으며 살아가는 우리에게는, 지금보다

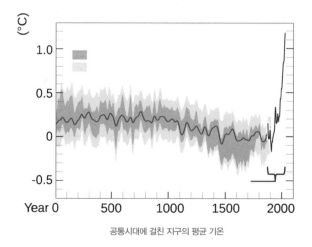

공통시대에 걸친 지구의 평균 기온

지구의 평균온도가 1℃ 더 올라간다는 게 심각하게 느껴지지 않을 수 있다. 그런데 과학자들은 지구의 온도 15.7℃를 한계선으로 제시하고 있다.

기후학자 대부분은 지구온난화의 주요 원인이 산업화, 도시화 등 인간의 활동에 의한 것이라고 입을 모은다. 과학자들이 주축이 되어 1988년에 만들어진 기후변화에 관한 정부간협의체 IPCC^{Intergovernmental Panel Climate Change}는 2007년에 노벨평화상을 받을 정도로 활발하게 활동하고 있다. 이처럼 IPCC가 연구 보고서를 발표하며 국제적인 환경보호와 기후협약을 이끌어내고 있지만, 국제적 공조와 각국의 노력 그리고 개인 일상에서의 개선은 미흡한 실정이다.

지금보다 약 0.7℃ 정도 온도가 상승하는 15.7℃는, 돌이킬 수 없는 자연의 변화가 나타나는 한계점으로 예상된다. 어느 순간에 균형을 깨고서 예기치 못한 일이 폭발적으로 일어나는 변화의 순간, 즉 티핑 포인트^{tipping point}에 이르면 기온이 상승해 해수가 팽창하며 빙하가 녹으면서 해수면이 높아지고 육지 면적은 줄어든다.

NASA가 위성 데이터를 바탕으로 분석한 결과에 따르면, 21세기가 끝나기 전에 해수면이 1미터 더 높아질 것으로 추정된다. 대한민국 부산, 스페인 바르셀로나, 남아공 케이프타운, 하와이 호놀룰루, 프랑스 니스, 플로리다 마이애미, 브라질 리우데자네이루, 캘리포니아 산타모니카, 오스트레일리아 시드니, 이스라엘 텔아비브 등 아름다운 해안 도시가 수면 아래로 잠길 수도 있다.

바닷물의 온도가 올라가면 해류가 변하면서 해일 등 예기치 않은 자연재해가 발생한다. 또한 상상을 초월한 토네이도와 태풍 등의 재해가 도처에서 발생할 가능성이 크다. 한편으로 지구온난화로 기온이 상승해 빙하가 녹는다는 것은, 해수보다 햇빛을 더 많이 반사하는 빙하가 사라진다는 사실을 의미한다. 지구가 이전보다 더 많이 열을 흡수하게 되는 양의 되먹임 과정으로 지구온난화가 더욱 가속될 수 있다.

지구온난화는 바다에서의 변화만이 아니라 대기의 순환에도 영향을 미쳐서 오히려 강력한 한파와 폭설 등 재해가 잦아질 수도 있다. 2016년 1월에 북극의 온도가 관측 사상 가장 높았을 때, 우리나라에서는 오히려 심한 한파와 폭설이 몰아닥쳤다. 그래서 비행기 이착륙이 중단되기도 했다. 이것은 우리나라 영토 위 10킬로미터 상공에서 초속 80미터로 흐르는 강력한 제트기류가 지구온난화로 사라진 탓에 북극의 찬 공기가 우리나라로 밀려왔기 때문이다. 이처럼 지구온난화로 어느 지역은 더위에 몸살을 앓고 다른 지역에서는 한파가 몰아치는 등 예기치 못하는 자연재해가 더 빈번히 그리고 더 큰 규모로 일

지구온난화 가속에 원인 중 하나인 산불

어날 가능성이 커진다.

　지구온난화에 결정적으로 영향을 끼치는 원인은 인구 증가와 이산화탄소 농도 증가로 밝혀졌다. 목축산업의 영향도 무시할 수 없다. 2006년 국제연합 식량농업기구UNFAO가 총 온실가스 배출량 중 18퍼센트가 축산업에서 나온다고 발표했을 정도다. 또한 산불이나 아마존의 열대우림이 불타면서 발생하는 이산화탄소 증가와 산소 감소, 화학비료 사용으로 인한 온실가스 증가 등 인간의 활동에 의한 직간접적 원인들도 지구온난화를 가속화하는 중이다.

환경 파괴가 초래할
우울한 미래

　　　　　　　　　온실효과는 우리 생활에서도 쉽게 경험할 수 있다. 이산화탄소가 증가하면 온실효과로 지구의 온도가 올라간다. 겨울철에 비닐하우스에서 식물을 키울 수 있는 것, 창문이 닫힌 자동차의 내부 온도가 올라가는 것도 온실효과에 의해서다. 가령 자동차 창문으로 햇빛이 들어오면 내부 온도가 올라가는데, 내부의 열이 바깥으로 나가지 못하고 유리창에서 내부로 반사되어 다시 내부를 덥히는 것이 온실효과다.

　들어오는 열에 비하여 나가는 열이 적으면 자동차 내부의 온도는 순식간에 20℃씩 올라가기도 한다. 이를테면 32℃의 한여름에 햇볕을 받은 자동차 내부의 온도는 10분 만에 43℃, 30분 만에 51℃까지 올라간다. 1시간이 넘으면 57℃까지 올라가 배출하는 열과 들어오는 열이 평형을 이루지만, 이미 인간이 견딜 수 있는 상황은 아니다.

지구의 온실효과는 이러한 일이 전 지구적으로 일어난다는 것을 말한다. 대기 중에 이산화탄소, 메탄, 암모니아 등 온실가스 농도가 짙어지면서 외계로 빠져나가야 할 열이 대기에서 지구로 반사되며 지구 온도를 계속 상승시키는 것이다. 기후변화와 관련하여 미국의 전 부통령이자 노벨평화상 수상자인 앨 고어Al Gore 등은 지구를 지키기 위한 기후 프로젝트를 추진하고 있다.

그러나 이런 활동에도 불구하고 해결책을 마련하기는 쉽지 않다. 삼림 황폐화, 사막화 현상 같은 자연적 요인과 인위적 요인이 복합적으로 발생하고 재난을 초래하면서 인간에게 부메랑이 되어 돌아오고 있다. 육지의 40퍼센트를 차지하는 건조 지역에서 매년 약 600만 헥타르의 광대한 토지가 사막화되고 있다. 600만 헥타르는 서울시 면적의 100배에 이르는 크기다. 사막화로 지역의 숲이 파괴되면 생태계가 변해 식량난민이 증가하고 대기 중 산소농도가 감소하게 된다.

빠르게 사막화하고 있는 지구

물질의 혁명으로 불리는 플라스틱도 문제 발생에 일조한다. 플라스틱 쓰레기 등이 자연으로 배출되면서 해양 생태계가 심각하게 파괴되고 있다. 인간이 만들어내는 각종 화학가스들로 인하여 지구의 오존층에 뚫린 구멍도 커지고 있다.

인간의 활동이 인간과 다른 생명체에게 재앙으로 되돌아오고 있다. 클린에너지를 표방하는 원자력발전소의 방사능 오염이 얼마나 위험하고 후유증이 심각한지는 1986년 체르노빌과 2011년 일본 후쿠시마 원전 사고 등을 보면 누구나 느낄 수 있다. 지구온난화로 인한 지각변동 그리고 기후변화로 인한 해수면 상승이 가시화되면 원자로 냉각을 위해 해변가에 건설된 원자력발전소에 치명적인 영향을 줄 수밖에 없다.[*]

비단 사고만이 문제가 아니다. 방사성 폐기물의 반감기는 원소에 따라 다르지만 수백 년이 걸리는 것이 적지 않다. 그러니까 원자력발전은 결국 현재의 편의를 위해 후대에 부담을 넘기고 그들을 희생시키는 행위다.

지금 여기서 우울한 미래를 이야기하는 것은, 우리의 행동이 늦어질수록 더 많은 부담과 피해가 발생하기 때문이다. 지금의 우리가 경각심을 갖고 조금 더 빨리 변하자는 취지다. 문명이 탄생한 이후 인류는 서로 연결되어 소통하면서 집단지성을 키워왔다. 광활한 우주에 수없이 많은 은하가 있다지만, 칼 세이건Carl Sagan이 지적했듯이 먼 훗날 미래에도 인간 삶의 터전은 지구일 수밖에 없다. 지구는 이 시대 우리만의 소유가 아니다. 서로 의지하며 살아가고 있는 모든 지구 생명체의 것이며, 우리의 후손이 살아갈 터전이다.

---

[*] 김형근, 지구온난화, 원자력에 등돌리다, 과학기술핫뉴스, 과학기술인재 진로지원센터, 2015.11.19.

기후 정의를 요구하는 캠페인

2020년 코로나19 바이러스가 전 지구를 강타하면서 불안과 공포가 엄습했다. 봉쇄와 격리 그리고 사회적 거리 두기라는 해법으로 전 지구인이 외부 활동을 자제하자 석유 소비가 줄어들면서 이산화탄소 배출이 감소됐다. 인간 사회가 움츠리는 시간이 길어질수록, 자연은 오히려 정화되고 있었다. 인간에게 치명적인 바이러스는 다른 생물종에게 별다른 피해를 주지 않았고, 인간의 사회 생태계가 주춤한 만큼 다른 종의 자연 생태계가 활발해졌다는 소식이 들린다. 어느 집단에서든 어느 생물종에서든 유독 하나가 독보적으로 강한 경우가 오래 지속되는 사례는 드물었던 것 같다.

인간의 활동에 의한 변화가 너무 커서 지질시대까지 바꿔야 할 정도로, 인간은 너무 자기만 생각하며 살고 있는 것은 아닐까? 사회라는 생태계를 꾸려가기 위해 부모인 자연 생태계를 희생시켜왔던 인간이 자성해야 할 순간이 아닌가 싶기도 하다. 인류를 위협하는 바이러스나 세균을 인간 사회에서 관리할 수 있어야 한다는 점은 분명하다. 인류를 위협하는 다른 재해와 마찬가지로, 우리는 생물 본연의 본능에 따라 후대를 남겨야 하는 운명이다. 그러나 이러한 인간의 관점만이 전부가 아니라는 사실을 깊이 생각하고 집단지성을 성장시켰으면 싶다.

지구인이 알아야 할 지구

　대부분의 현대인이 살아가는 생태계는 자연이 아닌 현대화된 사회다. 현대인에게는 자연보다 사회에 관한 지식이 유용하다고 느낄 때가 더 많다. 그런데 특정 지역 내에서 특정한 시기에 살다가 가는, 한시적이고 지엽적인 존재로만 인간을 국한할 것인가? 작은 사회 너머의 더 큰 세상인 지구를 아는 것이 내 삶에 과연 얼마나 유익할 수 있을까? 현대인이 알면 좋을 것 같은 지구 상식은 무엇일까? 지구인으로서 우리는 지구라는 우리 세상을 어느 정도는 알아야 할 필요가 있다. 지구는 커다란 세계이기 때문에 수많은 지식을 내어줄 수 있지만, 가급적 우리 삶과 관계된 부분부터 살펴보자.

지구를 소개합니다

　　　　　　물리적인 관점에서 지구를 소개하자면, 지구는 약 45억 6천7백만 살 정도 되었다. 모양은 알다시피 동그란 구형이지만 지구의 자전에 의한 원심력 때문에, 적도 방향의 반지름이 극 방향보다 20킬로미터 정도 더 길다. 이것은 지구 반지름의 약 300분의 1 정도밖에 되지 않으므로, 우주에서 지구를 본다면 거의 완벽한 구형으로 보일 것이다. 지구의 표면은 내부에 비하여 가벼운 물질들로 구성되어 있으며, 맨틀 바다 위에 가벼운 지각이 떠 있는 형태다.

　지구 전체적으로 볼 때 지구의 밀도는 물보다 약 5.5배 정도 크다. 다음 그림은 대략적으로 지구의 크기에 비하여 물이 어느 정도 있는지를 표현한 것이다. 오른쪽은 이미지 일부를 확대한 것인데, 지표면의 대부분을 차지하는 바다는 가장 큰 물방울 정도의 부피를 갖고 있다. 아래 크기의 물방울은 남극대

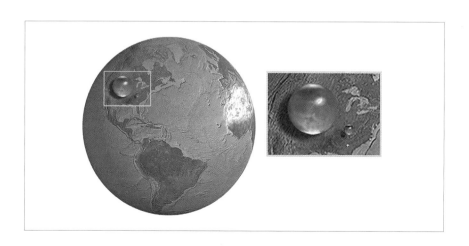

류과 그린란드 등의 빙하에 포함된 물의 부피를, 가장 작은 물방울은 강이나 호수 등 육지에 있는 물의 부피 전체를 지구의 크기와 비교한 것이다. 그런데 지구의 크기는 실제로 얼마나 되며, 어떻게 생겼을까?

태양-지구-달의 순서로 배치가 될 때, 즉 지구의 그림자가 달을 가리는 월식lunar eclipse을 보면서 옛날 사람들은 지구가 둥글 것이라고 어렴풋이나마 생각했다. 우주에 나가서 직접 찍은 지구의 사진을 보면서 공과 같은 형태라는 사실을 확인할 수 있는 현대에도 지구가 평평하다고 생각하는 사람들이 있을 정도로 지구는 크다. 알다시피 공의 크기가 클수록 표면은 더 평평하게 느껴지니까.

그렇다면 지구는 얼마나 큰 것일까? 동그란 모양을 하고 우주에 떠 있는 것일까? 수많은 질문이 있었지만 신은 아무런 답을 주지 않았다. 인간 스스로 답을 찾아야 했다.

2천200년 전에 살았던 에라토스테네스는 간단한 기하학과 그럴듯한 몇 가지 가정(가령 '지구는 둥글다' '태양은 멀리 떨어져 있어서 태양빛은 평행하다' 등)을 바탕으로 지구의 크기를 처음 측량해낼 수 있었다. 이 방법은 누구나 사용할 수 있고, 더 빨리 더 먼 거리를 이동할 수 있는 현대에는 그렇게 힘든 일도 아니다. 구태여 두 지역에 직접 갈 필요도 없다. 휴대폰으로 연결된 누군가와 동시에 작업을 진행한다면, 훨씬 빠르고 쉽게 지구의 크기를 측정해낼 수 있다. 아무튼 측량이 지금보다 정확하지 않았던 시대였음에도 불구하고 에라토스테네스가 얻은 값은 현재의 정밀한 측정값과 별로 큰 차이를 보이지 않았다.

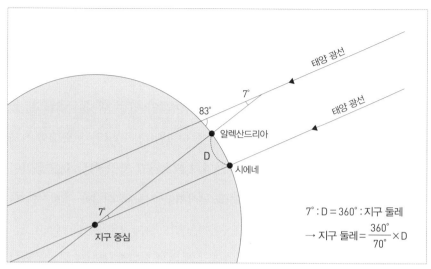

태양 광선

태양 광선

7°

83°

알렉산드리아

D

시에네

7°

지구 중심

$7° : D = 360° : 지구 둘레$

$→ 지구 둘레 = \dfrac{360°}{70°} × D$

에라토스테네스의 지구 크기 측정 원리

　우리가 알고자 하는 지구의 반지름은 대략 6천400킬로미터이고, 적도의 둘레는 약 4만 킬로미터 정도 된다. 이 정도 길이는 현실에서 잘 느껴지지 않을 수 있으니 이렇게 생각해보자. 서울의 인구를 1천 만 명이라고 하고, 서울에 사는 남녀노소의 평균 키를 1.3미터라고 가정하자. 그러면 서울의 모든 인구가 머리-발-머리-발과 같이 한 줄로 누워 있을 때 그 길이는 얼마나 될까? 물론 1.3m×10,000,000을 계산해보면 된다. 서울시 인구를 한 줄로 세울 경우, 길이가 1.3만 킬로미터 정도 나온다는 얘기다. 지구 둘레의 약 3분의 1 정도나 되는 길이이며, 지구의 지름과 비슷하다. 지구의 중심을 관통한다면 반대편까지 도달할 수 있는 길이다. 이제 지구의 크기에 대해 감이 좀 오는지 모르겠다.

시스템으로 보는 지구

지구는 땅덩어리만 있는 행성이 아니다. 제법 크기가 있어서 대기를 중력에 잡아놓을 수 있었고, 적당한 온도라서 액체 상태의 물이 풍부할 수 있었다. 물과 대기가 어우러진 지구에는 어느 날 자연스럽게 생명체가 탄생하여 지구환경을 구성하고 지구의 진화에 결정적인 역할을 했다.

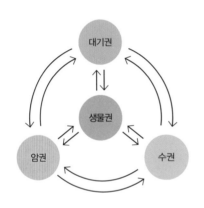

우리가 지구를 과학적으로 이해하고자 할 때, 통상적으로 하나의 계(시스템)로 취급하곤 한다. 지구는 태양과 달 그리고 우주로부터 오는 운석과 다양한 입자 등의 영향을 받지만, 어떨 때는 지구를 하나의 독립적인 시스템으로 보는 관점이 유용하다. 하나의 시스템으로 보는 관점에서 지구를 이해하기 위해서는, 4개의 하위 시스템으로 나눠서 보는 방법이 보편적이다. 즉 지구를 둘러싼 공기층인 대기권, 지각을 구성하고 움직이는 암권, 지구 표면의 70퍼센트를 차지하는 바다와 빙하 등으로 구성된 수권 그리고 이러한 환경 덕에 어디서나 살아가고 있는 다양한 생명체들로 이루어진 생물권으로 나뉜다. 따라서 4개의 하위 시스템 사이의 상호작용을 이해하면, 상위 시스템인 지구를 좀 더 쉽게 알 수 있다.

암권은 지구의 껍질에 해당하는 지각과 맨틀의 상부를 포함하는 영역이다. 맨틀 대류가 움직여 지각이 생성되어 이동하다가 해구에서 지각이 소멸되는 암석의 순환이 일어난다. 지구의 지각은 몇 개의 판들로 나뉘어 있어서, 판의 경계에서는 지진이나 화산 같은 지각활동이 활발하다. 판은 오랜 시간에 걸쳐서 움직인다. 대륙들은 서로 가까워지거나 분리되면서 현재의 육지 형태가 되었고 미래에는 또 다른 형태가 될 것이다. 지구에서 가장 높은 히말라야산맥도 판의 움직임과 충돌로 생겨난 것이다.

약 5천만 년 전에 인도판이 이동하며 유라시아판과 충돌한 뒤 오랜 시간에 걸쳐서 높은 산들이 만들어졌다. 해발 8천 미터의 높은 고도에서는 판들 사이에 있는 바다에서 살았던 조개와 산호 등 해양생물 화석이 발견되고 있다. 일본에 지진이 많은 것도 유라시아판과 태평양판 그리고 필리핀판의 경계에서 판들이 충돌하기 때문이다.

이렇게 지각이 여러 개의 판으로 나뉘어 대륙의 모양과 지각활동에 영향을 미친다는 판구조론은 지구과학의 혁명이라고 할 수 있다. 판구조론은 여러 과학적 근거를 거쳐서 충분히 검증되었으며, 지구를 이해하는 데 상당히 중요한 개념이다.

또한 암권은 지구가 가진 대부분의 산소를 함유하고 있다. 암석을 이루는 기본 단위인 광물은 수백 종류가 있지만 90퍼센트 이상의 광물은 산소 몇 개와 규소가 결합된 규산염 광물 계열이다. 지구 표면의 바다를 이루는 물과 대기 중에 있는 산소 및 수증기보다도 훨씬 많은 산소가 암권에 있다.

좀 의외일 수 있겠지만 이는 사실이다. 산소는 지구에서 가장 풍부한 원소이고 반응성이 높은 원소로도 유명하다. 따라서 산소는 생명체의 대사나 지구온난화, 연소 등 지구에서 일어나는 변화 대부분에 깊이 관여한다. 지구를 대표하는 특징으로 '물이 풍부한 행성'이라고 흔히 말하지만, 좀 더 기초적으로 말하자면 '산소가 풍부한 행성'이라고 말할 수도 있을 것이다.

바다와 빙하, 강과 호수 등으로 구성되는 지구의 수권은 생명체에게 물을 공급하는 원천이며, 해류와 물의 순환을 통하여 지역의 기후를 결정하기도 한다. 암권과 달리 액체와 기체로 구성되는 수권은 자유롭게 움직일 수 있어서, 에너지와 물질을 이동시키는 중요한 역할을 한다.

기권은 기상현상이 일어나는 대류권에서부터 오존이 있는 성층권, 중간권, 열권으로 구성되며 지구와 우주 사이의 경계를 이룬다. 기권은 우주로부터 지구를 보호하고 유지하는 역할을 하며, 생명체의 생존과 진화에 영향을 끼쳐왔다. 지구온난화를 비롯해 공룡이 멸종하고 포유류가 번성하게 된 이유를 기권에서 찾을 수 있다. 먼 훗날 지구 외의 행성에서 인류가 살아가려면 먼저 그

지구의 산소가 사라지면 땅과 바다는 거의 사라질 것으로 예상된다.

행성의 대기를 바꿔야 한다.

생물권을 구성하는 지구의 생물종은 대략 1천만 종으로 추산된다. 그동안 지구에 살았던 생물종이 약 5억 종 정도였다고 하니, 다른 권역 못지않게 생물권에서도 큰 변화가 있었던 셈이다. 과거에 그랬듯이 생물권의 변화는 지구의 변화를 이끌어갈 것이다. 인간이라는 단일 생물종이 아니라, 생명체들이 상호작용하면서 건강한 변화가 일어나기를 바란다.

이제 지구를 좀 더 큰 관점에서 바라보기 위하여 지구 관련 지식을 정리하자. 지구라는 천체가 자전과 공전을 해왔다는 것은 현대인의 상식이다. 자전하는 주기가 하루이고 공전하는 주기는 1년이다. 우리는 하루와 1년 사이에서 달의 공전주기인 한 달마다 달력을 넘기며 살아가고 있다. 지구의 운동으로 나타나는 것이 단지 시간의 단위만은 아니다. 지구가 자전하는 회전축이 23.4도 기울어져서 태양을 공전하고 있기 때문에 4계절을 경험할 수 있으며, 지구가 자전하기 때문에 발생하는 전향력이 대기의 순환을 복잡하게 만든다. 따라서 기후의 특성도 위도별로 단순하지 않다. 자전하지 않았다면 적도에서 상승한 대기가 고위도에서 하강했겠지만, 전향력으로 인하여 위도별 대기의 순환이 분리되고 무역풍, 편서풍, 극동풍이 생기는 것이다.

360도를 한 바퀴로 표기하는 것 역시 자전주기와 공전주기의 비율이 365 정도 되기 때문이며, 외계 고등 생명체의 달력과 원을 표기하는 각도는 지구와 다를 것이다. 지구에 가장 큰 영향력을 행사하는 두 천체인 달과 태양은 지구에서 보면 크기가 거의 비슷하다. 이것은 지구에서 달에 이르는 거리보다 태양까지의 거리가 약 400배 정도 멀면서도, 달의 반지름이 태양의 반지름보다 약 400배 정도 작기 때문이다. 알다시피 보이는 크기는 면적에 비례하고,

거리의 제곱에 반비례한다.

　지축이 기울어진 탓에 여름으로 가는 시기에는 태양이 1분 정도 일찍 뜨고 더 늦게 지면서 해가 길어진다. 유일한 위성인 달은 다른 천체와 달리 지구를 공전하며 움직이기 때문에 매일 50분 정도 늦게 뜨고, 태양과의 상대적 위치가 달라져서 모양은 날마다 변하게 된다. 이렇게 하늘에서 일어나는 변화는 인간의 문명 발달에 중요한 역할을 했다. 다양한 삼라만상이 가득하고 복잡한 자연현상이 벌어지는 자연을 인간이 이해하기는 어려웠다. 자연을 이해하기 위해서는 조화롭고 일정하게 움직이는 하늘의 변화를 관찰해야 했고, 그렇게 인간은 조금씩 자연의 이치를 깨닫게 되었다.

　보는 관점에 따라 현상은 다르게 보이는 법이다. 움직이는 지구에 올라타 있는 우리에게 관측된 천체의 운동을 통해 실제의 세상을 이해하려는 탐구가 과학의 시작과 발달을 자극했다. 조화롭고 규칙적인 천체의 변화를 기준으로 삶을 살아가면서 문명도 발달했다. 이제 관점을 좀 더 확장해보자. 지구와 인간 그리고 우주를 총망라해볼 시간이다.

우주, 지구, 인간

지구와 인간 너머로 시야를 넓혀보자. 아주 오랜 기간 인류는 대부분의 시간을 우주의 중심에서 살고 있다고 믿어왔다. 태양만이 아니라 밤하늘의 달과 별, 하늘에 있는 천체 모두가 지구를 중심으로 움직이는 것처럼 보이니 그럴 법도 하다. 세상은 인간이 활동하는 지상의 세계를 중심으로 커다란 천구의 표면에서 움직이고 있다는 우주관은, 인간이 우주에서 가장 특별한 존재라는 믿음을 강력하게 시사하고 있다. 우주에 하나밖에 없는 중심을 독차지하고 있으니 말이다.

지구를 넘어 우주로

과학이 발달하면서 400년 전에는 지구가 태양 주위를 공전하는 한 행성에 불과하다는 사실을 알게 되었고, 100년 전에는 태양이 우리은하를 회전하는 수많은 별 중 하나라는 것을 알게 되었다. 이후 얼마 지나지 않아서, 우주가 수많은 은하로 가득 차 있으며 지구 위의 모든 사막과 해변의 모래알을 합친 수보다도 더 많은 별이 우주에 있다는 것도 알게 되었다. 과학이 발달하면서 우주의 중심은 우리에게서 점점 더 멀어져갔고, 우리는 우주의 주인공이 아니라는 사실을 깨닫게 된 것이다. 우주에 대한 지식이 발달하면서 세계관이 변하고, 변화된 세계관에서 인간의 의미를 찾는 인문학적 성찰도 깊어졌다. 어렸을 때 자기중심적으로 생각하다가 성장하면서 타인도 나와 같이 소중한 존재이며, 그런 존재가 수없이 많다는 자각을 하게 되는 것과 비슷하다.

자기중심적 세계관을 벗어나면서 오히려 인간은 더 보편적 존재로 성장해가는 것이 아닐까 싶다. 은하의 변방에 있는 한 행성의 거주자를 넘어 우주적 존재로 인간에 대한 관점을 확장하는 것이 우리 삶에 어떤 의미를 줄까?

현대과학을 바탕으로 지구와 인간을 우주적인 관점에서 살펴보자. 우리는 인간의 키와 비슷한 길이인 미터 단위로 크기나 거리를 파악하지만, 태양계에 적용하기에는 너무 불편하다. 태양계에서 길이를 재는 단위는, 지구와 태양 사이의 거리인 1 천문단위^{AU; astronomical Unit}를 기준으로 한다. 일상의 잣대로 하면 약 1억 5천만 킬로미터이고, 우주에서 가장 빠른 빛의 속력을 기준으로 하면 8분 20초 정도 달려야 하는 거리다. 태양계의 행성들이 태양으로부터 얼마나 멀리 떨어져 있는지를 안다고 해서 사는 데 별 도움은 안 되겠지만, 재미는 있을 것 같다.

AU를 단위로 태양에서 행성들 사이의 거리를 나타내는 식이 있다. 태양에서 n번째에 있는 행성의 평균 반지름이 $r = 0.4 + 0.3 \times 2n$ 정도 된다는 티티우스-보데 법칙의 계산값은 관측값과 5퍼센트 이내에서 잘 맞아떨어진다. 가령, 수성($n = -\infty$)은 0.4AU, 금성($n = 0$)은 0.7AU, 지구($n = 1$)는 1AU, 화성($n = 2$)은 1.6AU, 목성($n = 4$)은 5.2AU, 토성($n = 5$)은 10AU, 천왕성($n = 6$)은 19.6AU로 실제 값과 거의 들어맞는다.

법칙이 발표되던 18세기 후반에는 아직 천왕성이 발견되지 않았으나, 이 법칙으로 예측된 거리에서 실제로 천왕성이 발견되었다. 이에 고무된 사람들은 $n = 3$ 되는 2.8AU 거리의 천체를 찾으려는 탐색에 열을 올렸으며, 화성과 목성 사이의 소행성대와 소행성 세레스를 발견하는 성과를 냈다. 그런데 다음 행성인 해왕성과의 계산값은 관측값과 22퍼센트 정도 오차가 난다. 이 법칙은 행성의 운동을 설명하는 뉴턴의 역학체계에서 유도되는 법칙이 아니라 태양계의 진화 과정에서 우연히 성립한 규칙이 아닐까 생각되고 있다. 이 법칙을 외우는 것은 어렵지 않다. 등식에 4, 3, 2의 숫자가 순차적으로 나타나며, n에 1을 대입하면 우리가 사는 지구의 1AU가 나온다.

지구로부터 더 멀어져보자. 1977년에 발사한 보이저 1호와 2호는 각자의 방향으로 2019년 기준으로 약 200억 킬로미터 떨어진 태양계 외곽으로 날아가고 있다. 인간이 만든 우주선이 그렇게까지 멀리 간다는 것도 놀랍지만, 그렇게 멀리 떨어진 곳의 작은 우주선에서 보내는 미약한 신호를 잡아서 해석

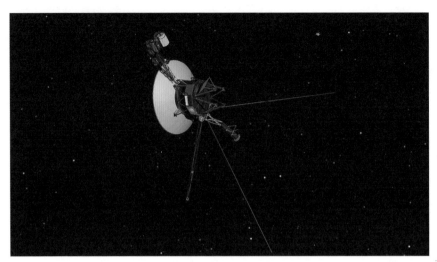

보이저 2호의 모습. 과학계에서는 2024년을 전후해 탐사선의 운명이 끝날 것으로 전망한다.

할 수 있는 현대의 과학기술도 놀랍다. 알다시피 신호는 거리의 제곱에 반비례하여 작아지니 말이다. 태양계의 크기는 반경 1광년(약 6.3만 AU) 정도이며, 반경이 5만 광년 크기인 우리은하는 태양계와 같은 별을 수천억 개 거느리고 있다.

태양은 우리은하의 중심에서 2.6만 광년 떨어진 변방에서 2.4억 년을 주기로 공전하고 있다. 46억 살의 지구는 벌써 우리은하를 20회 정도 공전한 셈이다. 1920년대 중반까지만 하더라도 우리은하가 우주 전체라고 여겨졌다. 수천억 개의 별들로 둘러싸인 우리은하를 넘어서 희미하게 빛나는 다른 천체들을 찾는 것이 쉽지 않았으리라.

그로부터 100년이 지난 지금의 과학자들은 130억 년의 시공간을 날아온 은하까지도 관측할 수 있다. 확장된 관측능력과 이론에 따르면, 우주에는 우리은하와 같은 은하가 수천억 개 있을 정도다. 그만큼 인간의 우주 관념도 엄청나게 확장되었다.

앞에서 말했듯이 우주에는 태양처럼 빛나는 별들이 지구에 있는 모든 모래 알의 개수와 비슷하거나 더 많다. 그렇게 많은 별 중 하나, 그 빛나는 별의 세 번째 행성에 우리가 살고 있다. 방대한 우주에는 특별히 어디가 중심이라고 할 것 없이 어느 곳이나 다른 곳과 비슷하다. 즉, 우주에는 중심이라고 특정할 만한 위치가 아예 없다. 거시적 규모에서 볼 때 어느 방향으로나 어느 위치이 거나 동등하다고 여겨진다. 이것을 '우주원리'라고 부르는데, 인간은 우주의 중심이라는 특별한 곳에 있지는 않으나 우주의 어느 곳과 동등한 곳에 있는 편재되지 않은 존재로 생각할 수도 있을 것이다.

우주의 탄생과 미래

공간적으로 이렇게 방대한 곳에 있지만, 인 간은 아주 작은 영역에서 아웅다웅 살아가고 있다. 그렇다면 시간의 척도에서 는 어떨까? 우주의 탄생과 진화를 다루는 학문을 우주론cosmology이라고 하는 데, 현대과학의 이론과 현대기술의 관측은 빅뱅bigbang 우주론을 표준으로 인 정하고 있다.

대부분의 전문가가 동의하고 있는 우주의 탄생에 대한 시점은 138억 년 전 이다. 138억 년 전에 헤아릴 수 없이 뜨겁게 밀집한 작은 영역이 팽창을 거듭 하며 세상의 모든 것을 만들어냈다는 것이다. 태초의 순간을 잘 알 수는 없지 만, 그 순간 이후부터 지금까지 우주에 어떤 일들이 벌어졌는지는 빅뱅 우주론으로 꽤 정확하게 설명할 수 있다.

　지구는 우주 나이의 3분의 1 정도나 되는, 적지 않은 나이의 천체다. 개인은 공간적으로 우주에 비해 비교할 수 없을 만큼 작지만, 시간적으로 볼 때 개인의 인생은 우주 나이의 1억 배 정도밖에 차이 나지 않는다. 왜소한 존재이면서도 인생은 짧지 않다. 우주의 나이를 하루 24시간으로 볼 때, 인간이 출현한 시각은 밤 11시 59분 25초라고 표현하기도 한다.

　필자는 그런 관점보다도 우리 인생이 모든 것을 포함하는 우주의 나이에 비해서도 그렇게 무시할 만하지 않다는 관점을 더 좋아한다. 한 개인이 아니라 인류의 나이로 보면, 10만 배 정도밖에 차이 나지 않다고 생각해도 나쁘지 않다. 인간이 미래에 얼마나 더 오래 생존할 수 있을지 모르지만, 우주와 더불어서 살아가는 동안에 이러한 비율의 격차는 더욱 작아질 것이고 공간적으로도 더 넓은 곳으로 확장하며 격차를 줄여갈 것이다.

　자연스럽게 인간의 미래를 넘어, 지구의 미래를 넘어, 우주의 미래를 이야기해도 어색하지 않을 분위기가 된 것 같다. 지구가 언제 외계 천체의 공격을 받아 없어질지 알 수 없으나, 그런 정도의 충돌은 거의 일어나지 않을 것 같다. 오히려 지구의 나이만큼 시간이 지나면, 태양이 연료를 소진하고 희미한 백색왜성으로 바뀌면서 최후를 맞이할 가능성이 더 크다.

　일생의 절반을 살고 있는 현재의 태양은 말년에 지구를 삼킬 정도로 몇백 배 팽창하다가 결국 지구 크기로 줄어들며 빛이 꺼질 것이다. 90억 년 동안 진행된 태양계는 주인공의 퇴장과 함께 막을 내리게 된다. 연극이 끝나갈 쯤 우리은하와 안드로메다은하가 만나는 충돌 과정을 겪게 되는데, 태양계에 무슨 일이 터질지는 아무도 모른다. 어떤 시나리오가 나온다고 해도 인간이 태양계

대마젤란은하에서 폭발하는 백색왜성의 이미지

에 남아 있다면 파국을 면할 수는 없을 것 같다. 너무도 먼 훗날에 벌어질 일이라 인간이 얼마나 진화하고 과학기술이 얼마나 발전하여 그러한 우주적 변화에 대처할 수 있을지 속단할 수는 없지만 말이다. 앞으로의 발전을 지금 예측하기는 어렵다. 먼 후대 인류는 현재의 지구적 영향력을 넘어, 태양계적 영향력 그리고 은하적인 영향력을 끼치게 될지도 모를 일이니까. 하지만 역시 현실감이 느껴지지 않고, 과연 그럴 수 있을까 싶기는 하다.

이러한 의견은 상상일 뿐이며, 과학적 근거가 있는 건 아니다. 내친김에 은하적인 미래를 넘어 더 큰 규모, 즉 '우주적 미래를 현대과학에서는 어떻게 예언하고 있을까'도 알아보자. 우주의 운명까지 점치기에는 인간의 과학기술이 아직 부족하다. 가장 신빙성 있는 가설은 현재 팽창하고 있는 우주가 더 빨리 팽창하며 모든 물질이 산산이 분해되어 우주 어느 곳이라도 진공과 비슷한, 거의 완벽한 공空의 상태로 돌아간다는 것이다. 그런데 우주의 운명을 결정하는 데 결정적인 우주의 임계밀도에 대해 현재까지의 관측적 증거로는 아직 결론을 내릴 수 없다.

우주의 임계밀도 값이 얼마나 되느냐에 따라 우주가 팽창을 멈추고 다시 수축하여 빅뱅의 순간처럼 모든 것이 밀집되어 진공과 반대되는 상태로 갈 수도 있다. 또는 빅뱅과 팽창이 반복되고 있는 우주의 어느 한 순간에 우리가 있다고 누군가 주장해도 누구도 반증하기 어렵다. 아예 우리가 사는 우주와 다른 우주들이 평행하게 수없이 많이 존재한다고 이야기해도 역시 반박하기 어렵다. 현재 인간의 과학으로는 우주의 운명까지 논하기 힘들고, 태양계와 우리은하의 운명 정도는 꽤 신빙성 있게 예언할 수 있다.

세상을 바라보는 과학적 태도

갈 수 있는 만큼, 우주의 끝과 우주의 미래까지 가보았으니 다시 지구로 돌아와서 하늘을 바라보자. 하늘의 모든 천체, 태양, 달, 별, 행성은 지구의 자전으로 일어나는 일주운동으로 24시간에 360도 회전한다. 그러니까 자전축 근처의 북극성을 중심으로 1시간에 15도씩 회전한다. 혹은 북극성에서 멀리 떨어진 별들은 회전반경이 커서 동쪽에서 나타났다가 서쪽으로 사라질 것이다.

오랫동안 밤하늘을 쳐다보면 별들이 움직이는 것을 볼 수 있다. 과거 언젠가 상상력이 풍부한 사람들에 의하여 낱낱의 별들 중에서 밝은 것을 이어서 형태를 만들기도 했다. 주변의 밝은 별들을 이으면 여러 형태의 기하학적 모양이 나타나는데 인간은 자연스럽게 그것을 친숙한 형상으로 연상하게 되었다. 그렇게 탄생한 별자리들은 밤하늘에서 새로운 이야깃거리가 되었고 신화가 되었으며 개인과 국가의 미래를 예측하는 점성술이 되기도 했다.

그런데 점성술을 과학의 관점에서 보면 참 어색하다. 별은 눈으로 볼 때는 가까이 있는 듯 보이지만, 우리의 시선 방향으로는 앞뒤의 거리를 판별할 수 없다. 그렇기 때문에 대부분의 경우 별자리를 구성하는 별들은 보이는 것처럼 실제 거리가 가깝지 않고 멀다. 그러니까 별자리는 실제 거리가 멀리 떨어져 물리적으로 전혀 연관성이 없는 별개의 천체를 하나로 묶어놓은 것일 뿐이다. 별자리에 어떤 심오한 뜻이 있다고 생각할 필요는 없다는 의미다. 우리의 감성적 혹은 문화적 관념에는 과학적 실제와 다른 것들이 적지 않게 있다고 생각한다.

태양은 뜨겁고 양陽의 기운을 나타내며 달은 차갑고 음陰의 기운을 나타내기 때문에, 음의 기운이 최고에 이르는 보름날 밤에는 온갖 악령이나 귀신, 도깨비, 흡혈귀가 출몰하니 조심해야 한다는 이야기도 세계 여러 곳에서 전해진다. 그런데 달은 스스로 빛을 내는 천체가 아니고 단지 태양빛을 반사할 뿐이라, 달빛과 태양빛은 본질적으로 다르지 않다. 다음의 그림은 이러한 과학적 사실을 통해 흡혈귀를 퇴치하는 이야기다. 재미로 보면 그만인 이 그림은 과학이 어떻게 미신과 부조리를 넘어서 세상을 변화시켰는지를 우화적으로 표현하고 있다.

과학은 보다 객관적이고 합리적인 태도일 뿐이다. 과학의 분야는 굳이 자

SCIENCE CAN SAVE LIVES

연에 국한되지 않는다. 실체에 더 가까이 가고 오류를 덜어내는 방법이자 태도로서, 과학은 사회과학과 인문과학 등의 영역으로 확장되고 있다. 올바른 지식은 이러한 과학적 과정을 거쳤으며, 알아두면 유용한 것들도 많다. 그런데 살면서 지식보다 더 중요한 것은 과학적 태도로 사람이나 상황을 살펴보는 자세다.

우리는 각자의 성장 과정과 경험으로 형성된 개인적 편견에서 자유롭지 못하다. 또한 우리는 사회라는 생태계에서 살아가기 때문에, 사회 생태계가 요구하는 상상의 질서와 믿음, 가치에 순응하기 쉽다. 시간이나 지역을 벗어나면 달라질 특정 사회의 특정 가치를 객관적으로 평가할 여유조차 잊어버리고, 상대적인 가치체계에 순응하는 인간이 되어버리곤 한다.

과학은 편재된 관념과 삶에 대하여 보다 보편적이고 객관적인 태도가 성장을 가져다줄 것이라고 말하는 듯하다. 이 순간 내가 갖고 있는 갈등과 누군가에 대한 감정을 다른 관점에서 볼 때는 어떨까? 자기 정체성을 무시하자는 말이 아니라, 요동적인 관점과 잠시 거리를 두어보자는 뜻이기도 하다. 사고가 아니라 관찰만 객관적으로 잘해도 인식이 달라지고 작은 변화가 일어날지 모른다. 개인의 수준에서도 어쩔 수 없는 과거의 흔적이 자신의 미래를 잘못 인도하지 않도록 주관적인 믿음에서 조금은 자유로워지자.

그리고 다음 세대가 더 나은 세상에서 살기를 원한다면, 과학적 태도로 집단지성을 키워나가야 한다. 단지 지구를 지키기 위한 생태계적 노력 외에도 사회적 편견과 부조리를 바로잡을 수 있도록 말이다.

정리

- 우주는 약 138억 년 전에 생겼고, 우리은하가 속한 태양계는 약 46억 년 전에 생겼다.
- 맨틀과 핵의 흐름에 영향을 주는 등 달은 지구에 큰 영향력을 행사한다.
- 깊은 바다 속 심해열수구에서 지구 생명체가 최초 기원했다는 설이 있다.
- 약 25억 년 전 산소대폭발은 생명체 진화에 결정적으로 기여했다.
- 기후변화에 대처하는 행동이 늦어질수록 후대의 부담과 피해는 커진다.
- 현재 인간의 과학으로는 태양계와 우리은하의 운명 정도를 어렵게 가늠할 수 있다.
- 끝을 알 수 없는 우주의 크기를 깨달으면서 인간의 세계관은 변하고 있다.

노동인권:
이건 제 권리입니다

· 문 승 호 ·

· 연관 교과목 ·

중등교과	고등교과
사회과/사회2/ 인권 보장과 헌법	사회/정치와 법

· 키워드 ·

노동　노동자　인권　권리　책임　기본권　청소년

노동인권교육　갑질　노동법　근로기준법　노동조합

시민교육　파업　연대　상생

내가 중고등학교를 다니던 시절만 해도 학교 내 체벌이 존재했다. 지각을 하거나 반항을 하면 매를 맞는 일이 비일비재했다. 두발 규제도 심했다. 머리카락이 긴 학생에게는 몇 번의 경고가 주어지고, 그래도 변화가 없으면 바리캉을 든 선생님이 친절하게 머리카락을 밀어버리는 경우도 있었다. 이런 일이 요즘의 학교에서 벌어진다면 어떻게 될까?

옛날에는 일상이었던 상황이 지금은 있을 수 없는 일이 된 건 청소년 인권이 그만큼 발전했기 때문이다. 누군가의 의지로 시작되고 누군가의 공감에 기대면서 청소년의 의견이 무시되지 않는 사회로 나아가고 있기 때문이다.

'노동인권'도 같은 시각에서 볼 수 있다. 한국전쟁을 겪고 급격한 산업화 과정을 겪는 동안 노동자의 인권은 온데간데없었다. 무시되기 일쑤였다. 인권뿐만 아니라 기본적인 근로기준법도 지켜지지 않았다. 열다섯 살 전후의 여공들은 하루 12시간 넘나드는 노동시간을 견디면서 제대로 된 임금조차 받지 못했다. 수많은 산업재해와 질병을 얻으면서도 모두 본인의 책임으로 돌렸다. 꽤 오래전의 일 같지만 사실은 그리 오래되지 않은 우리의 역사다.

우리가 노동인권을 이야기해야 하는 첫 번째 이유는 노동인권이 나의 권리를 확인하는 시작이기 때문이다. 인간이 평균 80년을 산다고 할 때 가장 많은 시간을 할애하는 것이 노동이라고 한다. 노동의 과정 속에서 온전히 내 권리를 말하지 못한다면 내가 내 삶의 주인이 될 수 없다. 노동인권을 인식하고 있는 청소년과 그렇지 않은 청소년은 삶을 살아가는 자세가 많이 다를 수밖에 없다.

두 번째 이유는 노동인권을 알아가는 과정이 우리가 함께 살아가는 곳으로서 이 사회를 인식하는 과정과 같기 때문이다. 사회는 나 홀로 살 수 있는 곳이 아니다. 그래서 인간은 역사 속에서 지속적으로 공동체를 형성해왔다. 나름의 위계와 질서도 만들었다. 노동 현장에서도 인간은 홀로 존재하지 않는다. 노동자는 사용자가 필요하고, 사용자는 노동자가 필요하다. 사회 전체는 결국 서로를 배려하고 이해하는 데서 발전한다. 청소년이 이 사실을 명확히 인지하고 사회로 나아간다면 오늘보다 내일 조금 더 살 만한 세상이 될 수 있다.

세 번째 이유는 일하는 청소년이 꽤나 많기 때문이다. 통계청이 발표한 청소년 통계 자료에 따르면, 2019년 기준 15~19세의 고용률은 7.6%로 2013년 이후 매해 평균 8%를 유지하고 있다. 실제 경제활동이 가능한 청소년 비율이 계속 줄고 있음을 감안하면 결코 낮지 않은 수치다. 그러나 실제 일터에서 청소년은 여전히 온전한 노동자로 인정받고 있지 못하다. 강의 중에 만난 한 학생은 아르바이트 현장에서 자신이 노동자가 아니라 '일하는 학생'쯤으로 여겨져 인권 침해가 관습적으로 일어난다고 말했다. 문제를 문제로 인식하려면 조금 더 일찍 노동인권을 이야기해야 한다.

우리나라의 사회갈등 수준이 종교 분쟁을 겪고 있는 터키에 이어 OECD 국가 중 두 번째로 높다고 한다. 사회 갈등으로 지출하는 비용은 연간 최대 246조 원으로 추산된다(2010년 삼성경제연구소 자료). 계층 갈등에 이어 노사 갈

등이 두 번째로 높은 원인이라고 한다. 노동인권은 어느 한쪽을 위한 것이 아니다. 노동인권이 존중받는 사회는 궁극적으로 불필요한 갈등을 줄이고 사회 전체의 이익을 극대화할 수 있다.

어느 드라마에 이런 대사가 나왔다. "아무리 봐도 이런 일 할 사람 같지는 않은데?" 노동자를 바라보는 우리의 시선은 여전히 정체된 부분이 많다. 누가 어떤 나이에 어떤 노동을 하더라도 존중받는 세상이 되는 것, 배움과 일상의 괴리가 크지 않아 쉽게 좌절하지 않아도 되는 세상이 되는 것. 당신과 나의 소망은 같다.

참아가며 일하는 세상 아니잖아요

일요일 저녁이 되면 직장인들은 대체로 절망감에 빠진다고 한다. 새로운 한 주가 시작된다는 활기찬 기분보다는 다시 일터로 출근해야 한다는 심리적 압박에 사로잡히기 때문 아닐까. 그래서 가급적 일요일 저녁에는 부담스러운 일정을 잡지 않으려 하고, 가능하면 일찍 잠자리에 들기도 한다. 우리는 왜 월요일이 부담스러운 세상, 일하기 싫다는 생각에 사로잡혀 살고 있을까?

노동자가 누려야 할
마땅한 권리

　　　　　　　우리나라 노동자들은 장시간 노동과 저임금이라는 열악한 환경에서 신음하고 있다. 대한민국은 OECD 국가 가운데 멕시코, 코스타리카에 이어 3위를 차지할 정도로 오랜 시간 일을 한다. 아침 8시에 출근해 오후 3시에 퇴근하는 독일을 모델로 삼을 수야 없는 일. 그러나 밥 먹듯이 하는 야근에 왜 아무런 문제의식을 느끼지 않는 걸까? 주 52시간으로 노동시간을 줄이는 일은 왜 이리 힘든 걸까? 모든 대통령 후보가 이야기했던 '시급 1만 원' 공약은 왜 지금 허망한 구호가 되어버린 걸까? 가파르게 올랐다는 최저시급이 8천590원, 최저월급 179만 원(2020년 기준)에 관한 뉴스가 국민 1인당 GDP 3만 달러가 넘었다는 소식과 오버랩되면서 씁쓸함을 안겨다준다.

　　'주 52시간 근무제'와 '최저임금 상승'은 최근 우리나라에서 가장 뜨거운 노동 이슈이지만, 이에 대해 경영계 일부는 여전히 비판적인 입장이다. 기존

우리나라 직장인 중 65.8%는 지금도 1주일에 1회 이상 야근을 한다.

에 연장근로를 포함해 68시간까지 가능하던 노동시간을 최대 52시간으로 줄이면 기업 경영에 무리를 줄 수 있다고 한다. 2년 연속 가파르게 올린 최저임금이 경영 악화로 이어질 수 있다는 우려도 나온다. 이렇게 많은 숙제를 안은 채 우리는 주 52시간 근무제를 향해 나아간다.

오랜만에 국어사전을 들춰봤다. 사전에서 '인권'은 이렇게 정의된다. 사람이 개인 또는 나라의 구성원으로서 마땅히 누리고 행사하는 기본적인 자유와 권리. 특히 세계인권선언 제23조에 따르면 모든 사람에게는 노동, 자유로운 직업 선택, 적절하고 알맞은 노동 조건, 실업에 대한 보호를 요구할 권리와 차별 없이 동일한 노동에 대한 동일한 보수를 요구할 권리가 있으며, 자신의 이익을 보호하기 위해 노동조합을 조직하고 참여하도록 요구할 권리가 있다.

즉, 노동인권은 노동자가 마땅히 누리고 행사하는 기본적인 자유와 권리라고 정의할 수 있다. 노동하는 사람이 사람답게 노동의 현장에서 일할 수 있는 권리, 안전한 작업환경과 합법적 노동시간, 합당한 임금을 받는 것도 모두 노동인권에 포함된다. 오너의 뜻과 의사를 존중해야 한다는 건 노동자로서 당연한 생각일 수 있다. 그러나 기본권에 해당하는 노동인권을 제대로 인식하지 못해 결국 모두가 불행한 노동을 하게 된다면?

내 권리를 아는 것부터 시작하자

한 고등학생이 일식집에서 아르바이트를 했다. 그런데 연장근로가 수없이 이어졌다. 아르바이트를 처음 시작할 때 근로

근로계약서를 작성하지 않으면 사용자와 근로자 모두 불이익을 받을 수 있다.

계약서를 작성하지 않았던 게 문제였다. 직원들은 학생에게 반말을 했고, 정규직 근무자가 아니라는 이유로 식사도 제공하지 않았다. 학생은 밥을 굶고 일에만 매달렸다. 그래도 밥집인데 일하는 사람을 굶겼다는 게 상식적으로 이해하기 어려웠다.

2018년 여성가족부가 실시한 청소년 매체이용 및 유해환경 실태조사에 따르면, 아르바이트를 경험한 청소년 중 최저시급을 받은 청소년은 34.9퍼센트, 근로계약서를 작성하지 않은 비율은 61.6퍼센트로 나타났다. 아르바이트를 했던 청소년 중 초과근무를 요구받은 경우는 17.7퍼센트, 임금이나 급여를 늦게 받은 사례는 16.3퍼센트였다. 응답자 가운데 부당한 처우를 받아도 계속 참고 일한다고 응답한 비율은 70.9퍼센트에 달했다.

청소년이 노동자로서 응당 보장받아야 할 권리를 생각해보고 따질 수 있으려면 보편적인 노동교육이 이루어져야 한다. 교육을 받은 청소년이 각자의 위치에서 자신의 권리를 인식하고 주장할 때 청소년에게 유해한 근무환경이 줄어들 수 있다. 노동교육의 기회는 생각보다 많다. 고용노동연수원, 서울시교육청 등에 노동 관련 강의가 개설되어 있고, 관련 자료도 받아볼 수 있다. 지방노동청이나 공인노무사회에서 운영하는 청소년근로권익센터 등 부당하게 노동인권을 침해당했을 때 구제받을 수 있는 기관을 확인해두는 것도 필요하다.

성인도 마찬가지다. 근로현장에서 어떤 권리를 주장할 수 있는지 미리 알고 있는 게 중요하다. 서울노동권익센터에서는 기본 노동법이나 노동인권 강의가 꾸준히 진행된다. 지자체와 노사, 교육단체 등에서도 교육을 진행한다. 가만히 보면 오히려 청소년을 위한 노동인권 교육보다 성인 대상 교육 기회가 더 적은 듯하다.

모든 노동자의 권리는 존중받아야 한다는 사실을 모든 노동자가 이해하고 받아들이는 데서 노동교육이 출발한다. 인간으로서 당연히 갖는 기본적 권리가 인권인 것처럼 노동자로서 당연히 갖는 기본적 권리가 있음을 기억해야 한다.

을이면서
갑이기도 한 사람들

아침에 일어나 다시 잠자리에 들 때까지 우리 대부분은 노동현장 속에서 살아간다. 아파트를 나서며 만나는 경비원, 출퇴근길에 만나는 버스 기사와 지하철 운전사, 회사 복도에서 만나는 청소 아주머니, 점심식사를 하러 가서 만나는 서빙 아주머니, 카페에서 커피를 만드는 아르바이트생, 편의점 알바생 등 내가 매일 만나는 대부분의 사람이 노동자다.

"손님이 왕이다"라는 말이 있다. 다소 옛날 말이 되어버렸지만, 소비자 만족을 위해 최선을 다하겠다는 의도가 담긴 표현이라 지금도 이런 인식을 가진 기업이 많다. 그러나 노동자에게는 이 말이 자칫 독으로 작용하는 경우가 많다. 정말 왕이 된 듯 착각하는 사람들이 저지르는 비상식적인 사건 소식이 심심치 않게 들려온다.

항공사에서 승무원으로 일하는 내 친구는 자기 일터에서 생기는 불편한 진실을 자주 털어놓는다. 욕을 듣는 일은 다반사고, 무리한 요구를 아무렇지도 않게 들이미는 승객이 생각보다 많다고 한다. 그래도 늘 웃는 얼굴로 대해야 하는 게 자신의 일이라고 했다. 과도한 서비스 경쟁은 이런 상황을 부추긴다. 우리에게 최선의 예의를 갖추는 사람이니 어느 정도는 함부로 대해도 된다고 착각하는 것이다. 서비스를 받는 자와 제공하는 자의 처지가 언제든지 바뀔 수 있다는 사실을 망각한 사람들이다.

사회 지도층의 갑질 논란이 연일 언론을 장식하고 있다. 그들의 어처구니없는 행태에 분개하며 같이 손가락질하는 건 쉽다. 하지만 가만히 생각해보자. 나는 그런 사람이 아니라고 단언할 수 있는가? 나도 어느 순간에는 갑질에 가까운 언행을 일삼지 않았나? 언제든 나는 을의 위치에 설 수 있다. 혹은 내 친구, 혹은 나의 부모가 그럴 수도 있다.

어떻게 하면 노동을 존중하는 사회를 만들 수 있을까? 어떻게 하면 노동이 행복한 나라로 나아갈 수 있을까? 업무 효율은 줄이지 않으면서 근로시간을 단축하기 위해 노력하고, 최저임금을 높이려 노력하고, 열악한 근로조건을 개선하기 위한 여러 정책이 만들어지고 있다. 그러나 노동을 바라보는 기본적인 사고의 틀이 깨지지 않는다면 우리는 결코 행복한 일터를 만들 수 없다.

그러기 위해서는 첫째, 노동자 스스로 자신의 인권과 노동 권리를 인식하고 있어야 한다. 일을 잘 못한다고 해서, 느리다고 해서, 말귀를 제대로 못 알아듣는다고 해서 인권까지 무시당하는 일이 있어서는 안 된다. 둘째, 사회적 인식 변화가 일어나야 한다. "직업에는 귀천이 없다"는 오래된 진리가 있다.

어떤 일을 하든 어떤 지위에 있든 가치의 높고 낮음은 따질 수 없다. 노동 그 자체가 가진 신성함이 있고, 따라서 모든 노동은 존중받아야 한다는 인식이 자리 잡아야 한다. 다시 말하지만 생각의 변화는 내 안에서 시작되어야 한다. 각자의 생각이 바뀌어야 사회 전체의 변화를 기대할 수 있기 때문이다. 참아 가며 일하는 시대는 지났다.

2교시

너와 나의 일상,
노동 그리고 노동인권

'노동'이라는 단어를 들으면 제일 먼저 어떤 생각이 드는가? 어두컴컴한 공장에서 미싱을 돌리는 사람이나 무더위와 추위를 견디며 공사 현장에서 일하는 사람? 혹은 머리에 빨간 띠를 두르고 광화문 광장에 모인 노동자? 그렇다면 '근로'라는 단어를 들었을 때 떠오르는 이미지는 무언가? 노동보다는 강도가 덜하면서 좀 더 온건한 느낌이 들지 않는가? 아무래도 '근로' 하면 화이트칼라, '노동' 하면 블루칼라를 떠올리기 쉬운 게 현실이다.

노동이 노동다운 세상

몇 년 전 우연히 시민교육에 참여했다가 노동자의 삶과 관련된 강의를 접한 뒤 나는 청소년들과 노동에 대해 함께 이야기할 자리가 필요하다고 생각했다. 그래서 '새싹공작소'를 만들었다. 우리는 노동의 진정한 의미를 생각하고, 그 속에서 우리가 지켜야 할 인권이 무엇인지 같이 고민하고 있다.

그런데 처음 청소년들을 만났을 때 어쩐 일인지 다들 '노동'이라는 단어에 익숙하지 않다는 느낌이 들었다. 새싹공작소에 모인 청소년들 모두 '노동'이라는 단어를 어색하게 받아들이고 있었다. 아직 사회에 진출하지 않은 청소년들이라 멀게 느낀다고만 생각했다. 그런데 상대적으로 '근로'는 폭넓게 느껴지고 세련되어 보이기까지 한다는 대답이 이어졌다. '노동'보다는 '근로'를 현실에 더 적합한 단어로 받아들이고 있었다. 노동과 근로는 사전에 각각 이렇게 정의되어 있다.

새싹공작소의 브로슈어

> 노동 : 사람이 생활에 필요한 물자를 얻기 위하여 육체적 노력이나 정신적
> 노력을 들이는 행위.
> 근로 : 부지런히 일함.

2018년 청와대는 헌법에 표기된 '근로'를 '노동'으로 수정하자고 제안했다. '근로'라는 용어가 일제강점기와 군사독재시대에 사용자 관점에서 만들어진 용어라는 이유에서였다. 실제로 1930~1940년대에 일제는 식민지배 당위성을 주장하기 위해 '근로정신대'나 '근로보국대' 같은 명칭을 주로 사용했다. 그러나 반대 진영에서도 '근로인민당'을 만들고 〈근로자〉라는 기관지를 발행했다.

그러다 1963년, 박정희 정권에서 '근로자의 날 제정법안'을 만들면서 노동절을 '근로자의 날'로 변경했다. 공산 진영에서 이날을 정치적으로 이용하고 있다는 이유에서였다. 노동과 근로의 개념을 정치적으로 받아들인 건 이때가 시작이 아니었나 싶다. 박정희 정권은 이 개념을 통해 노동하는 사람의 정체성을 바꿨다. 노동자는 더 이상 사용자와 대등한 계약 조건을 갖춘 존재가 아니었다. 국가를 위해 근면 성실하게 일하는 산업역군으로서의 근로자만 양성해내기 시작했다.

그런데 2019년 서울시의회는 서울시 조례에 명시된 '근로'라는 단어를 모두 '노동'으로 바꿨다. 첫째는 역사를 바로잡는다는 의미였고, 둘째는 사용자들의 언어에 가까운 '근로'보다 주체적 의미를 담은 '노동'이 더 합당하다는 이유였다.

생각해보면 노동만큼 역사에서 시달린 단어도 없을 것이다. 노동이라는 단어는 시대에 따라 정치적으로 의미를 달리했다. 편견이나 오해가 있는 건 어쩌면 당연한 일. 하지만 역사적 배경을 잠시 뒤로하고 한번 살펴보자. 삶을 지속하기 위해 하는 모든 일은 결국 노동이다. 생활에 필요한 물자를 얻기 위해 쏟는 노력 모두 노동에 해당한다. 몸을 많이 써야 하는 일에서부터 간단한 아르바이트, 사무실에서 일하는 회사원, 공무원, 변호사나 의사 같은 전문직까지 노동자 아닌 사람이 없다. 노동의 형태가 다를 뿐이다.

시대가 변했다. 이제는 내 의지를 갖고 주체적으로 일하는 세상이다. 그런 면에서 우리는 '노동'이 가장 '노동'다운 세상을 살아가고 있는지 모른다.

우리의 삶처럼 당연한 권리

새싹공작소가 청소년에게 노동인권 교육을 시작한 계기는 2017년에 일어난 특성화고 학생 홍모 양의 자살이었다. 특성화 고등학생들은 3학년이 되면 진로를 선택하는데, 대학 진학이 아닌 취업으로 진로를 선택하면 곧장 노동현장으로 실습을 나가게 된다. 모 통신사 하청업체로 현장실습을 나갔던 홍모 양은 과다한 업무와 스트레스를 이기지 못하고 스스로 목숨을 끊었다. 이처럼 현장실습을 나가거나 고졸 후 취업하는 청년들의 열악한 노동환경에서 지금도 여러 문제가 표출되고 있다.

시대를 조금 거슬러 올라가보자. 1960~1970년대에 10대 초·중반의 많은 언니, 누나들이 앞다퉈 서울로 올라왔다. 대부분 어려운 집안 형편을 돕거나 동생 학비를 대기 위해서였다. 당시 쉽게 일을 시작할 수 있는 곳으로 공장만 한 곳이 없었다. 바야흐로 산업화시대였다. 노동자들이 많이 필요한 시기였다. 기업은 노동자들의 저임금과 장시간 노동을 이용해 회사의 몸집을 키웠다. 덕분에 기업과 국가 모두 고속 성장할 수 있었다. 저임금과 장시간 노동이 횡행했지만, 국가는 모르는 체 눈을 감았다. 밀폐된 공간에서 하루 15시간 넘게 일하면서 합당한 임금도 받지 못하는 노동이 오래 지속됐다. 그리 오래되지 않은 우리 역사다.

'전태일'이라는 이름을 들어본 적 있을 것이다. 1970년 22살의 청년 전태일이 자신의 몸을 불살라 근로기준법의 존재를 알렸다. 전태일은 여성 노동자들을 바라보며 안타까워했고, 회사와 국가를 상대로 인간으로서 누려야 하는 최소한의 권리를 주장했다. 우리는 기계가 아니라고 부르짖었다. 우리의 노동인권 인식은 그때보다 나아졌을까? 50여 년 전 청년 전태일이라면 지금 우리에게 어떤 말을 하고 싶을까? 고용주의 권리가 중요하다면 함께 일하는 피고용인의 권리도 그에 못지않게 중요하다는 이야기 아닐까.

노동은 우리의 삶 자체다. 우리 어머니와 아버지가 살아온 역사이며, 자녀 세대로 이어져야 할 삶 자체다. 노동인권은 누구나 보편적으로 인정받아야 하

청계천 전태일 다리에 있는 전태일 동상

는 권리다. 노동인권을 정치적 진영 논리와 이념 논리로 해석해 갈등을 일으키는 행위, 특정 부류에 있는 사람의 일로 치부하는 행위는 이제 멈춰야 한다.

노동의 5가지 권리

새싹공작소에서는 노동의 5가지 권리를 소개한다. 첫 번째, 안전하게 노동할 권리. 두 번째, 인격적으로 노동할 권리. 세 번째, 자유롭게 노동할 권리. 네 번째, 새로운 노동을 시작할 권리. 다섯 번째, 행복하게 노동할 권리. 5가지 권리의 핵심은 간단하다. 자본은 노동자의 안전과 인격 위에 존재하지 않고, 개인의 자유를 억압할 권리를 갖고 있지 않으며, 노동자는 언제든 새로운 노동을 시작할 수 있고, 이를 통해 행복하게 노동하며 살아갈 권리가 있다는 것이다.

청소년은 기본적으로 반항적이고, 자신의 권리를 무리하게 요구하는 아이에 가깝다는 어른들의 선입견이 있다. 하지만 현실은 이와 반대다. 2018년 여성가족부 조사에 따르면, 70퍼센트에 가까운 청소년들이 사회에서 부당한 처우를 받아도 아무 행동도 하지 않았거나 하지 못했다. 어떤 식으로든 항의라도 하는 청소년은 그나마 나은 편이다. 우리 사회에서 청소년은 아직도 약자 중의 약자다. 잘 보이지 않는 곳에서 피해를 입고 있다. 새싹공작소가 제일 먼저 위의 5가지 권리를 학생들에게 알려주는 이유다.

이는 청소년을 넘어 노동에 참여하는 모든 사람이 기억해야 할 권리다. 누구도 부인하거나 부정할 수 없는 권리다. 이 보편적 권리를 인식하고 외칠 때 우리 사회는 비로소 행복한 노동환경을 이야기할 수 있다.

　노동의 개념에 정치적 대립이나 이념은 들어 있지 않다. 노동은 일상의 삶 속에 있다. 우리는 모두 노동하며 살아가고, 노동 속에서 보람을 얻고, 노동 속에서 행복해지기를 원한다. 노동이 행복하면 삶은 저절로 행복해진다.

노동법을 아시나요

우리나라의 교육체계는 초등학교 6년, 중학교 3년, 고등학교 3년으로 구성되어 있다. 나 역시 12년간 착실하게 정규교육을 받았다. 우리나라에서 자녀가 있는 집이라면 '교육'이라는 단어 하나 가지고도 장편소설 몇 권 분량은 쓸 소재를 갖고 있으리라 생각한다. 아마도 많은 학생과 부모가 보이지 않는 목적지를 향해 맹목적으로 달려가고 있기 때문이 아닐까 생각한다. 자녀가 고3이 되면 집안 분위기는 그 어느 때보다 엄숙해지고, 부모는 알아서 자녀의 눈치를 봐야 한다. 이런 나라가 또 어디에 있을까?

우리가 놓치고 있는 교육

자녀 인성에까지 영향을 주는 입시제도와 사교육 문제는 지금 우리 사회가 가장 숨기고 싶어 하는 부분 아닐까. 조기교육과 사교육이 난무하고 가정 수입 중 엄청난 비율의 금액을 교육비에 투자하고 있지만, 정작 필요한 교육 하나가 빠졌다. 바로 노동인권 교육이다.

최근 청소년들의 노동 참여가 늘고 있다. 2018년 조사에 따르면, 전체 학생 중 약 10퍼센트가 아르바이트를 비롯한 노동현장에 참여하고 있었다. 아르바이트를 해본 경험이 있는 학생의 비율이 30퍼센트를 웃돌고 있으니 꽤 많은 학생이 의외로 일찍 노동을 경험하는 셈이다. 그런데 정작 노동현장에 뛰어들기 전 학생들은 어떤 준비를 하고 있을까?

정규교육 과정 12년 동안 학교에서 근로기준법이나 노동조합, 노동삼권에 대해 배운 적이 있는가? 이런 단어가 너무 거창하게 들린다면 다음의 내용은 어떤가? 일을 시작할 때 근로계약서 작성하는 방법, 근로계약서에 꼭 들어가야 하는 내용, 내가 받아야 할 최저임금, 주휴수당 포함 여부는 알고 있는가? 퇴직금은 얼마나 되는지, 또 근무시간과 휴식시간은 어떻게 배분되는지 교육받은 적이 있는가?

고등학생은 차치하고 대학생을 포함한 20대 중반까지 연령대를 높인다 해도 우리나라에서 노동교육을 받아본 사람의 비율은 굉장히 낮다. 실제 직장생활 중인 직장인들에게 성희롱 예방 교육이 포함된 법정의무교육은 익숙할지 몰라도 노동교육이나 노동인권 교육은 여전히 생소하다.

기초 교육으로
권리를 배우는 나라

"프랑스에서 노동조합은 항상 민주주의의 중요한 행위자였는가?" "노동시장의 유연성은 일자리를 창출하는가, 노동자의 권리에 타격을 주는가?" "노동시장에서의 남녀 차별을 어떻게 줄여 나갈 것인가?" 프랑스 인문·실업계 고등학교 1학년 학생들이 배우는 시민·법률·사회교육 교과목에 실린 토론 주제다.

프랑스에서는 초등학교에서부터 실업과 노동조합, 파업의 개념과 역할을 배운다. 특히 중학생들은 한 주에 서너 시간 이상 시민교육 교과 시간에 이런 주제에 대해 토론하고 공부한다. 여기에는 노동자의 권리와 자유, 고용에서의

프랑스는 시민교육을 통해 초등학교에서부터 노동의 개념을 가르친다.

평등 등 노동인권이 포함된다. 프랑스에서는 학생들이 국가를 상대로 시위하는 것을 막지 않으며, 만약 아이들이 시위를 준비하면 부모들이 아이들을 위해 자발적으로 폴리스라인을 만들어준다. 학생이 누군가? 미래를 이끌어갈 주인공이다. 따라서 자신들에게 불리한 법률이 제정되거나 여론이 형성되면 주저 없이 자신들의 권리를 주장하는 것이다.

프랑스는 소방관, 경찰 등 국가 공무원도 노동조합에 가입한다. 그러다 보니 철도나 항공 등 국가 기관시설이 파업으로 운행을 중단하는 경우가 종종 발생한다. 해외 여행객들에게는 불편한 일이다. 하지만 프랑스는 이런 불편을 감수하면서 노동법의 선진화를 택했다. 2018년 1월에는 근무시간 외에 서로 이메일이나 문자메시지를 보내거나 받지 않는 '연결되지 않을 권리 right to disconnect'를 인정한 법안을 시행 중이다. 이에 대해 노사가 합의를 맺었다.

휴가는 어떤가. 프랑스에서는 유급휴가가 무려 5주나 된다. 우리나라의 유급휴가는 15일부터 시작해 근속 연수에 따라 조금씩 늘어나지만, 제대로 사용하지 못하는 노동자들이 많다. 어려서부터 노동교육을 받는 프랑스 학생들은 노조 가입을 지극히 당연한 권리이자 의무로 여긴다. 자신(노동자)의 주장이 관철되지 않는 경우 파업은 예정된 수순이다. 노동자들이 누리는 혜택이 상대적으로 더 많을 수밖에 없다는 사실을 확인할 수 있다.

영국은 2002년부터 '시민교육'이라는 교과목을 정규교육 과정에 도입했다. 개인의 권리와 책임을 이해하고, 중요한 사회문제를 분석하고 토론해 사회 작동 원리를 이해하는 데 목표를 두고 있다. 여기에는 민주주의와 인권에 대한 이해, 경제와 기업, 노동세계의 권리 등 노동 기초 교육이 담겨 있다. 시간제 노동을 하는 학생들이 자신의 권리와 책임에 관해 토론하거나 전문가를 초빙

프랑스 노동자들의 시위

해 설명을 듣는 체험 위주 학습 방법이 주를 이룬다. 독일과 스웨덴은 학교 수업에서 노동 주제를 다루면서도 현장실습을 강조한다. 직업학교 투어를 하거나 작업장에 투입되어 실제 노동 과정을 경험하면서 자신들의 권리를 배운다.

노동교육에 상대적으로 보수적일 것 같은 미국은 어떨까? 미국의 학생들은 중학교 사회 교과서인 《시민론》 등에서 노동조합과 노사관계를 배운다. 여기에는 노동조합 형성과 노사관계, 노동조합의 현주소 등이 다뤄진다. 이를 통해 학생들은 노동자 권리에 대한 확고한 가치관을 확립한다.

그렇다면 우리나라는? 다행히 내가 학교에 다니던 그때 그 시절에 머물러 있지는 않다. 서울시 동작구와 강동구, 강남구, 성북구 포함 36개 지자체에서는 직접적으로 청소년 노동인권, 노동교육과 관련된 조례를 통과시켰다. 그리고 청소년을 포함한 광의적인 인권 개선의 의미로 총 80여 개 지자체에서 조례를 운영하고 있다.

서울시 교육청과 경기도 교육청 등도 노동인권 교재를 만들고, 학교에서 관련 수업을 실시할 수 있도록 유도하고 있다. 고용노동연수원에서는 청소년에만 집중해 청소년 노동교육에 관련한 강사를 양성하고, 콘텐츠를 만들어 배포하고 있다. 각 지자체와 시민단체에서도 노동교육 강사를 양성하고, 청소년 눈높이에 맞는 영상과 게임을 만들어 좀 더 친화적인 교육을 진행하는 중이다.

궁극적으로 사회에 기여하는 방향

일부에서는 노동인권 교육 보편화가 사회 불안정과 대립을 자극할 거라고 말한다. 성공회대 노동아카데미의 하종강 교수는 이에 대해 이렇게 언급한 바 있다. "노동인권은 노동자의 이기적 이익을 추구하는 데 불과하고, 결과적으로 회사에 경제적 손실을 끼치며 시민에게 불편을 초래한다는 여론을 형성하는 이들이 있다. 이는 명백한 노동 기본권의 곡해이고 조종이다."

노동자들이 정말로 자신의 이익만 추구하며 회사에 손실을 끼치고 시민 불편을 나 몰라라 하는 것이라면, 앞서 살펴본 선진국들은 왜 '노동인권'이라는 이 무모한 권리를 필수 교과목으로 삼는 것일까? 노동인권을 이해하고 주장하는 게 사회 전체에 유익하기 때문이다. 하종강 교수는 말한다. "산업화가 진행되어온 수백 년 동안 그러한 손해와 불편을 감수하는 게 궁극적으로 사회 전체 발전에 기여한다는 사실을 많은 이가 깨달았다. 수많은 경험과 연구가 그 사실을 증명했다."

불과 최근 몇 년 사이에 우리 사회에도 큰 변화가 일어나고 있다. 하지만 선진국에 비하면 아직 시작 단계에 불과하다. 아이들에게 필요한 교육은 학교에서 일방적으로 제공하는 지식 쌓기 교육을 넘어서야 한다. 우리가 사회 구성원으로 살아가는 데 기초가 되는 교육, 주체적인 인간으로 살아가는 데 필요한 교육이어야 한다.

학교를 졸업하고 사회에 나가면 대부분 노동을 하며 살게 된다. 노동은 인생 전체로 볼 때 절반이 넘는 기간 동안 수행해야 하는 행위다. 좁게는 나를 지키고, 넓게는 우리 사회와 국가를 지키는 일이다. 이런 점에서 노동교육은 우리 모두 반드시 받아야 하는 필수 교육이다.

최근 발생하고 있는 노동인권 침해 사건을 보면 아직도 우리 의식이 기대

학생들을 대상으로 '찾아가는 노동교육'을 진행하는 곳도 많아졌다.

에 못 미치고 있다는 사실을 절감하게 된다. 상하 위계질서가 강한 노동현장에서는 인권 개념을 더 강조할 필요가 있다. 노동 과정에서 우리의 권리와 자존감은 그대로 유지된다. 노동현장에서 법적 권리만 따질 게 아니라 인격적 권리를 반드시 지켜야 하는 이유다. 어쩌면 인격적 권리는 훨씬 더 중요한 개념인지 모른다. 권리의 중요성을 단순히 알고 있는 것과 실행하는 것도 큰 차이가 있다.

마지막으로 하나만 덧붙이자. 청소년들에게 노동교육을 진행할 때 내가 강조하는 게 하나 있다. 권리에 따른 책임이다. 일을 제대로 하지 않고 무조건적인 권리만 이야기하는 경우가 종종 있기 때문이다. 그만한 권리에는 그만한 책임이 따른다. 책임을 다하는 사회 분위기에서 우리는 더 큰 목소리로 내 권리를 주장할 수 있다. 책임과 권리를 인식하는 것, 그게 모든 사회 구성원의 바람직한 자세 아닐까.

파업하면 나쁜 사람들 아닌가요

2016년 4월, 프랑스에서 청소노동자들의 파업이 일어났다. 청소노동자들이 일을 멈추자 시내 곳곳에 쓰레기가 넘쳐나고 악취가 진동했다. 분노한 프랑스 시민은 어떻게 행동했을까? 사람들은 쓰레기를 가져다 관공서 앞마당에 내다 버리기 시작했다. 국가와 정부, 지자체가 중재자 역할을 제대로 하지 못해 시민이 피해를 본다고 생각했기 때문이다.

우리나라에서도 종종 파업이 일어난다. TV에서 또는 거리에서 파업을 목격하는 우리의 시선은 어떠한가? 저들이 왜 거리로 나왔는지 잠시 생각해본 적 있는가? 시민의 불편함을 초래하며 제 할 일을 멈춘 사람들. 그래서 나도 모르게 미간이 찌푸려지는가?

대한민국 노동의 현주소

우리나라 노동조합의 역사는 1946년부터 시작됐다. 하지만 본격적으로 생겨난 것은 1970~1980년대라고 볼 수 있다. 산업화에 돌입해 중공업이 발전하면서 노동집약적 산업이 비약적으로 발전하던 시기였다. 이때 일부 자본가들, 그러니까 일부 기업 경영자들이 노동자에게 적절한 임금을 주지 않으면서 도리어 노동시간을 최대한 늘려 그만큼의 이득을 더 챙겼다. 그들이 챙긴 자본과 경제적 발전은 노동법을 어겨가면서 얻어낸 결과물이었다.

당시 노동법에도 근로기준이 명확히 명시되어 있었지만, 대부분의 노동자는 하루 15시간에 이르는 장시간 노동을 하면서 한 달에 이틀도 쉬지 못했다. 상대적으로 불리한 위치에 있던 노동자들이 자신의 의견을 주장하기는 쉽지 않았다. 당장 눈앞에 일거리가 있다는 사실에 감사하는 사람이 많았다. 그러나 오래 지나지 않아 '이대로 살긴 힘들다'고 말하는 노동자들이 늘어났다. 인간의 기본적인 욕구에서 움직임이 일었다. 그게 바로 노동조합이었다. 힘없는 사람들이 모여 힘 있는 회사와 고용주를 상대로 목소리를 내기 시작했다. "우리도 사람답게 살고 싶다!" "우리는 기계가 아니다!" "근로기준법을 준수하라!"

대한민국 헌법 33조 1항은 다음과 같이 적시하고 있다. "근로자는 근로 조건의 향상을 위하여 자주적인 단결권·단체교섭권 및 단체행동권을 가진다." 근로자는 언제든 자신들의 근로 조건 향상을 위해 모일 수 있고, 회사에 이야기해보자고 제안할 수 있다. 이런 요구가 제대로 이뤄지지 않으면 단체행동권, 이른바 파업에 돌입할 수 있다. 대한민국 헌법이 보장하는 권리다.

노동조합 가입을 독려하는 포스터

그렇다면 우리나라 노동자의 노동조합 가입률은 얼마나 될까? 1987년 '노동자 대투쟁' 직후 1989년 노동조합 가입률은 19.8퍼센트로 역대 가장 높았으나 지속적으로 떨어지기 시작했다. 2018년 6월 고용노동부가 발표한 조사에 따르면, 노동자 1인 이상 사업체의 노조 가입률은 10퍼센트였다. 이 가운데 정규직 가입률은 12.7퍼센트, 비정규직 가입률은 1.9퍼센트에 불과했다.

2016년 자료를 보면 OECD 국가의 평균 노조 가입률이 27.8퍼센트였으니 우리나라는 OECD 평균의 3분의 1 수준에 머물러 있다고 볼 수 있다. 영국(23.5%), 일본(17.3%), 호주(14.5%), 미국(10.7%) 등의 국가보다도 노조 가입률이 낮다. 아이슬란드, 핀란드, 스웨덴, 덴마크 등 북유럽 국가의 노조 가입률은 우리의 6~7배 수준으로 그야말로 '넘사벽'이다.

중소기업중앙회가 2016년 통계청 자료를 가공해 발표한 자료에 의하면, 우리나라 전체 기업 가운데 중소기업 종사자 비율은 80퍼센트를 넘는다. 나보다 조직을 먼저 생각해야 하고, 윗사람 눈치를 볼 수밖에 없는 처지에 놓인 노동자가 많다는 얘기다. 노동조합에 가입하기는 그만큼 쉽지 않은 실정이다. 지금 대한민국에서 노동자들의 위치가 어떤지 다시 생각해보게 된다.

연대만이
할 수 있는 일

남극 설원을 줄지어 이동하던 펭귄 무리에서 펭귄 한 마리가 쓰러진다. 펭귄 무리를 뒤따르며 기회를 노리던 갈매기들이 쓰러진 펭귄을 낚아채기 위해 부리를 들이댄다. 갈매기는 쓰러진 펭귄의 목을 집요하게 공격한다. 이때 놀라운 일이 벌어진다. 함께 이동하던 펭귄 무리가 쓰러진 펭귄을 무리 안쪽으로 들여보낸다. 그리고 무리 바깥쪽에 있는 건강한 펭귄들이 장벽을 쌓기 시작한다. 기회를 놓친 갈매기는 멀리서 한참을 기다리다 결국 포기하고 날아가버린다.

놀라운 건 이뿐만이 아니다. 펭귄은 영하 50도의 추운 겨울을 견뎌내기 위해 '허들링huddling'을 진행한다. 무리가 모여 안과 밖을 만들고, 바깥의 펭귄들이 엄청난 강풍과 저온을 견디다가 일정 시간이 지나면 안과 밖의 무리가 주

펭귄의 허들링

기적으로 위치를 바꾼다. 엄혹한 기온에서 모두가 얼어 죽지 않고 생존하는 비법이다.

앞에서 그린 내용은 영국 BBC 방송사가 방영한 다큐멘터리의 한 장면이다. 나는 여기에 노동조합의 핵심 개념이 담겨 있다고 생각한다. 펭귄의 방식이 우리에게 주는 교훈의 포인트는 '함께하는' 삶에 있다. 한자로 말하면 '연대連帶'다. 여럿이 함께 무슨 일을 하거나 함께 책임지는 일, 한 덩어리로 서로 연결되어 있는 상태, 나만의 생존이 아니라 우리의 생존을 생각하는 일, 함께 고민하고 회사와 싸우기도 하면서 좀 더 나은 방향을 향해 나아가는 것, 이게 바로 연대의 의미다.

이러한 행동양식이 노동현장으로 오면 노동조합이 된다. '그렇게 과격하게 행동하는 건 비상식적이지 않나?' '그건 몸으로 일하는 사람들이나 하는 거 아냐?' '비교적 안정적이고 연봉 수준도 나쁘지 않으니 난 노동조합 필요 없어.' 이런 생각을 하고 있다면 그건 노동조합을 너무 좁은 시야로만 바라보는 것이다.

과거에는 지금보다 사용자와 노동자의 상하관계가 더 뚜렷했다. 노동력이라는 것 자체가 계측하기 힘들고, 사용자는 노동의 결과가 아닌 가능성을 구매하기 때문에 노동력은 불확실성을 지닐 수밖에 없다. 그러니 사용자는 노동자를 자꾸 통제하려 들고, 결국 상하관계가 굳어진다. 이때 노동조합이 균형을 맞추는 역할을 한다. 노동자는 노동조합을 통해 사용자와 대등한 위치에서 대화하고, 적정한 수준의 임금을 논의하며, 노동환경 개선을 도모할 수 있다. 노동자와 사용자의 상하관계를 대등한 관계로 변화시키는 장치, 그게 노동조합의 핵심이다.

우리가 있어야
당신이 있다

이쯤에서 〈송곳〉이라는 드라마 얘기를 하지 않을 수 없다. 〈송곳〉은 한 대형마트에서 투쟁했던 노동조합의 실화를 바탕으로 만들어진 작품이다. 사측의 일방적인 부당해고가 발생하고, 이에 맞선 직원들이 하나둘 노동조합의 필요성을 인식하기 시작하지만 현실은 녹록하지 않다. 개인의 각성으로 파업에 나섰지만, 내 편일 것 같던 사람들이 모두 내 편은 아니었다는 현실에 맞닥뜨린다. 파업에 돌입한 사람들은 경제적·심리적으로 적지 않은 고통을 받는다. 여기에 더해 노동조합에 가입되어 있지 않은 비정규직 문제가 드러난다. 사측은 집요하게 회유하며 노동조합 와해를 시도한다. 동료들은 말한다. "웬만하면 조용히 넘어가자. 그냥 적응해서 살자."

누구나 언젠가는 외로운 싸움을 해야 할 때가 온다. 별안간 회사에서 요구하는 퇴사의 순간을 맞이할 수도 있고, 일을 하다가 심각한 부상이나 질병을 얻기도 한다. 인격 모독과 성적 모멸감을 느끼는 발언을 듣는 날도 올 수 있다. 억울해서 잠을 이루지 못하는 날이 오기도 한다. 이때 혼자 힘으로 이에 맞서는 게 얼마나 힘든지 많은 사람이 증언한다. 드라마 〈송곳〉의 주인공은 이런 대사를 남긴다. "사람마다 절대 넘을 수 없는 선이 있잖아요. 각자가 넘을 수 없는 선 앞에서 찾은 돌파구가 노동조합이었던 거겠죠."

외국인들이 모여 각 나라의 문화를 이야기하는 TV 프로그램이 있었다. 그중 한 외국인 출연자가 자신의 나라에서 벌어진 노동조합의 행동 사례를 설명한 적이 있다. 이 나라에서는 1960년대부터 노동조합이 자주 행동에 옮기는 의사표현 방식이 있는데, 노동자들이 사장을 납치하고 감금한다는 거였다. 실제로 2009년에 어느 노동자들이 C은행 지사장을 납치했고, 2015년에는 A항공사 인사팀장을 납치하기도 했다. 이 나라에서는 이게 일종의 트렌드로 자리 잡았다는 설명이 이어졌다. 사장 한 명만 잠시 피해를 입으면 노사 갈등이 해소되는, 꽤 효과적인 방법이라고 말하는 모습에 나는 적잖이 놀랐다. 과격한 방법이어서 실제 노동자들이 고소를 당하기도 하는데, 판사들이 노동자 편에서 이해를 많이 해주고, 비교적 엄격하게 처벌하지 않는 게 관행이라고도 했다. 심지어 납치당해 감금되는 사장도 이런 상황을 어느 정도는 이해하는 분위기라고 했다. 짐작했겠지만 프랑스 얘기다.

노동조합을 만들고 운영하는 권리는 대한민국 헌법에서 보장한 권리다. 노동법을 준수하지 않거나 노동인권을 무시하는 상황이 벌어진다면 노동자는 노동자끼리 집결할 수 있다. 이는 합법적인 행동이다. 회사와 사장을 상대로 교섭을 요구하거나 진행할 수 있고, 단체 행동도 할 수 있다. 논의가 진전되지

프랑스 노동자들의 '보스납치'

않을 때 파업으로 나아갈 수밖에 없는 이유는 사람(인권) 위에 돈(자본)이 있지 않아서다. 프랑스의 노동조합처럼 적극적인 행동은 현재 우리나라에서 다소 이상적이라고 할 수 있다. 하지만 적어도 펭귄의 연대의식만큼은 따라가야 하지 않을까.

5교시

새 시대의 노동인권

2016년 3월, 컴퓨터와 인간이 100만 달러(약 11억 원)를 걸고 한판 대결을 벌였다. 종목은 바둑. 인류 역사에서 가장 오래된 게임 중 하나지만, 경우의 수가 너무 많아 동일한 게임은 한 번도 없었다는 바둑이었다. 이 대결에 전 세계의 이목이 집중됐다. 컴퓨터 선수는 알파고, 인간 선수는 우리나라의 이세돌 선수. 이세돌 선수는 승리를 자신했으나 결과는 1 대 4, 인간의 패배였다. 충격적이라는 내용의 보도가 이어졌다. 알파고가 인간 한 사람을 이긴 것만으로도 우리는 충격을 받았다. 그렇다면 기계가 인간의 일자리를 위협하는 미래에는 어떨까?

함께 사는 방법을
이야기하자

　　　　　　　　　　"대부분의 노동을 기계가 대체해 인간의 일
자리가 사라질지 모른다." 2차 산업혁명 이후 산업사회에서 지속적으로 제기
되어온 문제다. 19세기 증기기관 발전과 대량생산 체제를 불러왔던 산업혁명
시기에도 기계가 들어서면 인간이 하던 일은 줄어들 거라고 예측했다. 20세기
초 컴퓨터와 인터넷 발달로 일컬어지는 3차 산업혁명 시기에도 마찬가지였
다. 하지만 오히려 그 안에서 파생된 일자리로 인해 많은 사람이 새 직업을 얻
기도 했다. 그리고 4차 산업혁명기에 접어들었다.

　많은 사람이 걱정한다. 인공지능을 장착한 기계가 인간의 일자리를 상당히
많이 빼앗을 테니 미리 준비해야 한다, 살아남을 방법을 고민해야 한다, 암울
한 미래가 그냥 다가오게 둬서는 안 된다……. 그러나 나는 이 시점에 조금
다른 측면의 고민이 필요하다고 생각한다. 기술혁명이 인간에게 가져다준 희
망적인 부분을 바라봐야 한다고 생각한다. 기술적으로 완벽하게 노동이 구현
된다 해도 복합적 사고를 통해 문제를 처리해야 하는 경우 앞으로도 기계만으
로 이를 대체하긴 어렵다. 인간들이 함께 사는 방법을 고민할 수 있다면, 기계
와도 함께 사는 방법을 찾을 수 있지 않을까.

　2018년 말, 택시 기사들이 거리에 모였다. 파업이었다. 정보산업기술의 발
달로 공유경제 시스템이 생겨나고, 이 줄기에서 카풀 제도가 도입된 게 발단
이었다. 택시 기사들은 카풀 제도가 자신들의 일자리와 생존권을 위협한다고
주장했다. 강력한 의사 표시로 분신이라는 극단적 방법을 선택한 택시 기사도

택시 단체들의 집회

있었다. 안타까운 일이었다. 기술의 발달로 급변하는 이 시대에 우리는 어떤 이야기를 해야 할까?

　기술 발전에 따라 자연스럽게 밀려나는 산업이 발생하고, 이 일이 아니면 먹고살 방법이 없다고 외치는 노동자들이 늘어선 모습은 앞으로 우리가 수없이 마주할 상황이다. 여기서 우리가 잊지 말아야 할 개념은 '상생'이다. 공급자는 수요자 없이 존재할 수 없고, 수요자도 공급자 없이는 존재할 수 없다. 노동자와 소비자 없이 제품만 만들어내는 기업이 있다 한들 의미를 가질 수 있을까? 노동자가 곧 소비자인 시대이니 노동자의 존재를 더욱더 고민해야 하지 않을까?

　거꾸로 노동자에게도 기업은 필요하다. 노동조합 이전에 기업이 노동자의 권리와 책임을 보장하는 측면이 있고, 국민 개개인이 더 잘살 수 있게 국민소득을 만들고 분배하는 기능을 하는 주체가 기업이기 때문이다.

상생의 희망을 보여주는
사례들

　　　　　　　　　　　'상생'을 준비하는 국가의 사례를 살펴보자. 독일은 명품 자동차로 유명하다. 독일의 국민차 폭스바겐은 2016년 디젤차 배기가스 조작 사건으로 대중의 신뢰를 많이 잃었다. 매출은 물론 믿음과 신뢰를 회복하기 위해 대안이 필요했다. 그중 하나가 전기차 생산계획이다.

　　폭스바겐은 2025년까지 최대 300만 대의 전기차를 생산하기로 했다. 그에 따른 기술 개발을 진행하면서 불필요한 노동자 3만여 명을 정리해고하겠다고 밝혔다. 하지만 노사는 지속적으로 만나 타협안을 논의했고, 경영상 해고를 하지 않겠다는 '미래협약'을 체결했다. 자연적 감소, 고령자 파트타임 제도를 활용해 일자리 감소에 대응하며 협조한다는 내용이었다.

　　이뿐만 아니다. 독일노조총연맹은 노사정 사회적 대화 기구인 '산업의 미래 협의체'를 두고 직업교육 기회 확대, 직업과 지역에 초점을 맞춘 교육과 직

독일노조총연맹(DGB)의
라이너 호프만 위원장과 메르켈 총리

업교육의 질 강화, 직업교육 성과 향상 등에 중점을 두고 움직이고 있다. 결국 노동자들의 직업교육을 강화하고, 재교육을 통해 미래를 준비할 수 있도록 만드는 데 목적이 있다.

우리의 경우는 어떨까? 대통령 소속으로 경제사회노동위원회를 두고 사회적 협의체를 만들기 위해 노력하고 있다. 과거에 비해 많이 진전했다고 볼 수 있지만, 논의 과정을 지켜보면 여전히 준비가 충분치 않다는 느낌을 지울 수 없다. 그렇다고 낙담하기엔 이르다.

우리나라에도 희망을 보여주는 기업이 있다. 인공지능 자율주행 자동차를 개발하고 있는 현대모비스가 예가 될 수 있다. 현대모비스는 신기술과 신설비를 도입하고 자동화생산 등 기술 변화에 적극 대응하고 있다. 또 노사 간 단체협약을 통해 최신 기계 및 기술 도입, 작업공정 개선을 도모한다. 단체협약에는 경영상 또는 기술상의 사정으로 인한 인력의 전환 배치가 필요할 경우, 재훈련 및 제반사항을 계획해 회사가 조합에 통보하면 고용안정위가 구성되어 심의·의결한다는 내용도 명시되어 있다.

4차 산업혁명과는 다소 거리가 있지만, 상생의 사례로 어느 프랜차이즈 카페를 들 수 있다. 이 프랜차이즈 카페는 가맹점과의 상생을 위해 연간 100억 원을 투자한다. 가맹점주의 자녀를 위한 장학금뿐만 아니라 프랜차이즈 매장에서 일하는 아르바이트생에게 장학 혜택을 주기도 하며, 홍보와 마케팅에 들어가는 비용도 모두 본사에서 책임진다고 한다. 눈앞의 이익만 생각하면 계획조차 쉽지 않은 일이고, 손익을 계산하지 않은 지출이라고 생각할지 모르지만 이 브랜드는 매년 높은 성장률을 기록하고 있다. 이밖에도 많은 기업이 노사가 함께 사는 법을 고민하고 있다고 생각한다.

'상생'은 서로를 배려하고 더불어 살아가는 모습이다. 궁극적으로 나만 살아남는 건 의미를 갖지 못한다. 함께 토론하며 미래를 준비하고, 같이 결정해서 미래의 위험을 줄여나가는 것. 이와 같은 과정의 전반에 인간의 존엄과 인권을 중심에 두는 것. 4차 산업혁명이라는 거대한 산 앞에서 우리에게 해답이 될 수 있는 자세다.

덕분에
잘살고 있다

아직도 많은 사람이 '노동'이라는 단어가 낯설다고 생각하는 것 같다. 가능하면 외면하고 싶은 단어라고 생각하는지도 모르겠다. 오늘도 '노동'하고 있지만 '노동자'라고 불리는 건 어쩐지 피하고 싶은 역설적인 사회다. 하지만 지금 이 순간, 이 짧은 글을 보고 노동의 개념에 대해 다시 한 번 생각해보는 기회가 되길 바란다. 좀 더 여유를 가지고 주변을 돌아본다면 노동이 친숙하게 다가올지도 모른다.

방송인 김제동이 방송에서 이렇게 이야기한 걸 들은 적이 있다. "너 공부 안 하면 더울 때 더운 데서 일하고 추울 때 추운 데서 일해야 한다고 몰아붙이는 사회가 아니라 더운 날 더운 데서 일하는 사람, 추운 날 추운 데서 일하는 사람 덕분에 우리가 잘살고 있다는 이야기를 들을 수 있으면 좋겠습니다."

그렇다. 노동은 더 이상 너와 나를 가르는 기준이 되어서는 안 된다. 서로에게 살맛 나는 세상을 선물해주는 당당한 권리이자 가치 있는 행위여야 한다.

무인시스템을 도입해 단 몇천 원을 아끼는 대신, 그 돈을 십시일반 모아

경비원 아저씨들의 일자리를 유지하기로 결정했다는 어느 아파트 입주자들의 회의 결과를 본 적이 있다. 청소노동자들이 마땅히 쉴 곳이 없어 화장실에서 도시락을 먹어야 했는데, 학생들의 지속적 요청과 연대로 작지만 발 뻗고 잠시 쉴 수 있는 공간을 확보했다는 어느 대학의 소식을 들은 적이 있다. 어쩌면 우리는 서로가 서로를 행복하게 만드는 방법을 이미 잘 알고 있는지도 모른다.

> **정리**
>
> - '주 52시간 근무제'와 '최저임금 상승'은 최근 우리나라에서 가장 뜨거운 노동 쟁점이다.
> - 노동인권은 노동자가 마땅히 누리고 행사하는 기본적인 자유와 권리라고 정의할 수 있다.
> - 내 의지를 갖고 주체적으로 일하는 세상이라면, '근로'라는 단어보다는 주체적 의미를 담은 '노동'이 더 합당하다.
> - 노동교육은 우리 모두가 반드시 받아야 하는 필수 교육이다.
> - 노동조합을 만들고 운영하는 권리는 대한민국 헌법에 보장되어 있다.
> - 노동자와 기업, 수요자와 공급자, 기계와 인간이 더불어 살아가야 하는 '상생'의 시대가 오고 있다.

세종의 원칙

· 박 영 규 ·

· 키워드 ·

조선　세종　리더십　리더　통치철학　원칙　자세

군주　무위　조직　비전　책임감　백성　경청　소통

질문　토론　혁신　공부　융복합　중용　독서　애민

세종은 단순한 역사적 인물이 아니다. 지식정보화의 수준이 고도화되는 4차 산업혁명 시대에도 세종은 여전히 살아있다. 한글 창제, 측우기와 천문관측 기기를 비롯한 과학기술품의 발명, 4군6진 개척, 음악체계 정비 등 세종이 남긴 여러 업적은 오늘날의 우리 삶에도 크게 영향을 미치고 있다. 세종이 한글을 창제하지 않았다면 한류도 없었을 것이고, 문화강국 대한민국도 존재하지 않았을 것이다. 세종이 발명한 우수한 과학기술품과 장인정신에 녹아있는 기술 DNA 덕분에 우리는 IT 강국이 될 수 있었다. 싸이와 방탄소년단이 빌보드 차트를 휩쓸고, 영화 〈기생충〉이 아카데미를 석권한 것도 우리 음악과 문화의 체계를 자주적이고 주체적으로 정립한 세종 시대의 성과와 맞닿아 있다.

세종이 이러한 업적을 남길 수 있었던 이유는 뚜렷한 원칙과 소신을 가지고 일을 추진했기 때문이다. 세종은 신하들의 소리에 귀를 기울이는 경청리더십을 발휘했고, 신하들이 자신의 일을 책임지고 추진할 수 있도록 그들을 전폭적으로 신뢰했다. 세종의 원칙과 리더십은 탈권위, 탈규격을 주요한 이념으로 삼는 4차 산업혁명 시대와 가장 잘 어울린다.

흔히 역사는 거울이라고 한다. 그래서 역사서 제목에는 〈자치통감〉 〈동국통감〉처럼 거울 감鑑자가 붙는다. 역사를 통해 우리는 지금의 내 모습을 돌아볼 수 있다. 역사를 공부하는 이유다. 세종은 특히 우리에게 많은 것을 깨우쳐준다. 그는 왕이 될 운명이 아니었지만, 공부와 독서의 힘으로 자신의 운명을 바꿨다. 태종이 양녕을 세자 자리에서 내쫓고 새로운 세자를 세우려 할 때 신하들은 '현자론'을 내세웠다. 그 현자가 세종이었다. 세종 시대 최고의 석학 변계량을 비롯한 중신들은 세종의 학문적 깊이를 눈여겨봤고, 그에게서 성군의 자질을 봤다. 세종은 밤을 새워 책을 읽었으며 폭넓은 독서를 통해 사고의 깊이와 세상을 보는 안목을 키웠다.

세종은 우리에게 공부의 힘이 무엇인지 보여준다. 독서 습관, 질문하는 방법 등을 알려준다. 세종 시대의 역사와 그의 원칙, 리더십을 공부하면 조선시대 역사의 윤곽을 잡을 수 있다.

4차 산업혁명 시대는 질문하는 리더의 시대다. 제대로 질문하면 답의 절반을 찾을 수 있다. 《논어》에서는 이를 절문근사切問近思라 했다. 절실하게 묻고 깊이 생각하는 것이 학문의 기초라는 의미다.

세종의 사고체계는 매우 과학적이고 조직적이었다. 그는 의심나는 일이 있으면 절대 그냥 넘기지 않았다. 책을 통해 스스로 답을 찾고자 했고, 의문점이 해소되지 않으면 분야 전문가들에게 자문을 구했다. 천문 관측, 음운학, 국방, 음악 등 분야를 가리지 않고 세종은 질문을 던졌으며, 그 과정에서 지식을 공고하게 다졌다. 세종의 공부 원칙과 질문하는 원칙을 배우면 4차 산업혁명 시대에 필수적 요소인 창의적 사고를 키우는 데도 크게 도움이 된다.

세종은 인재를 알아보는 안목도 탁월했다. 노비 출신인 장영실을 발굴해 혼천의, 간의, 자격루와 같은 과학기술품을 만들게 했으며, 문인 출신의 김종서를 변방의 군사령관으로 임명해 영토 확대에 큰 공을 세우게 했다. 문과와 이과, 인문학과 과학, 문학과 예술 등을 자로 재듯이 분리하면 창의적 인재를 키울 수 없다. 융복합 지식인을 키우기 위해서는 학문 간, 영역 간의 경계를 없애야 한다. 세종은 신분과 출신, 전공에 구애받지 않고 인재를 발굴하고 키워 조선의 문명 수준을 크게 높였다. 세종은 4차 산업혁명 시대에 필수적인 융복합 마인드를 가진 군주였다.

왜 지금 다시 세종인가

세종의 리더십이 재조명받고 있다. 기업의 CEO와 정치인, 정부 관료를 비롯한 리더 그룹뿐만 아니라 학생과 주부에 이르기까지 다양한 계층의 사람들이 세종의 리더십에 관심을 보이고 있다. 조선의 4대 군주였던 세종은 덕이 뛰어난 성군이었다. 한글을 창제하고, 물시계와 해시계를 비롯한 과학기술품을 발명하고, 조선의 영토를 넓히는 등 많은 업적을 남겼다. 세종의 업적은 조선의 표준이 되었으며, 그의 성품은 후세 임금들의 귀감이 되었다.

이런 탁월함에도 불구하고 세종은 오래된 왕조시대의 인물이다. 이미 600년도 더 지난 과거의 인물이다. 하루가 멀다 하고 새로운 지식정보가 빠르게 생산되었다가 폐기되기를 거듭하는 4차 산업혁명 시대와는 전혀 어울리지 않는 리더다. 그런데 왜 우리는 오늘, 다시 세종의 리더십을 주목하는가?

현대 조직문화의 갈 길을 보여준 무위의 리더십

　　　　　　　　　　세종 재위 시 재상을 지낸 허조가 임종 당시에 남긴 다음 말에서 그 실마리를 찾을 수 있다.

> 스스로 국가의 일을 내 책임이라 여기며 살아왔다. 임금은 내가 간하면 들어주셨고 정책으로 추진하셨다. 나는 행복하게 눈을 감는다.

　허조가 책임의식을 가지고 공직을 수행할 수 있었던 배경에는 세종의 리더십이 있었다. 세종은 취임하자마자 "과인과 같이 국사에 대해 논하자. 그대들의 의견을 듣겠다"라며 신하들에게 토론을 제안했다. 초짜 임금이라 업무에 서투르니 당신들의 지혜를 빌려달라는 취지였겠지만 일방적 지시가 아닌 상호 협의를 취임 일성으로 내놓은 건 무척 신선했다.

　신하들은 토론하는 과정에서 리더로서 세종이 품고 있던 비전을 공유하게 되었으며, 각자 국가경영에 관한 책임을 맡게 되었다. 세종은 무위無爲의 리더십을 발휘해 신하들을 타율적 객체가 아닌 자율적 주체로 바꿔놓았다. 허조를 비롯한 황희, 김종서, 박연, 장영실 같은 큰 인물이 탄생할 수 있었던 것도 이런 무위의 리더십과 무관하지 않다.

　4차 산업혁명은 탈규격, 탈규제, 탈이념, 탈권위의 포four탈 혁명이다. 정해진 틀이나 매뉴얼, 전통적 생각과 리더의 수직적 권위에 의존하는 조직은 4차 산업혁명 시대에 살아남기 힘들다. 구글이나 애플, 아마존과 같이 직원들의 자율성을 최대한 존중해주는 수평적인 리더십과 조직 문화를 가진 혁신기업만이 살아남을 수 있다.

세종대왕의 어진

일부 신하들이 세종에게 인사 문제는 무엇보다 중요하니 인사 담당자에게 위임하지 말고 직접 챙겨야 한다고 건의하자 허조는 이렇게 말한다. "일을 맡겼으면 의심하지 말고, 의심이 가면 맡기지 말아야 합니다. 전하께서 대신을 선택해 육조의 수장으로 삼으신 이상 책임을 지워 성취하도록 하는 게 마땅하며, 몸소 자잘한 일에 관여해 신하의 할 일까지 하시려고 해서는 아니 됩니다." 세종은 허조의 손을 들어주었다. 무위의 리더십을 선택한 세종은 조선왕조 최고의 군주로 남았다.

나눌 줄 알고, 나아갈 때를 아는 프로젝트 리더

세종과 신하들은 군신 관계를 떠나 하나의 팀으로 움직였다. 세종은 국가적 프로젝트를 완성해나가는 '조선'이라는 조직의 팀장이었다. 정책자문기구인 의정부와 집행기관인 육조, 연구개발 기능을 맡은 집현전까지도 팀장 세종의 리드 아래 한 몸처럼 유기적으로 움직였다. 팀장 세종과 팀원인 신하들은 목표와 비전을 공유하고, 조직에 대한 충성심을 바탕으로 각자 주어진 위치에서 헌신적으로 일했다. 그리고 최고의 팀워크를 발휘해 최선의 결과를 냈다.

팀장 세종은 큰 틀에서의 원칙과 비전만 제시할 뿐 세부 사항은 신하들에게 위임했다. 박연을 불러 향악과 아악의 정비 필요성과 방향을 설명한 뒤 "나머지 실무는 그대가 주관해서 추진하라" 하고 맡겼으며, 4군6진을 개척할 때는 신하들과 오랫동안 토론하며 현지 조사를 끝낸 뒤 최윤덕과 김종서 등 현지 사령관에게 전권을 위임했다. 단순하게 업무를 위임하는 데 그치지 않고 권한을 통째로 위임한 것이다.

이후 박연과 최윤덕, 김종서는 세종의 신뢰와 전폭적인 위임을 바탕으로 혁혁한 성과를 일구어냈다. 박연은 중국 의존 일변도의 음악 체계에서 탈피해 자주적 음률과 악기를 만들어냈으며, 최윤덕과 김종서는 청사에 길이 남을 무공을 세웠다.

팀장 세종은 강압적인 업무 지시가 아니라 팀원들의 마음을 움직여서 성과를 내는 방식을 택했다. 집현전 학사들에게는 출근하지 않고 집에서 자유롭게 책을 읽을 수 있게 배려함으로써 연구에서 실질적 성과를 내게 했으며, 주변의 반대를 뿌리치고 노비 출신의 장영실을 관직에 등용해 마음껏 실력을 발휘하게 했다. 세종의 리더십이 없었다면 《향약집성방》이나 《농사직설》 같은 우수한 저서는 물론이고 측우기, 해시계, 물시계 같은 세계적 수준의 과학기술품은 빛을 볼 수 없었을 것이다.

경복궁 수정전. 이 자리에 집현전이 있었다고 전해진다.

그렇다고 세종이 팀원 관리와 업무 진행을 방치한 건 아니었다. 필요할 때마다 실무자들을 불러서 추진 현황을 살피고 술과 음식을 내려 격려했다. 각 분야에 대한 해박한 지식과 전문성을 바탕으로 실적을 직접 평가하고 미흡한 부분은 보강과 수정을 지시했다. 세종은 팀장으로서 코칭리더십을 발휘했으며 이를 통해 프로젝트 완성도를 최고 수준으로 끌어올렸다.

특정 프로젝트는 세종 자신이 처음부터 끝까지 주도적으로 이끌기도 했다. 한글 창제가 대표 사례다. 세종은 재위 19년부터 세자(훗날의 문종)에게 국정을 대부분 위임한 뒤 은밀하게 한글 창제 프로젝트를 기획했다. 한자를 통해 독점적 문자 권력을 누리던 양반 계급의 반대를 예상해 정인지, 성삼문, 신숙주 같은 집현전의 몇몇 소장파 지식인을 제외하고는 철저하게 비밀에 부쳤다. 황희나 허조 같은 핵심 측근조차 프로젝트가 끝날 때까지 한글 창제 사실을 까

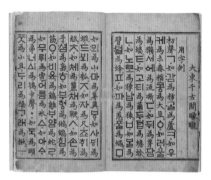

훈민정음 해례본

마득히 모를 정도였다.

세종은 중국이나 일본 등 다양한 루트를 통해 구입한 언어학과 음운학 관련 책을 정밀하게 탐독해 한글의 뼈대를 차근차근 구축해나갔으며, 1443년(재위 25년) 마침내 프로젝트를 완성한다. 하지만 완성도를 높이기 위해 그 후로도 3년이라는 세월을 더 투자했다. 세자와 수양대군, 성삼문에게 음운학적 문제점을 철저하게 검토하게 한 뒤인 1446년에야 공식적으로 한글을 반포하기에 이른다.

세종은 한글 창제에 참여한 신하들을 일일이 불러 노고를 치하하고 격려했으며 프로젝트 성과와 기쁨을 공유했다. 하지만 프로젝트에 대한 외부 세력의 공격에 대해서는 신하들에게 미루지 않고 세종 자신이 직접 나섰다. 최만리, 정창손 등이 한글 창제의 부당함을 주장하는 상소문을 올리자 세종은 그들과 정면으로 맞섰고, 논리적이고 합리적인 근거를 동원해 반대론자들의 주장을 차례차례 격파했다.

세종은 프로젝트 기획과 추진, 품질관리에 철두철미한 혁신기업의 CEO였다. 또 프로젝트 성과는 팀원들과 공유하되 최종 책임은 스스로의 몫으로 돌리는 헌신적이고 모범적인 팀장이었다. 이와 동시에 의사결정 과정을 스스로 조율하고 해법까지 제시할 줄 아는 전문가형 리더였으며, 위기가 닥쳤을 때 회피하지 않고 정면으로 돌파하는 진취적 리더였다.

리더가 무위해야
팀원들이 책임감을 갖는다

　　　　　　　　　　　팀장 세종은 시간 관리에도 능했다. 시간은
임금인 세종 자신의 것이 아니라 백성들의 것이라 생각해 촌음의 시간도 허투
루 쓰지 않았다.

　　천년의 세월도 일각의 어긋남 없음에서 비롯되고, 모든 공적의 빛남은 촌음
　　을 헛되게 하지 않는 데서 비롯된다.

– 재위 16년 7월 1일의 《세종실록》

　　가뭄이 들어 민생고를 겪는 백성을 위해서는 지체 없이 국가의 창고를 열
어 구휼했으며, 긴 호흡이 필요한 장기 과제는 시간에 구애받지 않고 차근차
근 추진했다. 훈민정음 창제에는 10여 년의 시간을 투자했고, 조세제도 개편
에는 17년이라는 세월을 쏟아부었다.

　　'시간은 백성의 것'이라는 세종의 시간 철학은 국가의 표준 시계 제작으로
구체화되었다. 재위 16년인 1434년 세종의 명을 받은 장영실과 김빈 등의 과
학자들은 자동 물시계인 자격루自擊漏를 완성했다. 세종은 경회루에 자격루를
설치하고 근정전, 근정문, 광화문 순으로 시간을 알리게 함으로써 소중한 시
간 자원을 백성에게 돌려주었다.

　　물시계인 자격루 외에 해시계인 앙부일구仰釜日晷도 제작해 설치했다. 궁궐
안에는 한자로 표기된 해시계를 비치하고 궁궐 밖에는 쥐, 소, 호랑이 같은 십

자격루와 앙부일구

이간지 동물이 그려진 해시계를 비치했다. 혹여 문자를 모르는 사람들이 소외당하는 일이 없도록 하려는 세심한 배려였다.

　조직의 위기를 돌파하는 힘과 비전 공유, 새로운 가치를 창출하는 힘, 조직에 대한 충성심과 책임의식은 유위의 리더십이 아니라 무위의 리더십에서 나온다. 리더가 시시콜콜 업무에 간섭하거나 개입하면 구성원들이 스트레스를 받아 일을 제대로 할 수 없게 된다. 강력한 유위의 리더십이 작동하면 직원들은 눈치를 보기에만 바쁘고 조직은 보신주의에 빠져 업무 효율이 떨어진다. 큰 가닥만 잡아주고 세세한 부분은 위임하는 무위의 리더십이 오히려 조직원들의 책임감과 업무 효율을 끌어올릴 수 있다. 《장자》〈천도〉 편에서는 이렇게 말한다. "리더가 무위해야 일을 맡은 사람이 책임감을 느낀다."

태조 이성계가 나라의 문을 열고 태종이 뒤를 받쳤지만 아직 조선은 바람 앞의 등불처럼 위태로웠다. 두 차례에 걸친 왕자의 난으로 정권은 불안정했고, 남쪽에서는 왜구가, 북쪽에서는 여진족이 호시탐탐 국경을 넘보고 있었다. 이런 위기 상황에서 왕위에 오른 세종은 수평적인 무위의 리더십으로 신하들의 마음을 결집했다. '원팀^{one team}'의 결속력을 바탕으로 조선이라는 국가 조직을 반석 위에 올려놓았다.

세종의 경청법

> "성공하는 사람과 그렇지 못한 사람의 대화 습관에는 뚜렷한 차이가 있다.
> 그 차이점이 무엇인지 단 하나만 꼽으라고 한다면 나는 주저 없이 경청하
> 는 습관을 들 것이다."
>
> – 스티븐 코비

들을 청聽 자는 귀 이耳, 임금 왕王, 열 십十, 눈 목目, 한 일一, 마음 심心으로 구성되어 있다. 어진 임금의 가장 큰 덕목은 큰 귀와 밝은 눈으로 신하들의 말과 몸짓을 잘 듣고 살펴서 마음을 하나로 모으는 데 있다는 의미다. 이 덕목을 가장 잘 실천한 임금이 세종이었다. 취임 후 세종의 첫 일성은 "과인이 이르노

니"가 아니라 "경들의 말을 듣겠다"였다.

경청하는 임금과
경청하는 신하

세종은 지식이나 학식에서 신하들에게 결코
뒤지지 않았다. 역사, 철학, 음악, 과학 등 다방면에 걸친 독서와 학습으로 스스로 문리를 터득했다. 내로라하는 집현전의 핵심 인재들이 주도하던 경연에서도 신하들에게 결코 밀리지 않았다. 당대 최고의 석학이던 변계량†季良조차 세종의 학문적 경지에 혀를 내두를 정도였다. 그러나 세종을 조선왕조 최고의 성군으로 만든 것은 그의 지식이나 언변이 아니라 경청의 힘이었다.

세종은 신하들의 말을 낮은 자세로 들었다. 그리고 그 말이 정책으로 실현될 수 있도록 신하들의 말에 힘을 실어주고 권한을 전폭적으로 위임했다. 훈민정음 창제, 4군6진 개척, 측우기를 비롯한 각종 과학기기 발명 같은 세종의 치적은 세종이 발휘한 경청의 리더십에서 나온 성과물이다.

세종 시절 최장수 정승(18년간 재직)이었던 황희도 세종을 닮은 인물이었다. 어느 날 황희의 집에 어떤 농부가 와서 물었다. "대감마님, 오늘이 저희 집 제삿날인데 하필이면 오늘 소가 송아지를 낳았습니다. 이런 날에는 제사를 생략해도 되겠지요?" 황희는 그러라고 했다. 잠시 뒤 또 다른 농부가 찾아와서 물었다. "대감마님, 오늘이 저희 집 제삿날인데 하필이면 개가 강아지를 낳았습니다. 그래도 제사는 지내야겠지요?" 황희는 그러라고 했다. 옆에서 듣고 있던 아내가 남편에게 그런 법이 어디 있느냐고 따지자 황희는 이렇게 말했다.

황희

"앞에 온 사람은 제사를 지낼 마음이 없는 사람이고, 뒤에 온 사람은 어떻게든 제사를 지낼 사람이었소. 정반대인 것 같지만 둘 다 자기가 듣고 싶은 말을 들으러 왔으니 어쩌겠소? 나는 그저 그들의 말을 들어주었을 뿐이라오."

황희의 어머니는 노비였다. 당시 관습으로 볼 때 황희 자신도 신분상 천출賤出이었다. 그러나 태종은 황희의 신분에 구애받지 않고 그를 도승지(오늘날 대통령 비서실장)로 발탁했으며 세종도 아버지처럼 황희를 중용했다. 황희는 대소신료의 의견을 종합하고 일의 우선순위를 정하는 데 탁월한 능력을 발휘했다. 사람을 알아보는 눈도 뛰어나 허조, 최윤덕, 장영실 같은 인재를 천거했다.

외교나 국방, 조세 문제 등 중요한 정책 결정을 앞두고 신하들은 세종 앞에서 치열하게 때로는 거칠게 토론했다. 세종은 그들의 이야기를 묵묵히 듣다가 종종 이렇게 결론 내렸다. "황희의 말대로 하라." 《세종실록》에서 가장 흔히 볼 수 있는 장면 중 하나다. 일흔이 된 황희가 인사 규정상 정년퇴직할 때가 되었다며 사임 의사를 밝히자 세종은 다음과 같이 말하면서 그를 붙잡았다. "그대가 아니면 누가 국정의 중심을 잡아줄 것인가? 규정대로만 한다면 과인이 누구를 의지하면서 조정을 이끌어간단 말인가?"

그대들은
답을 알고 있다

《초우량 기업의 조건》《미래를 경영하라》 등의 베스트셀러를 쓴 피터 드러커와 함께 경영학의 구루로 불리는 톰 피터스는 이렇게 말했다. "20세기가 말을 해서 이끄는 자의 시대였다면 21세기는 경청하는 리더의 시대가 될 것이다. 경청의 힘은 신비롭기까지 하다. 말하지 않아도, 아니 말하는 것보다 더 매혹적으로 사람의 마음을 사로잡기 때문이다."

세종은 톰 피터스가 가리킨 경청하는 리더의 표준이었다. 몸은 비록 600년 전의 인물이지만, 21세기 4차 산업혁명 시대가 요구하는 리더십의 덕목을 제대로 갖춘 리더였다. 세종은 어전회의(오늘날의 청와대 수석보좌관회의)뿐만 아니라 경연에서도 신하들의 말을 경청했다. 경연은 어전회의에 비해 분위기가 덜 딱딱했기 때문에 신하들도 비교적 자유롭게 자기 의견을 말할 수 있었다. 초창기에는 발제를 맡은 언관이 강독하는 정도로 진행되었지만 시간이 지나면서 토론이 점차 활성화되었다. 임금의 귀가 열려 있음을 알게 된 신하들은 다소 껄끄러운 발언도 서슴지 않았으며, 경연에서 나온 직언들은 조정의 검토를 거쳐 정책에 반영되었다. 경연은 주로 조찬 세미나로 진행되었지만 토론이 격렬해져 점심때를 훌쩍 넘기는 경우도 있었다. 세종은 이런 끝장토론을 지루해하거나 싫증내지 않았으며 오히려 점심밥까지 내주며 장려했다.

"지금부터는 합하여 한 번씩 나와서 강(講)하게 한 후에 경연청에 물러가서 종일토록 토론하도록 하소서" 하니 임금이 그 말을 좇고 또 점심밥을 내어

주도록 명했다.

– 즉위년 12월 17일의 《세종실록》

플라톤과 토론하는 아리스토텔레스

아리스토텔레스는 "함께 모여 열띤 토론을 벌이면 탁월한 한 사람이 내린 것보다 더 나은 결정을 내릴 수 있다"라고 말했다. 기업을 살아 있는 건강한 조직으로 만들기 위해서는 토론 문화가 활성화되어야 한다. 회의에서 구성원들이 자유롭게 의견을 개진하고 CEO는 경청할 수 있어야 한다.

죽어가던 공룡 기업 IBM을 다시 살린 것도 경청의 리더십이었다. 난파 직전에 있던 IBM의 새로운 선장으로 취임한 루 거스너는 중역들에게 이렇게 말했다. "당신들은 자랑스러운 빅 블루(IBM의 애칭)를 회생시킬 방안을 알고 있습니다. 저에게 그 방안을 들려주십시오."

루 거스너가 취임한 후 IBM은 조직을 슬림화하고, 기업의 비전을 재정립했다. 그리고 제조업체가 아닌 서비스업체로서 화려하게 부활했다. 이런 성과는 루 거스너의 머리와 입이 아니라 중역들의 머리와 입에서 나온 결과물이었다. 루 거스너는 그들의 말을 경청했고 발언한 사람들이 프로젝트를 책임지고 추진하도록 권한을 전폭적으로 위임했다.

쓴 말이라도
먼저 듣겠다

세종은 아무리 듣기 싫은 소리라도 우선은 들었다. 지방 관리들의 임기 문제를 토론할 때 고약해高若海라는 신하가 무례한 태도로 임금을 공격했다. 고약해는 지방 관리의 임기를 6년으로 정한 수령육기제가 탐관오리를 만들어내는 온상이 되므로 임기를 3년으로 단축해야 한다고 줄기차게 주장했다. 때로는 자신의 충정 어린 건의를 받아주지 않는 세종의 태도가 실망스럽다며 자신을 '소신'이 아니라 '소인'이라고 표현하는가 하면, 벼슬을 때려치우겠다는 막말 수준의 발언도 서슴지 않았다. 소인이라는 말은 임금이 아니라 일반적인 상급 관리에게나 쓰는 말이기 때문에 세종을 군주로 여기지 않는다는 선언이나 진배없었다. 당장이라도 의금부에 하옥할 수 있는 불손한 말이었다. 하지만 세종은 그의 거친 언사에 "참으로 고약하다"라고 혀를 내두르면서도 발언 자체를 막지는 않았다.

여진족 토벌 계획 같은 국가 중대사를 논의할 때는 허조가 사사건건 반대 의견을 냈지만 세종은 "경의 말에도 일리가 있다"라며 언로를 텄다. 허조는 꼬장꼬장한 성격과 마른 체구 때문에 '말라깽이 송골매'라는 별명으로 불렸으며, 조정에서 안건을 토론할 때나 업무를 처리할 때 늘 원칙과 기본을 강조했다. 모든 신하가 찬성할 때도 허조는 "혹시 이런 문제점도 있을 수 있다"라며 반대 의견을 내놓곤 했다.

허조가 자신의 친인척을 사사로이 관리로 등용한다는 상소가 접수되자 세종이 허조에게 물었다. "경이 사사로이 좋아하는 자를 임용한다고 하는데 그게 사실인가?" 이에 허조는 이렇게 대답한다. "진실로 그 말과 같사옵니다. 그 사람이 현재賢才라면 비록 친척이라도 피혐避嫌하지 않고 있습니다."

- 재위 21년 12월 28일의 《세종실록》

공직자로서 자신의 처신에 한 점 부끄러움이 없었기에 가능한 답변이었다. 세종은 허조를 '고집불통'이라고 부르면서도 10년이 넘도록 그에게 인사를 담당하는 이조판서의 중책을 맡겼다. 당나라 태종은 입바른 소리를 잘하는 위징에게 "저놈의 영감탱이 죽여버려야지" 하고 욕하면서도 늘 곁에 두었는데, 말하자면 허조는 조선의 위징인 셈이었다.

글을 쓰는 것은 말하는 것이고 책을 읽는 것은 듣는 것이다. 글을 쓰기 위해서는 먼저 책을 읽어야 하듯이 말을 하기 위해서는 먼저 들어야 한다. 말하는

경기도 여주에 있는 세종대왕릉

것보다는 듣는 것이 우선이다. 하지만 대부분의 사람은 거꾸로 생각한다. 소통이 잘 안 되는 조직의 특성은 듣는 사람보다 말하는 사람이 많다는 것이다. 미국 매스컴에서 최고의 달인은 래리 킹과 오프라 윈프리다. 그들의 공통점은 말하기의 달인이 아니라 듣기의 달인, 질문의 달인이라는 것이다. 그들은 먼저 주의 깊게 듣고 나서 예리한 질문을 던진다.

세종의 개방적이고 포용적인 리더십은 신하들이 임금을 신뢰하고 국정에 대한 책임감을 가지는 계기로 작용했으며, 그 과정에서 군주와 신하들은 조선이라는 국가가 나아가야 할 미래 비전을 공유할 수 있게 되었다. 리더로서 세종이 가진 여러 가지 덕목 가운데 딱 하나만 고르라고 한다면, 스티븐 코비의 말처럼 경청의 리더십을 꼽겠다. 이는 대다수 세종 연구가들이 이구동성으로 지적하는 부분이기도 하다.

세종의 질문법

"믿기지 않겠지만 인간이 지닌 최고의 탁월함은 자기 자신과 타인에게 질
문하는 능력이다."

– 소크라테스

질문은 사유를 깊게 한다. 《논어》〈자장〉 편에서는 절실하게 묻는 것切問이
학문의 출발점이라고 말한다. 뉴턴이 머리 위로 사과가 떨어지는 이유를 스스
로에게 묻지 않았다면 근대 과학문명은 탄생할 수 없었다. 1944년 노벨물리
학상을 받은 아이작 라비는 언론과 인터뷰하면서 자신이 노벨상을 받은 원동
력이 질문하는 습관에 있다고 말했다. 라비의 어머니는 어린 시절 라비가 학

교에서 돌아오면 늘 이렇게 물었다고 한다. "오늘은 학교에서 무슨 좋은 질문을 했니?" 어린 시절부터 몸에 익힌 질문하는 습관이 과학적 마인드를 키워주었고, 결국 노벨상까지 탈 수 있었던 셈이다.

그대의 생각을 말해보라

세종은 질문하는 리더였다. 경연이나 어전회의 석상에서 세종은 신하들에게 끊임없이 물었다. "경의 생각은 어떠하오?" "과인이 보기에는 이런데 경들은 어떻게 생각하시오?" "그대들의 생각을 말해보시오." 《세종실록》에는 이런 문장이 수도 없이 등장한다. 세종의 질문은 자연스럽게 토론으로 이어지고, 토론 속에서 모아진 중지에 따라 정책 방향이 결정되었다.

물론 토론 문화가 처음부터 활발했던 건 아니었다. 세종 즉위 초기에는 신하들이 토론을 기피하는 경향이 강했다. 꽉 막힌 분위기가 답답했던지 세종은 다음과 같이 심경을 토로하기도 했다.

"벌써 한겨울인데도 날씨가 너무 따뜻해 내년 농사가 심히 걱정된다. 어제는 안개가 짙게 끼어 한 치 앞을 내다볼 수 없을 지경이었다. 장차 큰 재앙이 올 징조가 아닌가 싶다. 요즘 경들은 내 앞에서 도무지 쟁간爭諫하지 않는다. 과인이 의견을 물어도, 한 사람이 옳다고 하면 다 옳다고 하고, 한 사람이 그르다고 하면 다 그르다고 하여, 어느 누구도 자기 의견을 제대로 말

《세종실록》

하지 않는다."

– 재위 7년 12월 8일의 《세종실록》

신하들이 토론을 기피한 것은 태종 시대의 정치적 상황과 무관하지 않았다. 권력투쟁이 극심한 상황에서는 괜히 잘못 나섰다가 칼바람을 맞을 수도 있었다. 자연히 신하들 사이에는 적당주의와 보신주의가 팽배해 있었다.

그러나 세종의 집권 초기가 지나면서부터 이런 분위기는 서서히 바뀌었다. 세종의 진심을 확인한 신하들은 회의석상에서 자신들의 의견을 적극적으로 개진하기 시작했다. 주제 하나를 두고 20명이 넘는 신하가 발언하는가 하면 분위기가 과열되어 격론이 벌어지는 경우도 있었다.

세종은 과거 시험장에 나온 유생들에게도 직접 질문을 던졌다. "아첨하는 신하를 골라내고 어진 신하를 등용할 수 있는 방안이 무엇이라고 생각하는가?" "흉년이 들었을 때 적절한 조세 감면 방안에는 어떤 것들이 있다고 보는가?" 세종의 질문에 구체적이고 현실적인 아이디어를 적어낸 응시생은 관리로 발탁되었으며, 그들이 낸 아이디어는 곧바로 국정에 반영되었다.

세종은 아첨하는 신하를 경계하고 멀리했다. 신하들의 답변이 과장되거나 아부성 발언에 치우치면 반드시 지적하고 넘어갔다. 지방 관리들이 쓴 보고서가 일의 본질과 무관하게 임금의 덕을 칭송하는 미사여구로 가득할 경우 관리에게 주의를 주었다.

1437년 5월 경기도 관찰사가 도내에서 보리 한 줄기에 이삭이 4개나 열린다는 보고서를 올렸다. 관찰사는 사실 보고에 덧붙여 "신령스러운 일이 발생한 것은 바로 육부와 삼사가 잘 다스려졌기 때문이니 상서로운 일을 경축하는 행사를 여는 것이 어떻겠습니까" 하고 제안했다. 세종은 기쁜 일이니 보리 종자를 개량해 널리 보급하되 과장된 발언은 삼가라며 다음과 같이 말했다.

"이처럼 아름다움을 과장하는 일은 내가 심히 부끄럽게 여긴다."

– 재위 19년 5월 8일의 《세종실록》

사냥을 하던 도중 흰 꿩이 나타나자 신하들이 상서로운 일이라며 축하의 노래를 지어 올리려 했을 때도 마찬가지였다. 세종은 상서로운 징조는 단지 요행일 뿐이며 임금의 덕에 대한 하늘의 감응이 아니라며 손을 내저었다.

이처럼 세종은 임금이 달콤한 말에 귀를 기울이는 순간 조직이 위기에 빠진다는 생각으로 아첨을 원천 차단했다. 《용비어천가》를 편찬할 때 신하들이 세종의 재위 중 업적도 함께 넣자고 제안했지만 세종은 "당대의 일을 찬송하게 할 수 없다. 후세에서 평가해 노래하게 하자"라며 신하들의 제안을 거절했다.

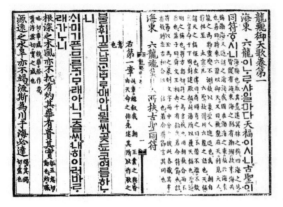

보물 제1463호 〈용비어천가〉

좋은 질문이
좋은 해결책을 이끌어낸다

"나는 무언가를 철저하게 이해하고 싶을 때마다 질문을 한다. 질문은 단순
한 말보다 더 깊은 곳까지 파헤친다. 말보다 10배쯤 더 많은 생각을 이끌어
낸다."

– 윌리엄 제임스

좋은 질문을 하기 위해서는 문제에 대한 전문적인 지식과 논리적 사고력,
통찰력을 갖추어야 한다. 이런 조건을 갖추지 못하면 질문이 겉돌거나 다른
길로 빠지기 십상이다. 또 단순한 문답 게임 수준의 질문은 무의미하다. "느그
아버지 뭐 하시노?" "결혼은 언제 할 생각인가?"와 같은 꼰대식 질문이나 신
상 캐기식 질문은 시간 낭비일 뿐이다. 그런 질문 방식으로는 문제의 핵심에

도달할 수 없다.

세종은 좋은 질문자였다. 일찍이 폭넓은 독서를 통해 전문 지식과 논리적 사고력, 사물의 핵심을 꿰뚫어보는 통찰력을 구비하고 있었다. 1440년(재위 22년) 제주도 안무사按撫使* 최해산崔海山이 세종에게 급히 장계를 올려 제주도에 용이 나타났다고 설명했다. "정의현에서 5마리 용이 한꺼번에 하늘로 올라갔습니다. 그런데 그중 하나가 도로 수풀에 떨어져 오랫동안 빙빙 돌다가 뒤에 승천했습니다." 보고를 받은 세종은 깜짝 놀란다. 상상 속 동물인 용이, 그것도 5마리나 승천했다는 건 예사로운 일이 아니었다. 세종은 최해산에게 좀 더 자세히 보고하라며 이렇게 이른다.

"용의 크고 작음, 모양, 빛깔과 5마리 용의 형체를 분명히 살펴보았는가? 그 용의 전체 모양을 보았는가? 머리나 꼬리, 혹은 허리와 같은 신체의 일부만 보았는가? 용이 승천할 때 구름의 기운이나 천둥번개가 있었는가? 용이 처음에 뛰쳐나온 곳이 물속인가, 수풀 사이인가, 들판인가? 하늘로 올라간 곳이 사람 사는 인가에서 얼마나 떨어졌는가? 구경하던 사람이 있던 곳과는 거리가 얼마나 되는가? 용 한 마리가 빙빙 돈 것이 오래되었는가, 잠깐이었는가? 용이 이처럼 하늘로 올라간 적이 그 전후에 또 있었는가? 용이 승천하는 것을 목격한 사람은 누구누구인가? 그들이 목격한 구체적인 장소와 시간은 어떻게 되는가? 과인의 이 모든 질문에 대해 구체적으로 보고서를 작성해 아뢰도록 하라."

---

* 지방에 변란이 발생했을 때 왕명으로 특별히 파견되어 백성을 위무하는 일을 맡은 관리.

세종의 질문은 구체적이었다. 그리고 구조화되어 있었다. 이런 질문은 피질문자가 맥락에 맞는 답변을 내놓을 수 있게 유도한다. 명을 받은 안무사 최해산은 세종의 질문 의도대로 6하 원칙에 맞게 사실관계를 조사해 다시 장계를 올린다.

"시골 노인에게 물으니, 지난 병진년 8월에 용 5마리가 바닷속에서 솟아올랐고 그중 4마리의 용이 하늘로 올라간 것은 맞습니다. 그런데 구름안개가 자욱해 머리는 보지 못했다고 합니다. 나머지 용 하나는 해변에 떨어져 금물두^{今勿頭}에서 농목악^{弄木岳}까지 뭍으로 갔는데, 비바람이 거세게 일더니 역시 하늘로 올라갔다고 합니다. 그 외에는 전후에 용의 형체를 본 사람이 없습니다."

세종은 두 번째 보고서를 근거로 용이 아니라 구름과 같은 자연현상을 착각한 것이라고 결론짓는다. 그리고 자신의 말을 백성에게 잘 전해 민심이 동요하지 않게 하라고 이른다. 세종이 두루뭉술하게 질문했더라면 최해산이 정확한 사실 조사를 하지 못했을 가능성이 높다.

세종은 비구름과 천둥번개 같은 자연현상이 발생하는 이치를 꿰뚫어보고 있었다. 이뿐만 아니라 동식물의 특성에 대한 전문적인 지식도 갖추고 있었다. 세종은 이런 지식을 바탕으로 최해산에게 좋은 질문을 했다. 그리고 문제의 근본 원인을 정확하게 진단하고 신속하게 대처했다. 세종의 좋은 질문이 아니었으면 백성은 용의 승천을 사실로 받아들이고, 그것이 무슨 대단한 변괴의 징조나 되는 양 불안에 떨었을 게 분명하다.

질문 속에 답이 있다

세종은 문제의 해답을 찾기 위해 지시 내용의 대부분을 질문으로 채웠다. "질문으로 파고든 사람은 이미 그 문제의 해답을 반쯤 얻은 것과 같다"라는 베이컨의 말처럼, 세종의 질문에는 이미 정답이 들어 있었다. 용이 승천할 당시 구름이나 천둥번개 같은 것이 있었는지, 용이 물속에서 솟아올랐는지 아니면 숲이나 들판에서 솟아올랐는지를 묻는 말에는 그것이 자연현상일 가능성이 높다는 합리적 추론이 깔려 있었다.

세종의 질문하는 습관은 사실관계를 깊이 살피는 과학적 마인드로 연결되었으며, 나아가 측우기를 비롯한 과학기술품의 발명으로 이어졌다. 세종은 측우기 발명에 얽힌 비하인드 스토리를 소개하면서 다음과 같이 말한다.

측우기

"자연의 이변에 대해 깊이 생각하고 꼼꼼하게 따지는 것은 재난으로 인해 나라가 흔들리는 걸 막기 위해서다. 가벼운 물건은 바람을 따라 수십 리 날아가기도 한다. 하물며 송화松花 같이 가벼운 것은 어떻겠는가? 황우黃雨가 내려 세간의 민심이 흉흉할 때 세자가 구리로 그릇을 만들어 빗물을 조사해보았더니 그 성분이 송화였다. 정밀하지 않은 세간의 말로 나라가 흔들려서야 되겠는가?"

- 재위 23년 4월 29일의 《세종실록》

짙은 황토색 비가 도성에 내리자 백성은 나라가 망할 불길한 징조라며 쑥덕거렸다. 이때 세자(훗날의 문종)는 구리로 만든 그릇에 담긴 빗물을 살펴서 그것이 송화임을 밝혀냈다. 세종은 이 일을 계기로 정확한 빗물 측정의 필요성을 절감하고 장영실에게 측우기를 제작하게 했다.

문종은 즉위한 뒤 3년을 채 넘기지 못하고 죽었다. 그래서 대개 문종이 남긴 업적이 아무것도 없는 줄 알지만 사실은 그렇지 않다. 세종은 재위 19년부터 세자에게 업무의 대부분을 넘긴 뒤 자신은 한글 창제에 몰두했다. 따라서 치세 후반기 세종의 업적은 문종과의 공동 작품이라고 할 수 있다.

세종의 공부법

"아는 것은 좋아하는 것만 못하고, 좋아하는 것은 즐기는 것만 못하다."

– 《논어》 〈옹야〉 편

　세종은 임금이 될 위치에 있지 않았다. 승계 1순위자인 큰형(양녕대군)이 있었기에 자신이 임금이 되는 일은 상상조차 할 수 없었다. 형제들 간에 피비린내 나는 권력 쟁탈전을 두 차례나 치른 태종은 자식들이 자신의 전철을 밟지 않기를 바랐다. 그래서 일찌감치 맏이 양녕을 세자에 앉혔다. 둘째 효령과 셋째 충녕(세종)에게는 인생을 적당히 즐기면서 살라 이르고 권력에 대한 야망을 품지 못하도록 미리 선을 그었다. 공부도 많이 하지 못하게 했다.

궁금하면 공부하고
크게 의심하여 틀을 바꾼다

세종은 아버지의 뜻대로 적당히 인생을 즐기면서 살 요량을 했다. 시화도 배우고 음악도 배우고 때로는 왕자들이 태어나고 자란 집인 잠저 뒤편에 있는 북한산에 올라 단풍 구경도 했다. 그러나 공부를 많이 하지 못하게 한 태종의 뜻에는 따르지 않았다. 오히려 손에 집히는 대로 책을 읽었다. 책을 통해 배우고 익히는 것을 낙으로 삼았다. 모르는 것이 있으면 물어서라도 뜻을 깨우쳤다. 결국 공부가 세종의 인생을 바꿔놓았다.

세자 양녕이 허구한 날 기방을 들락거리면서 난잡하게 놀자 신하들은 태종에게 세자 교체를 요구했다. 태종은 단호하게 반대했지만 양녕이 궁궐에 '어리'라는 기생을 데리고 와 살림을 차리고 아이까지 낳자 마음이 흔들린다. 태종이 어리를 궁궐에서 내쫓자 양녕은 "아버지는 첩을 여러 명 거느리면서 나는 왜 못 하게 하느냐" 하며 대든다. 사태가 이쯤 되자 태종도 마침내 세자 교체 카드를 꺼내든다.

문제는 후임 세자를 누구로 하느냐였다. 태종은 양녕의 아들을 세자로 임명할 뜻을 피력했다. 하지만 조정의 신하들은 나이가 5살밖에 안 되는 어린아이를 세자로 임명할 수 없다며 이구동성으로 반대했다. 신하들이 내세운 대안은 현자_{賢者}론이었다. 왕자 가운데 성품이 어진 사람을 세자로 책봉해야 한다는 논리였다. 그들이 마음에 둔 현자는 다름 아닌 세종(충녕)이었다.

양녕의 스승을 맡고 있던 변계량을 비롯한 신하들 대부분은 세종의 학문적 경지와 어진 성품에 감탄을 금치 못했다. 태종 자신이 '나라의 기둥'이라

고 부른 황희를 비롯한 핵심 측근
들까지 현자론으로 기울자 결국 태
종도 마음을 바꿨다. 서열상 둘째
인 효령에게 세자 자리가 돌아가야
했지만 효령은 태종 자신이 보기에
도 일국의 군주가 될 그릇이 아니
었다. 그렇게 해서 세종은 양녕을
대신해 세자 자리에 올랐고, 그로
부터 불과 두 달 뒤 태종을 이어 임
금의 자리에 오른다.

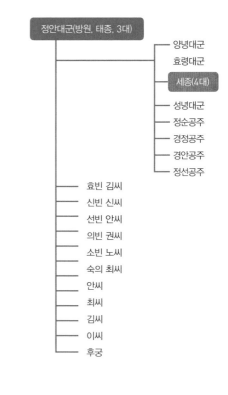

4차 산업혁명은 패러다임 혁명
이다. 거대한 변화를 이끄는 힘의
원천은 의외로 단순하다. 바로 인간
의 의구심이다. 신본주의에 대한 의심이 근대 과학혁명과 인본주의를 탄생시
켰듯이 인간의 영혼과 뇌, 의식과 감정에 대한 생물학적 의심이 나노과학과
생명공학, 인공지능을 탄생시켰다.

장자는 패러다임 시프트를 다음과 같이 정의한다. "작게 의심하면 방향을
바꾸지만 크게 의심하면 성질을 바꾼다小惡易方 大惡易性." 4차 산업혁명은 단순한
방향 전환이 아니라 산업의 성격과 세상의 존재 방식, 문명의 질을 근본적으
로 바꾸는 패러다임 시프트다.

세종은 조선의 틀을 바꾼 인물이다. 그 원동력은 기성 질서에 대한 큰 의심
이었다. 세종은 기존의 학문적 관습이나 사상을 무비판적으로 수용하지 않았

다. 심지어 조선 사회의 이념적 뿌리를 이루고 있던 주자의 사상에 대해서도 의심할 만한 것은 의심해야 한다고 말했다.

> "주자는 진실로 후세 사람으로서 논의할 대상이 아니다. 하지만 그가 잘못을 바로잡은 말에도, 또 그 자신이 한 말에도 의심스러운 곳이 있다. 비록 주자의 말이라 할지라도 다 믿을 수는 없다."
>
> – 재위 19년 10월 23일의 《세종실록》

아무리 임금이라도 성리학의 성인 반열에 올라 있는 주자를 비판한다는 건 상상할 수 없는 일이었다. 충격을 넘어 혁명적인 발상이 아닐 수 없었다. 조선 후기 노론이나 소론 가운데 어느 누군가가 이런 말을 꺼냈다면 당장에 사문난적으로 몰려도 이상하지 않을 정도다. 그러나 세종은 당당하게 자신의 소신을 신하들에게 밝혔다.

더 놀라운 점은 신하들도 세종의 이런 발언에 놀라지 않고 그저 담담하게 받아들였다는 사실이다. 곁에 있던 승지 권채는 "주자의 제자 요씨도 가끔 주자의 이론을 반박하기도 했다"라며 세종의 말에 맞장구를 쳤다. 세종 재위 19년이면 세종의 국정철학이 바야흐로 농익을 때였고 신하들도 임금의 비전과 혁신적 사고에 익숙해져 있을 무렵이었다. 그렇기에 신하들의 이런 반응이 결코 낯설지만은 않다.

융복합의 지식,
융복합의 인재

　　4차 산업혁명의 시대정신은 융복합이다. 사물인터넷, 인공지능, 빅데이터, 양자컴퓨터 등 4차 산업혁명 시대를 대표하는 기술이 산업 간 경계를 무너뜨리고 가상과 현실을 하나로 통합하고 있다. 세종은 대표적인 융복합형 지식인이자 리더였다. 600년 전 인물인 세종을 오늘로 소환해 살피는 까닭 중 하나도 바로 여기에 있다.

　　세종은 역사와 철학 등 인문학뿐만 아니라 수학과 천체물리학, 지리학, 역학, 의학, 군사학, 음악 등에 두루 뛰어났다. 유교를 기본적인 통치 이념으로 삼았지만 도교나 불교, 풍수지리학 같은 비주류 사상도 멀리하지 않았다. 세종은 당시 출판을 담당하던 기구인 주자소에 명해 《장자》를 인쇄해 배포하도록 하는가 하면, 풍수지리를 이단으로 몰아 천시하던 신하들에게 학문적인 차원에서 연구가 필요함을 역설했다. 말년에는 신하들의 끈질긴 반대를 뿌리치고 내불당을 건립하기도 했다.

　　세종은 융복합형 선비들을 중용했다. 문과에서 장원으로 급제한 정인지는 《훈민정음》의 서문을 짓는가 하면 천체관측 프로젝트와 기기 개발 책임을 맡기도 했다. 국정을 두루 통할하던 영의정 황희는 군사작전을 앞두고 서북 지방에 나가서 지세와 산세, 기후 조건 등을 세밀하게 관찰했으며 그 결과를 세종에게 보고하기도 했다. 황희와 어깨를 나란히 할 정도로 세종의 두터운 신임을 받았던 우의정 맹사성은 박연이 진행하는 각종 음악 프로젝트의 감수 역할을 도맡았다. 문인 출신인 김종서를 6진 개척 총책임자인 서북 방면 군사령

김종서가 6진을 개척하고 도순문찰리사로
있을 당시를 그린 〈야연사준도〉

관에 임명한 사건은 융복합형 인재 발탁의 백미로 꼽을 수 있다.

김종서는 61세라는 적지 않은 나이에 왕명을 받아 함길도(함경도) 절제사
(총사령관)에 부임한 뒤 자신의 심경과 각오를 담은 시를 한 수 지었다.

　　삭풍은 나무 끝에 불고

　　명월은 눈 속에 찬데

　　만리변성에 일장검 짚고 서서

　　긴 휘파람 큰 한소리에

　　거칠 것이 없어라

문인다운 문장력이 돋보이면서도 변방의 야전사령관으로서 기개가 느껴지

는 시다. 세종은 김종서를 헐뜯는 상소가 올라와도 흔들리지 않고 그를 신뢰했다. 그리고 연로한 김종서의 어머니에게 음식과 의복을 보내면서 극진히 보살폈다. 세종의 이런 신뢰와 인간미는 일찌감치 김종서의 마음을 움직였으며 김종서는 자신의 모든 것을 바쳐 그에 보답했다.

읽어도 읽어도 부족하다

다방면에 걸친 세종의 지식은 대부분 폭넓은 독서에서 나왔다. 세자로 임명되기 전인 왕자 시절부터 세종은 독서에 열중했다. 밤낮없이 책에 파묻혀 살았다. 태종은 행여 세종(당시에는 충녕대군)이 건강을 해칠까 봐 읽고 있던 책을 모조리 회수하기도 했다. 이때 병풍 뒤에 감춰두었던 책이 《구소수간歐蘇手簡》*이었는데 세종은 이 책을 천 번도 넘게 읽었다고 한다.

조선의 4대 군주로 취임한 이후에도 세종의 독서열은 식지 않았다. 왕위에 오른 후 경연에서 읽은 책만 해도 23종이나 되었으며, 경연 교재로 채택했던 《사기》《자치통감》《통감강목》 같은 역사책은 수십 번씩 반복해 읽었다. 그래도 뜻이 명확하지 않은 부분이 있었던지 세종은 "《통감강목》은 과인이 20번, 30번을 반복해 읽었는데 그래도 자못 의심나는 곳이 있으니 학문이란 진실로

---

* 중국 원나라 문인 두인걸이 당송 팔대가에 속하는 구양수와 소식을 주고받은 짧은 편지글을 모아놓은 책. 세종은 중국의 문인 중에서 구양수와 소식의 문체를 애호했으며, 그들이 주고받았던 편지에 담겨 있던 사유의 폭과 서정의 깊이에 크게 공감했다.

그 깊이가 무궁하다"라며 독서에 대한 소회를 밝히기도 했다.

깊이와 넓이를 두루 아우르는 독서의 힘 덕분에 세종은 당대 최고 지식인들로 구성된 관료 사회와 전문가 집단을 효율적으로 이끌 수 있었다. 경연에서 철학과 사상에만 치우쳐 역사 공부를 게을리하는 신하들을 나무랄 수 있었던 것도 독서의 힘이었다. 기술 관료인 장영실에게 천체 관측 장비의 개념도를 직접 설명하고 기기 개발을 지시한 것도 독서를 통한 혜안과 통찰력이 뒷받침되었기 때문이다.

> "장인이 물건을 만드는 건 그것을 사용하기 위해서다. 물건을 만들어도 쓸
> 모가 없다면 장인은 만들지 않을 것이다. 마찬가지로 학문을 해서 쓸모가
> 없다면 학문은 해서 무엇 하겠는가."
>
> — 정자程子

세종의 공부 원칙 가운데 또 하나는 실용성이었다. 세종에게 독서는 취미가 아니라 군주로서 나라를 잘 이끌기 위한 일의 일부였다. 역사와 철학 공부는 나라를 경영하는 임금으로서 마땅히 갖추어야 할 제왕학의 기본이었다. 또 언어, 수학, 천체물리, 음악, 군사 등 다른 공부는 나라의 고유한 문자를 창제하고, 예술과 과학기술을 풍요롭게 하고, 안보를 튼튼히 다지는 실용적 목적에 봉사했다.

세종은 당뇨병과 고혈압, 피부질환 등 각종 질병에 시달리면서도 손에서 책을 놓지 않았다. 말년에는 한 치 앞에 있는 사람조차도 잘 알아보지 못할 정도로 시력이 급격하게 나빠졌지만 늘 머리맡에 책을 두었다.

결국 모두 백성을 위한 일

"흉년으로 길거리에 굶어 죽은 사람의 시체가 널려 있는데도 창고를 열 줄 모르면서 백성이 굶어 죽으면 흉년 때문에 죽은 것이라고 말하니, 사람을 찔러 죽이고도 자기가 죽인 게 아니라 병기가 죽였다고 말하는 것과 무엇이 다르겠습니까? 흉년에 죄가 있다 하는 대신 자신을 돌아보아 나라를 다스리면 천하의 백성이 왕에게 몰려들 것입니다."

– 《맹자》〈양혜왕장구〉 상편

임금이 있으나 백성이 굶으니
심히 부끄럽다

　　　　　세종의 모든 자질과 성품, 리더십은 결국 백성을 위한 목적에 봉사했다. 주의 깊게 듣고, 깊이 있게 묻고, 밤을 새워 공부하는 행위의 궁극적인 지향점은 모두 애민愛民이었다. 세종은 자주 민정 시찰에 나섰다. 하지만 임금의 행차임을 요란하게 알리지 않고 조용히 백성을 만나 그들의 고충이 무엇인지 물은 뒤 경청했다.

> "이날 행차에는 그날 당직 근무를 서는 호위군관 한 명만 거느렸으며, 임금이 쓰는 붉은 양산과 부채도 쓰지 않았다. 벼가 잘되지 못한 곳을 보면 반드시 말을 멈추고 농부에게 그 까닭을 물었다."
>
> — 재위 7년 7월 1일의 《세종실록》

　　시찰 도중 농부들에게 술과 음식을 대접하면서 그들의 애로 사항을 듣기도 했다. 자신들의 말에 귀를 기울여주는 임금을 백성은 마음으로 존경했다. 세종이 민정 시찰을 끝내고 궁으로 돌아가는 길에는 수천수만의 백성이 늘어서서 구경하는 진풍경이 연출되기도 했다.

　　세종에게는 오직 백성뿐이었다. 그에게 백성은 나라의 근본이었으며, 정치의 목적은 백성의 생활을 풍족하게 하여 나라의 근본을 튼튼히 다지는 것이었다. 백성의 즐거움이 임금의 즐거움이며, 백성의 고통과 슬픔은 곧 임금의 고통과 슬픔이었다. 이를 위해 군주는 마땅히 백성이 살아가는 삶의 현장을 직접 찾아가 그들의 소망이 무엇인지 묻고 들어야 했다.

> "나라는 백성을 근본으로 삼고, 백성은 먹을 것으로 하늘을 삼는다. 농사짓
> 는 일은 먹고 입는 것의 근원이니 임금이 우선적으로 힘씀이 마땅하다. 위
> 에 있는 사람이 성심으로 지도하고 이끌지 않는다면 어떻게 백성이 부지런
> 히 농사에 전념하기를 바라겠는가?"
>
> — 재위 26년 윤7월 25일의 《세종실록》

이런 세종의 애민 리더십 덕분에 세종 시대 조선의 농업 생산력은 고려 말
에 비해 3배 이상 높아졌다. 관료들이 행정 편의주의적 태도를 취할 때도 세
종은 한결같이 백성의 입장에 섰다. 당시 새로 개간한 밭에는 세금을 물리지
않는 원칙이 있었다. 그런데 어느 날 경상도 관찰사가 개간한 밭을 면세해주
려 해도 새로 일군 땅을 구분하기가 쉽지 않다며 그냥 일괄해서 세금을 매기
자는 보고를 올렸다. 이에 대해 세종은 일이 의심스러워도 백성들과 더불어
도모하면 문제될 것이 없다면서 면세 원칙을 고수하라고 이른다. 특히 흉년으
로 굶주리는 백성을 위해 세금을 면제하고 행정절차를 최대한 줄여 긴급하게
구휼하라고 지시한다. 자연재해 때문에 조세를 감면하면 나라의 곳간이 비게
된다는 관리의 말에 세종은 다음과 같이 말한다.

> "임금으로 있으면서 백성이 굶주린다는 말을 듣고도 조세를 징수하는 것은
> 차마 못 할 일이다. 더군다나 묵은 곡식이 이미 다 떨어져 창고를 열어 곡식
> 을 나누어준다고 해도 굶주린 배를 다 채우지 못할 지경인데 거기에다 세

금까지 내게 해서야 되겠는가?"

– 재위 1년 1월 6일의 《세종실록》

세종은 맹자가 말한 왕도정치를 온몸으로 실천한 군주였다. 세종에게 백성 구휼은 어떤 명분도 필요 없는 하늘의 명령이었다. 세종은 과도한 재정 지출로 나라 살림이 위태로워지면 왕실의 사재를 털어 곳간을 채우는 방식을 택했다. 백성에게 부담을 지우는 대신 노블레스 오블리주를 실천했던 것이다.

"재앙과 이변은 사람의 힘으로 통제할 수 없다. 그러나 부의 재분배는 사람이 할 수 있는 일이다. 과인이 덕이 없어 백성이 굶주리게 되었으니 심히 부끄럽다. 왕실의 재산 가운데 직계들의 과전科田을 줄이면 나라 살림에 다소라도 보탬이 될 것 같은데 경들의 생각은 어떠한가?"

– 재위 19년 1월 12일의 《세종실록》

일만 하고 쉬지 않으면
힘이 쇠하게 된다

두 농부가 벼를 베고 있었다. 한 농부는 허리도 한 번 제대로 펴지 않고 쉼 없이 벼를 베었고, 다른 농부는 틈틈이 쉬어가면서 벼를 벴다. 일을 마치고 수확량을 비교해보니 틈틈이 쉬어가면서 벼를 벤 농부의 수확량이 더 많았다. 쉬지 않고 일한 농부가 물었다. "아니 어떻게 자네 수확량이 나보다 더 많을 수가 있나? 나는 허리 한 번 펴지 않고 열심히 일했는데?" 그러자 다른 농부가 이렇게 대답했다. "쉬는 동안 나는 낫을 갈았다네."

죽어라고 일만 한다고 생산성이 높아지는 게 아니다. 열심히 일한 후에는 충분히 쉬면서 재충전하는 시간을 가져야 한다. 그래야 일의 능률이 높아지고 삶의 만족도도 높아진다. 4차 산업혁명 시대에는 '일과 삶의 균형'이 그 어느 때보다 중요한 가치로 떠오르고 있다. 세종은 일찌감치 워라밸의 필요성을 내다봤다.

재위 17년에 벼 수확량이 예년보다 늘어나자 공조판서 성억은 술로 인한 곡식의 허비를 막기 위해 금주령을 내려야 한다고 건의했다. 하지만 세종은 "경작이 끝난 후 모처럼 한가한 날을 얻어 술을 마시면서 서로 즐거워하는 것은 백성들의 정상적인 태도다. 지나치지만 않다면 굳이 막을 필요가 없다"라며 반대했다. 그리고 다음과 같이 덧붙였다.

> "백성은 오랫동안 일하고 쉬지 않으면 그 힘이 쇠하게 되고, 오랫동안 쉬고 일하지 않으면 마음이 해이해진다. 일과 휴식의 균형이 필요하다."
>
> – 재위 17년 8월 11일의 《세종실록》

출근하지 않고 집에서 책을 읽을 수 있도록 하는 사가독서제를 도입해서 집현전 학자들에게 연구 활동의 재량권을 부여한 것도 같은 맥락으로 볼 수 있다. 집현전에 나와서 다른 업무를 겸하다 보면 아무래도 집중해서 책을 보거나 창의적인 연구 성과물을 낼 수 없다는 게 세종의 생각이었다.

"과인이 경들을 집현전 관원에 제수한 것은 나이가 젊고 장래가 있으므로 글을 충분히 읽혀서 국정 운영에 실제 효과를 내기 위해서였다. 그러나 각자 맡은 직무 때문에 아침저녁으로 독서에 전심할 겨를이 없으니 지금부터는 집현전에 출근하지 말고 집에서 전심으로 글을 읽어 성과를 드러내 나의 뜻에 부응하도록 하라. 글 읽는 원칙에 대해서는 변계량의 지도에 따르도록 하라."

– 재위 8년 12월 11일의 《세종실록》

하늘을 흠모하는 마음으로
백성을 공경하라

세종에게는 하늘 아래 만물이 모두 백성의 것이었다. 임금이라는 자리는 하늘을 대신해 만물을 다스리는 자리이므로 천지자연의 운행 원리와 이치를 잘 살펴 하늘이 맡긴 백성을 골고루 잘살게 해야 한다는 것이 세종의 통치철학이었다. 천체관측기기인 일성정시의^{日星定時儀}를 만들고, 이순지와 김담 등에게 《칠정산七政算》을 편찬해 역법曆法 체계를 완성하게 한 것도 그러한 믿음에서 비롯되었다. '역曆'이라는 한자가 의미하듯 나라의 근본인 백성에게는 벼禾를 심고 벼禾를 거두는 날짜日만큼 소중한 것이 없다.

세종은 천추전千秋殿이라 불리는 집무실 옆에 흠경각欽敬閣을 설치하고 그곳에 물시계를 보관하도록 했다. 만백성의 팀장으로서 세종의 생각과 철학을 상징적으로 보여주는 이름이 바로 흠경각이다. 거기에는 하늘을 흠모하듯 백성

광화문 광장의 세종대왕 동상

을 공경한다는 의미가 담겨 있기 때문이다.

　하늘이 만물에 차별을 두지 않듯 세종도 신분의 귀천과 남녀 성별에 차별을 두지 않았다. 출산한 노비에게도 100일간의 출산휴가를 주도록 했으며, 출산한 아내와 아이를 돌볼 수 있도록 노비의 남편에게도 한 달간 유급휴가를 주게 했다. 이전에 이런 파격적인 복지정책이 있었던가? 이것이 진정 왕조시대의 이야기인가? 눈이 의심스러워 다시 살피고 살펴도 틀림없는 사실이다. 소문에 기댄 야사가 아니라 《세종실록》에 기록된 정사다.

　덕금이라는 여종이 주인*에게 모진 매를 맞고 학대를 당한 뒤 길거리에 버

---

* 집현전 학사이자 문신이었던 권채의 아내가 그 주인이다. 권채는 명문장가로 매사에 반듯해 존경을 받았으며 《삼강행실도》를 편찬하기도 했다.

려지는 사건이 발생하자 세종은 철저한 수사를 지시해 진상을 규명하고 다음과 같이 말했다.

> "임금의 직책은 하늘을 대신해 만물을 다스리는 것이다. 만물이 그 자리를 얻지 못하는 것도 마음이 아픈데 하물며 사람은 어떠하겠는가? 임금이 다스림에 있어서 진실로 하나같이 보살펴야 하는데 어찌 양민과 천민을 차별하겠는가?"
>
> — 재위 9년 8월 29일의 《세종실록》

세종의 귀는 늘 백성을 향해 열려 있었다. 적극적으로 백성의 고충을 들었고 의심스러운 것이 있으면 직접 물었다. 해답을 찾지 못할 때는 책 속으로 들어가 선인들의 지혜를 빌렸다. 왕위에 있었던 31년 6개월간 세종은 단 하루도 이 원칙을 버리지 않았다. 세종이 듣고 질문하고 공부하는 모든 이유는 오직 백성을 위해서였으며, 이 원칙이 그를 조선왕조 최고의 성군으로 만들었다. 그리고 4차 산업혁명 시대를 살아가는 오늘날의 우리가 그를 주목하지 않을 수 없게 만들었다.

> '이 경우라면 플라톤은 어떻게 행동했을까? 에파메이논다스는 뭐라고 했을까? 리쿠르고스 자신이나 아게실라오스는 어떻게 행동했을까?' 이와 같은 거울들 앞에서, 비유적으로 말하면, 그들은 치장하고 습관을 고치며, 천한 말을 자제하거나 정념의 발동을 끈다네.
>
> — 플루타르코스, 《플루타르코스의 모랄리아》

일이 막힐 때, 진로가 막막할 때, 인간관계 때문에 힘들 때, 우리는 어떤 거울을 들여다보며 나의 치장과 습관을 고치는가? 어떤 거울을 보며 천한 말을 자제하고 정념의 발동을 끌 것인가? 우리에게는 군주 세종이 남긴 거울이 하나 있다. 그가 남긴 거울을 보면서 이렇게 물어보자. "이 경우라면 세종은 어떻게 행동했을까? 뭐라고 말했을까?"

정리

- 수평적인 리더십과 자율적인 조직 문화를 가진 기업만이 성장할 수 있는 오늘날, 세종이 발휘했던 '무위無爲'의 리더십이 주목받고 있다.

- 경청하는 임금 세종은 600년 전의 인물이지만, 4차 산업혁명 시대가 요구하는 리더십의 덕목을 제대로 갖춘 리더였다.

- 질문하는 임금 세종은 신하들과의 토론에서 끊임없는 질문을 통해 문제의 해답을 찾아냈다.

- 역사와 철학 등 인문학뿐 아니라 수학, 천문학, 지리학, 역학, 의학, 군사학, 음악 등에 두루 뛰어났던 세종은 대표적인 융복합형 지식인이자 리더였다.

- 세종은 오직 백성만 생각하는 임금이었다. 그에게 백성은 나라의 근본이었고, 정치의 목적은 백성의 생활을 풍족하게 하여 나라의 근본을 튼튼히 다지는 것이었다.

비난과 이해 사이

· 이 효 정 ·

· 연관 교과목 ·

중등교과	고등교과
사회과/사회/ 경제생활의 이해, 시장경제의 이해	사회/경제

· 키워드 ·

경제학 경제이론 기회비용 소비 소비자

시장 수요와 공급 비용 이윤 잉여 가격

소비패턴 마켓

"경제학을 공부하면 돈을 많이 벌 수 있어요?"

중고등학생에게 경제학은 '돈'을 연구하는 학문으로 인식되는 경우가 많다. 결론부터 말하면 경제학을 공부했다고 돈을 많이 벌게 될 것이라고 단언하기는 어렵다. 경제학은 '경제활동을 하는 인간의 심리'를 분석하는 학문이다. 경제활동은 일을 해서 돈을 벌고, 그 돈으로 필요한 물건을 사고 저축과 투자를 하는 행위 모두를 포함한다. 살아가는 데 기본이 되는 활동이다.

경제활동의 각 주체들은 크고 작은 선택의 상황에 놓이게 된다. 그들의 선택에 따라 경제 전체의 흐름이 결정된다. 경제학자들은 경제 주체들이 내린 선택을 과학적으로 분석한다. 분석 결과를 토대로 경제 전체를 파악하고 미래를 예측한다.

"그럼 경제학을 공부하면 어떤 점이 좋은가요?"

경제활동은 우리 삶의 중심축을 이룬다고 해도 과언이 아니다. 대부분의 사회현상도 경제를 빼놓고는 설명하기 어렵다. 따라서 경제학을 공부하면 우리나라를 포함해 전 세계의 사회현상을 이해하고 변화의 흐름을 파악하는 데 도움이 된다. 이를 통해 경제사회적 위험으로부터 자신을 보호할 수도 있다. 또 경제학을 공부하면 사건의 원인과 결과의 연관성을 찾아 전체를 파악하는 종합적 사고능력을 키울 수 있다. 경제활동 과정에서 발생하는 각 사건은 서로 맞물려 있는데, 이를 연결 짓다 보면 부분과 전체를 파악하는 힘이 길러지기 때문이다.

예를 들어보자. 환율 상승, 수출 증가, 원자재 가격 상승, 물가 상승, 금리 변동이라는 경제 이슈는 어떻게 연결할 수 있을까? 환율이 상승했다는 것은 우리나라 화폐의 가치가 떨어졌다는 의미이다. 환율이 올라가면 외화로 표시되는 우리나라 수출품의 가격이 떨어져(가격 경쟁력이 높아져) 수출이 증가한다. 반면 우리나라에 들어오는 수입품의 가격이 올라가(가격 경쟁력이 낮아져) 수입은 감소한다. 이런 사실만 놓고 보면 환율 상승이 우리나라 기업에 좋은 영향을 주는 것 같다. 하지만 원료를 수입해 제품을 만드는 국내 기업의 경우, 원자재의 가격 상승으로 순이익이 줄어든다. 기업은 결국 제품의 가격을 올리고, 이로 인해 국내 물가는 상승한다. 물가 상승은 금리 변화로 연결된다. 복잡한 퍼즐을 한 조각씩 맞추다 보면 전체 그림을 파악할 수 있듯 각 사건을 연결하다 보면 경제 메커니즘을 이해할 수 있다.

사건을 다양한 각도로 분석하며 전체를 파악하는 능력은 일상의 문제를 푸는 데도 유용하다. 예를 들어 지호는 매일 하굣길에 전단지를 나눠주는 할머니와 마주친다. 궂은 날씨에도 어김없이 나와 고생하는 할머니 모습에 마음이 아프다. 할머니를 도와 전단지를 나눠주고 싶지만 바로 학원으로 가야 해 그럴 수 없다. 도와드릴 방법을 고민하다가 학교 친구들과 공유하는 SNS에 할머니가 나눠주는 전단지를 꼭 받아가라고 올렸다. 많은 친구들이 지호의 말을 듣고 할머니의 전단지를 받았다. 지호의 행동은 할머니를 도와준 걸까? 지호 덕분에 할머니는 전보다 편하게 전단지를 돌릴 수 있었다. 그러나 지호 친구들이 전단지를 받아가는 바람에 정작 필요한 사람들에게 전단지가 전달되지 못했다. 전단지를 돌리기 전과 후의 매출에 변화가 없자 가게 주인은 더 이상 돈을 들여 전단지 광고를 할 필요가 없다고 판단했다. 결국 할머니는 일자리를 잃었다.

종합적 사고 능력은 우리 주변에서 일어나는 사회 문제를 다양한 관점으로 분석해 최적의 해결 방법을 찾을 수 있게 도와준다. 경제학을 공부하며 주변의 소소한 사건을 다각도로 해석하고 연결해 전체를 구성하는 연습을 해보자.

분수에 맞지 않은 소비

기회비용

'다르다'와 '틀리다'의 사전적 의미는 같지 않다. '다르다'는 '비교가 되는 두 대상이 서로 같지 아니하다'이며, '틀리다'는 '셈이나 사실 따위가 그릇되거나 어긋나다'는 뜻이다. 틀리다가 옳고 그름의 여부라면, 다르다는 같거나 같지 않음의 문제다.

우리는 종종 나와 생각이 다르면 일단 틀리다면서 상대를 비난하게 된다. 하지만 경제학적 관점으로 접근하면 '아, 그럴 수도 있겠구나'라고 다르게 보이기도 한다. 주변에서 흔히 일어나는 '다름'의 문제를 경제학적 측면으로 바라보면 '이해의 여지'를 발견하게 될 것이다.

수현: 얼마 전에 산 샤O 가방, 엄마한테 걸려서 엄청 혼났어. 월급 얼마나 된다고 명품 가방을 사냐며, 엄마 친구 딸은 월급의 반을 저축한다잖니……. 너도 저축 많이 해?

서진: 저축은 무슨……. 나도 여행 갔다 오면 카드 할부금 갚느라 매달 빠듯하지. 할부 끝날 때쯤 되면 다른 여행을 준비하니 빠듯함의 연속이지.

'엄친딸', 그리고 수현과 서진 중에 누가 더 합리적인 소비를 하고 있을까?

매 순간의 선택 사이에서

우리는 매일 거듭되는 선택의 상황에 직면한다. '늦잠을 잤는데 버스를 타고 출근할지 택시를 탈지' '구내식당에서 저렴하게 점심식사를 해결할지, 새로 생긴 파스타 가게에 가볼지, 며칠 전부터 먹고 싶던 짜장면을 먹을지'와 같이 비교적 간단한 선택부터 '회사를 계속 다닐지 옮길지' '집을 전세로 구할지 대출을 받아 매입할지' 등 공들여 고민해야 하는 선택의 상황까지. 인생은 그야말로 선택의 연속이다.

그러나 무엇을 타고 갈지 선택을 못 해 출근하지 않는다거나 뭘 먹을지 결정을 못 해 점심을 굶는 경우는 찾기 어렵다. 잠시 고민한 끝에 하나의 선택을 하고 그 결정을 따라 나아간다. 몇 시간, 몇 달, 혹은 수십 년 후, 그때 내린 결정을 후회하는 순간이 오기도 하지만 매 순간 최선의 선택을 하기 위해 노력한다.

경제학에서는 이런 선택의 상황을 '기회비용'으로 설명한다. 기회비용은 어떤 선택을 했을 때 포기해야 하는 가치를 말한다. 한 가지를 선택하느라 다른 것을 할 기회를 잃어서 발생한 비용의 개념이다. 하나를 선택하려고 여러 개를 포기해야 한다면 포기해야 할 것들 중에서 가치가 가장 큰 것이 기회비용이 된다.

예를 들어보자. 서진에게 자유롭게 쓸 수 있는 한 시간이 생겼다. 서진은 그 시간 동안 컴퓨터게임을 할지 친구를 만날지 낮잠을 잘지 고민한다. 서진이가 컴퓨터게임을 할 때의 만족감(가치)은 15이고, 친구를 만날 때의 만족감은 10, 낮잠을 잘 때의 만족감은 7이다. 그렇다면 컴퓨터게임을 선택할 때의 기회비용은 친구를 만나거나 낮잠을 자는 것 중 가치가 큰 것인 10(친구를 만나는 것)이 된다.

같은 방법으로 친구를 만날 때의 기회비용은 낮잠과 컴퓨터게임 중 가치가 큰 15(컴퓨터게임을 하는 것), 낮잠 잘 때의 기회비용도 친구와 컴퓨터게임 중 가치가 큰 15(컴퓨터게임을 하는 것)가 된다. 낮잠을 자거나 친구를 만나면 15라는 기회비용이 발생하지만, 컴퓨터게임을 하면 10의 기회비용이 발생하므로 서진이의 최종 선택은 컴퓨터게임이 된다. 이처럼 비용(기회비용)을 최소화하고 편익을 최대화할 때 경제학에서는 합리적인 선택을 했다고 한다.

다른 예를 들어보자. 대학을 갈지 말지 결정할 때의 기회비용은 어떨까. 대학교 진학을 선택할 때의 기회비용은 '대학등록금과 책값 + 재학 기간에 취업을 해서 버는 수입'이다. 여기서 대학등록금과 책값을 '명시적 비용'이라 하고, 재학 기간에 취업을 해 버는 수입을 '암묵적 비용'이라고 한다.

대학교 진학을 선택할 때의 기회비용

= 등록금과 책값 + 재학 기간 중 취업을 해서 버는 수입

    명시적 비용   암묵적 비용

고등학교 졸업 후 프로선수로 전향해 연봉 1억을 보장받은 운동선수가 있다고 가정하자. 이 운동선수가 4년제 대학교 진학을 선택할 때의 기회비용은 명시적 비용 약 4천만 원(4년간의 등록금과 책값)과 암묵적 비용 4억 원(4년간의 프로팀 연봉)을 더한 4억 4천만 원이다. 기회비용이 꽤 높다.

이런 탓에 운동선수들 중에는 대학 진학을 포기하고 프로팀을 선택하는 경우가 많다. 하지만 대부분의 사람은 대학교 진학을 선택할 때 발생하는 기회비용보다 대학교 졸업 후의 기대수익을 더 높게 평가한다. 대학 입시 경쟁이 치열할 수밖에 없는 이유다. 대학교 진학이라는 같은 선택 조건이라도 개인이 처한 환경, 취향, 사고방식 등에 따라 기회비용은 다르며 합리적 선택의 결과도 다르다.

생활방식의 변화와
달라진 소비형태

저축 대신 명품 가방과 여행을 선택한 수현과 서진의 사례로 돌아가자. 집값은 요동치고 저축의 미래가치는 현저히 감소했다. 아무리 열심히 저축해도 집값은 그보다 더 빠르게 멀리 도망간다. 또 운

좋게 마음에 드는 아파트 한 채를 분양받으면 월급쟁이가 평생 저축해도 모으기 어려운 돈을 2~3년 만에 쉽게 벌기도 한다. 2030세대가 저축 대신 명품 가방이나 여행처럼 현재의 나에게 만족감을 주는 소비를 선택하는 게 이해가 되는 대목이다. 저축을 대신해 다른 소비를 택할 때의 기회비용이 그들의 윗세대만큼 크지 않은 것이다.

'쓸쓸비용' '홧김비용'과 같은 신조어도 이처럼 달라진 2030세대의 소비패턴을 나타낸다. '쓸쓸비용'은 말 그대로 외로움과 쓸쓸함을 달래기 위해 쓰는 비용을 말하고, '홧김비용'은 화나고 짜증났을 때 스트레스를 풀기 위해 쓰는 비용을 뜻한다. 예를 들어 외로움을 달래기 위해 반려동물을 키운다든지 공연을 보거나 여행을 가는 데 쓴 비용, 스트레스를 풀기 위해 쇼핑을 한다든지 비싼 음식을 먹는 데 지출한 비용 등이 여기에 속한다. 이 소비패턴에는 현실에 대한 팍팍함을 보상받기 어려운 미래를 위한 투자로 억누르기보다 현재의 소비로 보상받겠다는 2030세대의 심리가 담겨 있다.

21세기를 '노마드의 시대'라고 한다. 노마드nomad는 유목민을 뜻한다. 맑은

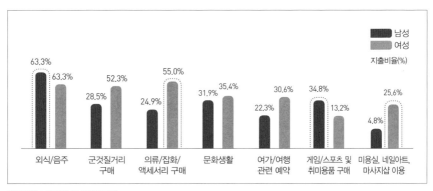

홧김비용 지출항목 및 금액(2019)

물과 싱싱한 풀을 따라 옮겨 다니는 유목민처럼 21세기 노마드족도 한정된 공간과 제한된 방식에 얽매이지 않고 자신과 자신을 둘러싼 환경의 변화를 추구하며 창조적인 삶을 산다. 디지털 노마드족은 디지털 기기를 들고 다니며 시공간의 제약을 받지 않고 자유롭게 사는 사람을 말하고, 잡 노마드족은 직종과 지역에 제한 없이 일거리를 찾아 직장을 옮겨 다니는 사람을 칭한다. 그 외에도 좋은 공기를 찾아다니는 에어 노마드족, 높은 금리의 금융 상품을 쫓는 금리 노마드족, 맛집을 찾아다니는 미각 노마드족 등 다양하다. 현대인의 개성 넘치는 자유분방함이 노마드족과 연결돼 하나의 통일된 생활패턴을 표현한다. 한자리에 앉아서 특정한 가치와 삶의 방식에 매달리지 않는 현대의 유목민 '노마드족'. 그들에게 저축이 주는 안정성의 가치는 크지 않다.

사회와 환경의 변화로 사람들의 생활방식은 예전과 많이 달라졌다. 개인이 처한 상황의 다양성도 더 커졌다. 이와 같은 변화를 이해한다면 저축보다 현재의 소비에 집중하는 2030세대 소비패턴을 쉽게 나무랄 수 없다.

온라인 중고시장에서의 거래

정보의 비대칭성

쫑이 엄마: 자기야, 곧 장마철인데 제습기 하나 살까?

쫑이 아빠: 기다려봐. 내가 중고마을에서 괜찮은 게 있나 찾아볼게.

쫑이 엄마: 거기 사기당하는 사람 많던데……. 그냥 대리점 가서 할인하는
거 있나 보자.

쫑이 아빠: 무슨 소리야~ 잘 찾으면 거의 새 제품을 절반 가격에 살 수도
있는데. 잘 알아보고 사면 사기 안 당해. 걱정 마!

온라인 중고마을은 사기를 당할 확률이 높다는 쫑이 엄마와 괜찮은 제품을
저렴한 가격에 살 수 있다는 쫑이 아빠 중 누구의 말이 옳을까?

레몬마켓과
피치마켓

　　이를 설명할 수 있는 '레몬마켓lemon market'과 '피치마켓peach market'이라는 경제학 용어가 있다. 미국 경제학자 조지 애컬로프George A. Akerlof가 1970년에 발표한 논문 〈레몬마켓The Market for Lemons〉에 나온 이론이다. 애컬로프는 정보의 비대칭성이 시장에서의 실패로 이어질 수 있다

레몬마켓 이론을 만든 조지 애컬로프 교수

는 사실을 중고차시장의 수요와 공급으로 설명해 정보경제학의 기틀을 마련했다. 애컬로프는 마이클 스펜스Michael Spence, 조지프 스티글리츠Joseph Stiglitz와 함께 이 이론을 발전시켜 2001년 노벨경제학상까지 수상했다.

　　미국에서 레몬은 불량품을 상징하는 속어로도 쓰인다. 과일은 자고로 껍질을 까거나 쓱쓱 닦아 한입 베어 물면 새콤달콤 맛있어야 하는데, 레몬은 이런 기대를 저버리기 때문이다. 미국에서 소비자보호법이 레몬법*으로 불

리는 것도 이런 이유에서다. 반면 복숭아peach, 즉 피치는 품질 좋은 상품을 상징한다. 복숭아는 제철에만 시장에서 볼 수 있어 굳이 애써 고르지 않아도 맛

---

* 1975년 제정한 미국의 소비자보호법은 차량 및 전자제품에 결함이 있을 경우 제조사의 교환·환불·보상 등에 대한 책임을 규정해두었다. 정식 명칭은 매그너슨-모스 보증법Magnuson-Moss Warranty Act이다.

이 보장되기 때문이다. 따라서 레몬마켓은 불량품만 거래되는 시장을, 피치마켓은 가격 대비 고품질 상품이 가득한 시장을 말한다.

레몬마켓이 생기는 이유는 무엇일까? '정보의 비대칭성' 때문이다. 정보의 비대칭성은 경제 주체 사이에 정보 격차가 생기는 현상을 말한다. 중고차시장이 대표적인 사례다. 중고차시장에서 판매자는 팔려고 내놓은 중고차에 대해 속속들이 알고 있다. 차의 치명적인 결함도 모를 리 없다. 폭우로 엔진이 물에 잠긴 후 고속으로 달릴 때마다 핸들이 심하게 떨리는 상태도 잘 알고 있다. 그러나 중고차를 보다 높은 가격에 팔고 싶은 판매자는 이 같은 결함을 숨기려 한다. 차에 대한 정보가 부족한 구매자는 겉은 멀쩡해 보이지만 문제가 많은 중고차를 구입할 가능성이 높다.

중고차시장에서 불량차를 구매해 큰 손해를 본 사람이라면 더 이상 중고차를 비싼 가격에 구매하지 않을 것이다. 가격이 낮은 중고차를 찾는 구매자들이 많아질수록 중고차시장에는 질이 낮은 불량차만 모이게 된다. 이런 이유로 중고차시장을 대표적인 '레몬마켓'이라고 한다.

물건이나 서비스를 제공하는 쪽이 오히려 정보가 부족한 반대의 경우도 있다. 자동차보험과 건강보험 같은 보험 시장이 대표적인 사례다. 가입자는 보다 싼 가격으로 보험을 들기 위해 자신의 단점을 감추려는 경향이 있다. 예를 들어 과속하는 운전 습관, 허리와 목의 디스크 증상 등 보험 가격에 영향을 미치는 부분은 가입 시 굳이 밝히지 않는다. 가입자의 이런 부분을 낱낱이 확인할 수 없어 보험사는 결국 보험 전체의 가격을 높이는 방법을 택하게 된다.

정보의 비대칭성 문제가 존재하는 시장이 레몬마켓이라면, 이 문제가 해결된 시장이 피치마켓이다. 피치마켓에서는 어느 한쪽에만 정보가 쏠려 있지 않다. 정보는 모두에게 공개돼 있고 누구나 쉽게 얻을 수 있다. 따라서 주어진 정보를 바탕으로 소비자는 좋은 물건을 고를 수 있고, 판매자는 소비자의 선택을 받기 위해 보다 질 좋은 상품을 적정한 가격에 제공하려고 애쓴다.

레몬마켓과 같이 질 나쁜 상품만 거래되는 시장은 결국 소비자의 신뢰를 잃어 실패로 이어지기 때문에 피치마켓으로 진화하기 위한 노력이 불가피하다. 이를테면 중고차시장의 판매자는 '구입 후 3개월간 보증해주겠다'는 조건을 내걸어 구매자에게 신뢰를 얻으려고 한다. 이와 같이 갖고 있는 정보를 알리는 행위를 '신호발송signaling'이라고 한다. 반면 중고차시장의 구매자는 상대방의 감춰진 정보를 캐내기 위해 '자동차 가격의 5퍼센트를 더 지불할 테니 1년 동안 보증해줄 수 있는가?'와 같은 거래 조건을 제시한다. 품질에 자신 있는 판매자라면 이 거래에 기꺼이 응할 것이고 그렇지 않으면 거부할 것이다. 이와 같이 상대방의 감춰진 정보에 접근해가는 행위를 '선별screening'이라고 한다.

다양한 애플리케이션을 통해 피치마켓으로 진화 중인 중고차 시장

보험 시장에서도 가입자의 숨겨진 정보를 캐내기 위해 건강검진 내역을 요구하거나 자동차 사고 이력을 조회하는 등의 노력을 한다. 보험사는 선별 작업을 거쳐 얻은 정보로 개인마다 차별화된 금액을 제시할 수 있게 된다. 시장의 효율성도 높아진다.

'어떤 물건을 살까'에서 '어디서 살까'로

다시 쫑이 엄마 아빠의 이야기로 돌아가자. 사기당할 확률이 높다는 쫑이 엄마는 온라인 중고마을을 '레몬마켓'으로 보고 있고, 괜찮은 제품을 오히려 저렴한 가격에 살 수 있다는 쫑이 아빠는 '피치마켓'에 가깝게 보고 있다. 쫑이 엄마 말대로 온라인 중고시장에서 파는 제습기는 구매자 입장에서 제품의 정보를 꼼꼼하게 확인하기 어렵다. 파손된 부분이 있거나 제대로 작동하지 않을 수 있다. 가격이 싸다고 구입했다가 몇 번 써보지도 못하고 돈만 버릴 가능성도 있다. 그러나 쫑이 아빠 말대로 오히려 질 좋은 제품을 저렴하게 구입할 수도 있다. 직접 만나서 물건을 확인한다든지, 판매자의 판매 이력을 살펴보는 등 정보를 캐내는 '선별' 작업을 거쳐 좋은 물건을 가려낼 수 있다.

또 대부분의 온라인 중고시장은 개인 간의 거래에서도 에스크로escrow 서비스(구매자가 물건값을 은행 등 공신력 있는 제3자에게 보관했다가 배송이 정상적으로 완료되면 은행에서 판매자 계좌로 입금하는 결제대금 예치 서비스)를 활용할 수 있도록 해 사기당할 위험을 덜어주고 있다.

이제 '어떤 물건을 살까'보다 '어디서 살까'에 대한 고민이 더 많아졌다. 높은 스마트폰 보급률과 SNS 활동 인구의 증가는 온라인 시장의 다양성과 편의성을 높였다. 최근 급부상한 '세포마켓'도 이런 환경을 반영한다. 세포마켓은 블로그, 인스타그램, 유튜브와 같은 온라인 플랫폼을 통해 열리는 '1인 마켓'이다. 유통시장이 세포 단위로 분할한 모습을 비유한 것이다. 인기 유튜버 크리에이터나 인플루언서(온라인에서 영향력 있는 개인)들이 운영하는 경우가 많다.

수많은 온·오프라인 시장 중 어디에서 살지 결정하게 만드는 요인은 역시 '정보'다. 여기에서 정보는 제품의 성능, 품질은 물론이고 서비스, 가격까지 포함한다. 정보가 무한 생성되기 때문에 좋은 정보를 선별하는 일은 즐거움을 넘어 때론 고통을 주고 있다. 눈으로 직접 확인할 수 있는 오프라인 시장이나

인플루언서의 판매 영향력은 갈수록 커지고 있다.

대기업이 운영하는 온라인 쇼핑몰을 선호하는 사람은 투명하고 검증된 정보에 가치를 둔다. 정보의 선별을 본인이 믿고 따르는 사람에게 맡기고 싶은 소비자는 세포마켓에 매력을 느낀다. 스스로 정보를 검증하는 것을 즐기는 사람은 중고시장부터 해외 직구시장까지 비교하며 최종 선택을 한다. 선택에는 옳고 그름이 없다. 다만 선택에 따라 크고 작은 위험risk이 따를 수 있음을 기억해야 한다.

학부모 모임에서 소외당하는 직장맘

시장

웅이 엄마: 여보, 나 속상해. 웅이 학교 엄마들이 나만 쏙 빼고 자기들끼리

만 어울리는 것 같아 소외감 느껴져.

웅이 아빠: 자기가 회사 다니느라 엄마들이랑 자주 못 만나서 그렇지. 저녁

식사 초대도 하고 더 노력해봐.

웅이 엄마: 밥 산다고 모이자고 해도 다들 시큰둥이야. 깨톡방도 나 빼고

새로 만든 것 같더라고.

웅이 아빠: 회사 다닌다고 깨톡까지 못하는 건 아닌데……. 사람들이 너무

하네.

직장맘을 소외시키는 학교 모임 엄마들은 나쁜 사람들일까?

수요와 공급이 만나는 지점

'시장' 하면 무엇이 떠오르는가. 명물 호떡부터 옷, 문구, 주방용품까지 없는 거 빼고 다 있는 서울의 남대문시장, 오징어와 홍게 등 수산물이 신선하지만 닭강정으로 더 유명한 속초의 중앙시장 같은 전통시장이 먼저 떠오를 수 있다. 전통시장보다 자주 찾게 되는 대형마트도 시장이라는 영어 단어 마트^{mart}가 붙어 있다. 그러고 보니 증권시장, 외환시장, 노동시장, 소셜마켓 등 주변에 '시장'이 붙어 있는 단어가 많다.

장소도 사고파는 물건도 다른데 모두 시장이라고 부르는 공통점은 무엇일까. 경제학에서 '시장^{market}'은 수요와 공급이 만나는 곳을 의미한다. 한정된 곳이든 광범위한 곳이든 온라인이든 오프라인이든 장소와 상관없이 거래를 위한 목적물이 있고, 그것을 사려는 사람(수요자)과 팔려는 사람(공급자)이 존

수요자와 공급자, 거래 목적물이 있으면 시장이 형성된다.

재하면 시장이 형성됐다고 한다.

중국 상하이의 한 공원에서는 주말마다 이색적인 광경이 펼쳐진다. 매년 약 100만 명 이상의 부모들이 주말에 상하이 인민공원으로 몰려와 자녀의 학력, 직업, 연봉, 성격 등의 정보를 적은 종이를 벽에 붙이거나 우산을 펼쳐 걸어놓는다. 남녀 짝을 지어주는 중매시장이다. 이 시장의 거래 목적물은 결혼 적령기인 남녀에 관한 정보이고, 그들의 부모가 정보의 공급자다. 이 시장의 수요자는 배우자를 찾고 있는 남녀다.

중매시장이 모두 이런 형태는 아니다. 1980년대 후반 우리나라에 결혼정보회사가 처음 생겼다. 결혼 적령기의 남녀가 자신의 인적사항을 포함해 원하는 이상형의 정보를 결혼정보회사에 제공하면 회사는 이 자료를 바탕으로 서로가 원하는 배우자감을 찾아 만남을 주선해준다. 결혼하고 싶지만 마음에 맞는 사람을 찾지 못해 고민하던 남녀에게 이 시스템은 신선한 충격이었다. 물론 수수료를 지불해야 하지만 원하는 조건의 짝을 찾기 위해 그동안 해온 수많은 노력에 비하면 그 정도 비용은 아깝지 않다는 사람들이 제법 많았다. 거래 목적물인 원하는 조건의 사람과의 만남에 대한 수요자가 증가하면서 공급자인 결혼정보회사도 점점 늘었다.

10년도 안 돼 이들 회사의 매출은 2배 이상 증가하며 급성장했다. 그러나 지금은 주춤한 상태다. 수수료 없이도 데이트 상대를 찾아주는 애플리케이션 등이 많이 생겼기 때문이다. 이처럼 같은 목적을 위해 만들어진 시장이라도 형태와 방법 그리고 장소는 다양하다.

시장에서 소외당하는
진짜 이유

학부모 모임 이야기로 돌아가자. 학생들의 등교가 막 끝난 시간에 학교 주변을 지나다 보면 카페에 삼삼오오 모여 앉아서 이야기하는 엄마들의 모습을 쉽게 볼 수 있다. 아이들이 학교로 가고 또래의 자식을 둔 엄마들이 모여 차를 마시며 가벼운 수다로 여유 시간을 즐기고 있다고 생각할 수 있다.

그러나 겉보기와는 달리 이 모임은 중요한 역할을 하고 있다. 바로 정보시장이다. 카페에 모인 엄마들의 대화 주제는 주로 아이들이다. "우리 애가 그러는데……" "어제 학교에서 말이지……"로 시작하는 학교생활 이야기, "우리 애가 다니는 영어학원은……" "애가 미술을 배우고 싶다고 해서 좀 알아봤는데……" 등 학원에 관한 이야기, "어디 괜찮은 수학과외 선생님 없을까?" 등 조언을 구하는 이야기까지 모든 대화 주제는 아이들로 통한다. 단순한 수다 모임 같지만 거래 목적물과 수요자와 공급자가 존재하는 일종의 시장이다. 여기에서 아이들 관련 정보가 거래 목적물이다. 그리고 그 자리에 있는 엄마들이 정보의 공급자이자 수요자다.

이 시장에서 거래 목적물인 정보는 돈으로 사고팔 수 없다. 정보는 다른 정보로만 거래할 수 있다. 보이지 않는 규칙이다. 만약 본인이 알고 있는 교육 정보에 대해서는 입을 꾹 다물고 다른 엄마들의 정보를 듣고만 가는 사람이 있다면 분명 얼마 안 있어 이 모임에서 소외당할 것이다. 정당한 시장 참가자가 아니라고 판단하기 때문이다. 웅이 엄마 같은 직장맘들이 소외당하는 이유

학부모들이 모인 단톡방은 일종의 정보시장이다.

이기도 하다. 모임에 속한 엄마들이 직장맘을 이 시장의 참가자로 받아들이기에는 아무래도 거래를 위한 정보가 너무 부족해 보인 것이다.

예를 들어 어떤 사람이 초등학생을 대상으로 하는 태권도 학원을 차렸다고 하자. 홍보를 위해서 사람이 많이 다니는 인근 전철역 앞에서 오픈기념품을 나누어주려고 한다. 이 태권도 학원장이 기념품을 주고자 하는 대상은 초등학생 자녀를 두었을 법한 연령대의 사람일 것이다. 누가 봐도 풋풋한 스무 살로 보이는 청년한테까지 기념품을 주지는 않을 것이다. 물론 잠재적 고객이라고 생각해서 줄 수도 있지만 제법 가격이 나가는 기념품이고 수량이 많지 않다면 이 청년을 굳이 붙잡지 않는다. 원장이 이 청년에게 나쁜 감정이 있어서가 아니다. 단지 이 청년이 태권도 학원 시장의 수요자가 될 확률이 낮다고 판단하기 때문이다. 엄마들 모임에서 소외당해 서운한 직장맘들도 시장의 개념으로 사건을 돌아보면 응어리진 마음이 조금 풀리지 않을까.

화장실 문을 잠그는 가게

비용

진오: 갑자기 화장실이 너무 가고 싶어서 급한 대로 음식점이 있는 건물이 들어갔더니 화장실이 전부 잠겨 있더라고. 결국 한 음식점에 들어가서 화장실 좀 쓰고 싶다고 했는데 거절당했어. 근처 역으로 가라고 하더라고. 정말 너무하더군.

민수: 나도 그런 적 있었어. 가게에서 외부인들 못 쓰게 화장실 문 잠그는 거 좀 너무한 것 같아. 자기네 가게를 이용하지 않는다고 화장실 가고 싶은 생리적 욕구를 모르는 척하는 건 너무 비인간적이야.

손님에게만 화장실을 개방하는 가게 주인은 정말로 비인간적일까?

고정비용 증가와
이윤의 감소 사이

분식집에서 4천 원 주고 라면을 사 먹을 때 '집에서 끓여 먹으면 700원인데……' 하며 원가를 떠올린 적이 있을 것이다. 그러나 전국 분식집을 다 뒤져도 700원에 라면을 파는 가게는 찾기 어렵다. 분식집 주인이 손해를 보기 때문이다. 분식집 주인이 라면 한 그릇을 끓여 손님 테이블에 내려놓기까지는 많은 비용이 들어간다. 먼저 라면을 끓일 주방과 손님이 먹고 갈 수 있는 공간이 있어야 한다. 테이블과 의자, 냄비와 그릇 같은 집기도 필요하다. 가스와 전기도 사용해야 하고 라면을 끓일 물도 있어야한다. 분식집 주인이 자선사업가가 아니고서야 라면을 도저히 700원에 팔 수는 없는 노릇이다.

경제학자들은 기업의 목표가 '이윤 극대화'에 있다고 가정한다. 최근에는 기업의 사회적 책임을 강조하는 분위기지만 그래도 기업에게 이윤은 모든 결정을 내리는 데 중요한 부분을 차지한다.

기업의 '이윤'이란 총수입에서 총비용을 빼고 남은 부분을 말한다. 분식집의 경우 음식을 팔아서 벌어들인 금액이 총수입이다. 여기서 가게 임대료, 전기료, 수도료, 재료비, 인건비 등 모든 비용을 빼고 남은 금액이 분식집의 이윤이다.

총비용은 고정비용과 가변비용으로 구분한다. 고정비용은 아무것도 만들어 팔지 않아도 계속 지출되는 비용이다. 예를 들어 임대료, 기본 전기료와 수도료, 인건비 등이다. 반면 한 그릇을 더 만들어 팔 때마다 늘어나는 비용을 가변비용이라 한다. 라면을 파는 분식집의 경우 봉지라면, 물, 파, 달걀, 그리고 라면을 끓일 때마다 사용한 가스 등이 여기에 포함된다

$$이윤 = 총수입 - 총비용(고정비용/가변비용)$$

가게에서 화장실을 유지하는 데도 제법 비용이 들어간다. 수시로 채워 넣어야 하는 비누와 화장지부터 화장실을 깨끗하게 유지하기 위해 필요한 청소 세제, 여기에 수도료, 전기료와 청소인력의 인건비까지 모두 비용이다. 화장실 유지비는 음식 한 그릇을 만들어 팔 때마다 정확히 비례해서 증가하지는 않지만 가게에 손님이 늘어날수록 화장실 이용자도 많아지고 유지비도 늘어나니까 아무래도 고정비용보다는 가변비용 성격이 강하다. 그러나 손님이 아닌 외부인까지 화장실을 자유롭게 사용할 수 있도록 하는 경우는 좀 다르다. 손님이 없어 장사를 공친 날에도 외부인들의 화장실 이용은 크게 달라지지 않을 것이기에 이때의 화장실 유지비용은 고정비용의 성격으로 바뀐다.

외부인의 화장실 사용을 막는 가게의 이야기로 돌아가자. 매일 한두 명의 외부인이 화장실을 사용한다면 비용상의 큰 변화가 일어나지 않는다. 그런데 관광지나 번화가 같이 사람이 붐비는 장소에 있는 가게라면 상황은 달라진다. 이런 곳에 있는 가게가 외부인에게 화장실을 개방하면 화장실 유지비용은 눈에 띄게 증가한다. 화장실 개방 전보다 가게의 고정비용을 증가시키고, 그만큼 가게의 이윤은 감소한다. 이때의 이윤 감소는 주인의 아량으로 넘기기에 벅찰 수도 있다.

화장실 무료 개방은 건물주나
가게 주인에게 강제할 수 없다.

　이때 가게 주인은 세 가지 중 하나를 선택할 수 있다. 첫째, 이윤이 감소하더라도 화장실을 개방해 사람들의 생리적 욕구를 모르는 척하지 않는 인간적인 가게 주인이 된다. 이는 외부인 사용으로 증가한 화장실 유지비용을 전적으로 가게 주인이 부담하는 것을 뜻한다. 둘째, 판매가를 올려 늘어난 화장실 유지비용을 충당한다. 외부인의 화장실 이용료를 가게 손님에게 부담시키는 것이다. 하지만 만약 판매가가 올라 판매량이 준다면 이는 다시 외부인의 화장실 이용료를 가게 주인이 부담하는 꼴이다. 셋째, 외부인이 화장실을 사용할 수 없게 문을 잠근다.

　대부분의 가게 주인들은 이윤 감소보다 화장실 문을 걸어 잠그는 쪽을 택하고 있다. 이런 문제를 해결하고자 서울시는 지난 2004년 화장실을 개방하는 업주에게 5만~10만 원 상당의 위생용품을 지원해주겠다는 대책을 냈다. 이에 많은 업주가 공익에 이바지하는 뜻으로 화장실을 개방했다. 그러나 몇 년 지나지 않아 가게들은 다시 화장실 문을 걸어 잠갔다. 화장실을 함부로 이용하는 사람들 때문에 시의 지원만으로는 늘어난 유지비용을 감당할 수 없었기 때문이다.

플랫폼 노동시장 성장의
득과 실

고정비용 증가에 대한 가게 주인의 부담이 화장실 문을 잠그는 것으로만 나타나지는 않는다. 노동시장에서 이 문제는 항상 뜨거운 논쟁거리다. 인건비는 고정비용의 큰 부분을 차지하기 때문이다. 배달 주문이 매출의 반 이상을 차지하는 치킨집의 예를 들어보자.

축구 국가대항전이 있을 때 치킨 배달 주문이 는다는 사실을 알게 된 한 치킨집 사장은 월드컵을 앞두고 배달 직원을 추가로 고용했다. 이 덕분에 다른 치킨집보다 월드컵 시즌에 더 많은 이윤을 남겼다. 월드컵이 끝나자 주문량은 예전으로 돌아갔다. 하지만 추가로 고용한 배달 직원을 해고하기는 제도적으로 쉽지 않다. 추가 고용한 배달 직원의 인건비는 고스란히 고정비용 증가로 남았다. 치킨집 주인은 배달 직원의 인건비도 치킨을 한 마리 팔 때마다 늘어나는 가변비용이었으면 좋겠다고 생각한다.

그래서 생겨난 게 프리랜서 배달 기사다. 프리랜서 배달 기사의 인건비는 치킨을 한 마리 팔 때마다 정확히 비례해서 증가한다. 배달 건수로 인건비를 책정하기 때문이다. 음식 배달 앱 같은 플랫폼이 치킨집 사장과 프리랜서 배달 기사를 연결해준다. 그래서 이들을 '플랫폼 노동자platform workers' 또는 '긱 노동자gig workers'*라고 한다.

---

* 새로운 노동 트렌드인 '긱 이코노미Gig Economy'에서 나온 말. 긱 이코노미는 기업들이 필요에 따라 단기 계약직이나 임시직으로 인력을 충원하고 그 대가를 지불하는 형태의 경제를 의미한다. '긱gig'이란 단어는 '일시적인 일'이라는 뜻으로 1920년대 미국 재즈클럽 주변에서 단기 계약으로 연주자를 섭외해 공연한 데서 유래했다. 과거에는 각종 프리랜서와

플랫폼으로 거래되는 노동력은 운전, 배달 등 단순 업무를 넘어 디자인, 마케팅, 컴퓨터 프로그래밍, 번역, 문서작성, 교육 등 숙련된 기술로 진화하고 있다. 플랫폼 노동시장의 활성화는 정규직으로 고용되기 어려운 집단에 고용 기회를 주고 노동자와 기업에 자율성과 전문성, 고용의 유연성을 준다는 측면에서 긍정적이다. 반면 임시직 일자리 증가로 고용의 질을 떨어뜨리고 소득 안정성을 저해할 수 있다는 부정적인 면도 존재한다.

이제 화장실 문제로 돌아오자. 유럽 여행을 처음 간 사람들이 놀라는 것 중 하나가 개방화장실을 돈 주고 이용하는 것이다. 금액이 정해져 있는 경우도 있고 그렇지 않은 경우도 있다. 한 번 이용하는 데 한화로 약 1천300원 정도다. 유럽은 화장실 유지비용을 이용자에게 부담시키는 방법을 택한 것이다. 화장실을 돈 내고 사용하는 것에 대한 거부감이 들면서도 유지비용 문제로 문을 걸어 잠그는 것보다 이용자에게 부담시키는 편이 합리적이라는 생각이 든다.

베를린의 유료 화장실

유럽 여행에서 유료 화장실만큼 익숙하지 않은 게 또 있다. 음식점에서 물을 돈 주고 사 마시는 거다. 우리나라 식당에서는 원하는 만큼 공짜로 물을 마실 수 있기 때문에

1인 자영업자 등을 포괄하는 의미로 사용됐지만, 최근에는 온라인 플랫폼 업체와 단기 계약 형태로 서비스를 제공하는 공급자를 의미하는 용어로 변화했다.

왠지 사기당하는 기분이다. 그런데 최근 우리나라에서도 이런 경험을 한 적이 있다. 서울 종로의 한 음식점에서 물을 찾으니 "물은 판매하고 있습니다"라는 답이 돌아온 것이다. 유럽 생활을 몇 년 한 나에게도 당황스러운 순간이었다.

생각해보면 먹는 물을 제공하는 것도 화장실 유지와 같이 비용이 제법 들어간다. 그 비용이 부담스러워 정수기 관리를 제대로 하지 않거나 수돗물을 받아서 주는 게 아닌가 하는 의심을 품으며 물을 마시느니 질 좋은 생수를 돈 주고 마시는 편이 안심은 된다. 하나둘씩 늘어나는 음식점의 유료 생수를 보니 유료 화장실이 등장할 날도 머지않은 것 같다.

해외 직구족

소비자 잉여, 생산자 잉여

경이 엄마: 우리 딸은 웬만한 건 해외 직구로 사더라고. 그렇게 사야 싸다
나?

준이 엄마: 우리 아들도 그래. 비타민부터 시작해서 TV까지 필요한 건 다
해외 직구해.

경이 엄마: 그러게 말이야. 젊은 애들이 물건을 해외 직구로 다 사면 우리
나라 기업들은 어떻게 돈 벌어. 다 망하게 생겼어.

해외 직구를 즐기는 경이와 준이는 정말로 우리나라 경제를 어렵게 만들고
있는 걸까?

해외 직구와
소비자 잉여

　　국경 없는 쇼핑의 시대가 되었다. 불과 10년 전만 해도 해외에 나가면 이것저것 사오기 바빴다. 심지어 주변인에게 부탁받은 물건까지 사서 나르느라 두 손이 부족했다. 주로 그 나라에만 파는 제품이거나 한국보다 싸게 파는 것들이다.

　　그러나 이제는 컴퓨터 마우스 클릭 몇 번이면 중국에서 파는 로봇 청소기를 쉽게 구입할 수 있는 시대가 됐다. 심지어 지하철 안에서 스마트폰으로 터치 몇 번만 하면 이태리 명품 브랜드의 셔츠를 일주일 안에 내 옷장 안에 걸어 둘 수 있다. 그 나라의 세일 기간과 겹치면 배송비와 관세를 더해도 우리나라에서 구매하는 것보다 훨씬 싸다.

　　해외 직구를 즐기는 사람들이 많아진 이유를 '소비자 잉여' 이론으로 풀어 보자. 소비자 잉여는 경제 후생을 측정하는 중요한 지표다. 소비자 잉여를 이해하기 위해서는 수요와 공급의 기본 개념에서부터 출발해야 한다. '수요'란 구매자가 가격에 따라 물건을 얼마나 구매하려고 하는지에 관한 의지와 능력을 나타내고, '공급'은 판매자가 가격에 따라 물건을 얼마나 제공하고자 하는지에 관한 의지와 능력을 나타낸다.

　　일반적으로 구매자는 가격이 낮을수록 많이 사려고 한다. 따라서 수직축에 가격을, 수평축에 수량을 둔 그래프로 나타낼 때 수요곡선은 〔그림 1〕처럼 가격에 반비례해 우하향하는 모습을 보인다. 반면 공급자는 가격이 높을수록 더 많이 팔려고 한다. 따라서 공급곡선은 가격에 비례해서 우상향하는 모습을 보

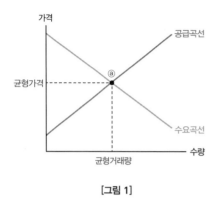

[그림 1]

인다. 두 곡선이 교차하는 점(ⓐ)에서의 가격을 균형가격, 수량을 균형거래량이라고 한다. 균형가격에서는 구매자가 사고자 하는 욕구가 판매자가 제공하고자 하는 욕구와 일치한다. 일반적으로 균형가격은 시장가격이 된다.

경이가 즐겨 사는 '미국 B브랜드 립스틱' 시장의 예를 들어보자. 미국 B브랜드 립스틱의 국내 수요와 국내 공급을 나타내는 곡선은 [그림 2]와 같고, 이 립스틱은 균형가격인 ⓒ로 시장에서 거래되고 있다. 그런데 이 립스틱을 위해서 [그림 2]의 별(★)만큼의 가격을 지불할 용의가 있는 사람이 있다. 그럼에도 이 사람은 ⓒ의 가격으로 립스틱을 살 수 있으므로 별(★)에서 ⓒ를 뺀 만큼, 즉 선분 '가'와 '나'의 길이만큼 이득을 본 셈이다. 또 다른 사람은 이 립스틱을 위해서 하트(♥)만큼 지불할 용의가 있다. 이 사람도 하트(♥)에서 ⓒ를 뺀 만큼, 즉 선분 '다'와 '라'의 길이만큼 이득을 보았다. 이와 같이 구매자가 지불할 용의가 있는 금액에서 실제 구매한 금액을 뺀 값을 모두 더한 것이 '소비자 잉여'다.

[그림 2]에서 수요곡선을 따라 무수히 많은 '가'와 '나', '다'와 '라' 같은 선분을 모두 더하면 '삼각형 ⓐⓑⓒ'의 면적이 된다. [많은 '수포

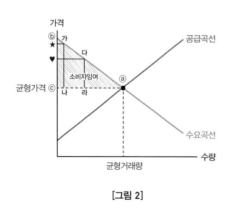

[그림 2]

자(수학 포기자)'를 낳고 있는 적분의 개념이다. 경제학에서는 이론을 증명할 때 미분과 적분, 지수와 로그, 수열, 확률과 통계와 같은 수학 개념을 사용한다.〕 따라서 '미국 B브랜드 립스틱' 시장의 '소비자 잉여'는 '삼각형 ⓐⓑⓒ'의 빗금 친 면적이다.

그동안 국내 수입사를 통해서만 '미국 B브랜드 립스틱'을 구입해왔는데, 이제 온라인 해외 직구가 자유로워져 더 다양한 루트로 살 수 있게 됐다고 하자. 이것은 같은 가격에서 립스틱의 공급량이 전보다 증가했음을 의미한다. 따라서 공급곡선은 〔그림 3〕에서와 같이 오른쪽으로 이동한다. 이제 시장가격은 수요곡선과 새로운 공급곡선이 만나는 점(ⓓ)에서의 새로운 균형가격인 ⓔ로 내려간다. 해외 직구가 가능해지게 되니 상품을 더 싼 가격에 살 수 있게 됐다.

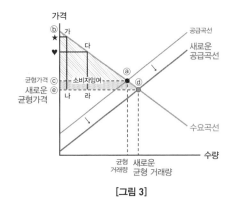

[그림 3]

그렇다면 해외 직구 전과 후의 소비자 잉여는 어떻게 변했을까? 별(★)만큼의 가격을 지불할 용의가 있는 사람은 이제 ⓔ의 가격으로 립스틱을 살 수 있으므로 별(★)에서 ⓔ를 뺀 만큼 이득을 보게 된다. 해외 직구 전보다 ⓒ에서 ⓔ를 뺀 만큼의 추가 이득이 발생한 셈이다. 따라서 해외 직구 후의 소비자 잉여는 '삼각형 ⓓⓑⓔ'의 면적으로 종전보다 '사각형 ⓐⓒⓔⓓ'의 면적만큼 증가했다. 이처럼 해외 직구로 소비자 잉여가 증가했다는 것은 전보다 소비자들의 생활이 윤택해졌음을 뜻한다. 해외 직구족이 점점 늘 수밖에 없는 이유다.

해외 직구와
생산자 잉여

그렇다면 생산자, 즉 국내 기업은 어떨까? 경이와 준이 엄마의 걱정처럼 해외 직구족 때문에 우리 기업들은 어려워지고 있을까? '국내 브랜드 화장품 시장'을 예를 들어보자. 국내 화장품 시장의 수요와 공급을 나타내는 곡선은 〔그림 4〕와 같고, 화장품은 균형가격인 ⓒ로 시장에서 거래되고 있다. 생산자는 〔그림 4〕의 동그라미(●)만큼의 가격을 받고 화장품을 제공할 용의가 있음에도 ⓒ의 가격으로 팔 수 있어 ⓒ에서 동그라미(●)를 뺀 만큼, 즉 선분 '가'와 '나'의 길이만큼 이득을 본다. 또 네모(■)의 가격을 받고 팔 용의가 있음에도 ⓒ의 가

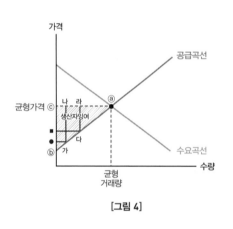

[그림 4]

격을 받을 수 있어 ⓒ에서 네모(■)를 뺀 선분 '다'와 '라'의 길이만큼 이득이 발생한다.

이와 같이 상품 공급자가 실제 받은 금액에서 공급할 용의가 있는 금액을 뺀 값들을 모두 더한 것이 '생산자 잉여'다. 소비자 잉여의 경우처럼 〔그림 4〕에서 공급곡선을 따라 무수히 많은 '가'와 '나', '다'와 '라' 같은 선분을 모두 더하면 '삼각형 ⓐⓑⓒ'의 면적이 된다. 따라서 '국내 화장품' 시장의 '생산자 잉여'는 '삼각형 ⓐⓑⓒ'의 빗금 친 면적이다.

해외 직구 덕에 중국이나 일본에서 국내 브랜드의 화장품을 구매하는 사람이 많아졌다고 하자. 이것은 같은 가격에서의 수요량이 전보다 증가했음을 의미한다. 따라서 수요곡선은 〔그림 5〕에서와 같이 오른쪽으로 이동한다. 이제 시장가격은 공급곡선과 새로운 수요곡선

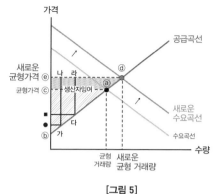

[그림 5]

이 만나는 점(ⓓ)에서의 균형가격인 ⓔ로 올라간다. 해외 직구 전에 중국이나 일본 소비자들은 우리나라 브랜드의 화장품을 ⓔ보다 높은 가격에 샀거나 사고 싶어도 살 수 없었다. 화장품 가격이 올랐지만 이런 해외 구매자들 덕에 오히려 수요량은 더 증가했다.

그렇다면 해외 직구 후의 생산자 잉여도 소비자 잉여처럼 증가했을까? 동그라미(●)만큼의 가격을 받고 화장품을 제공할 용의가 있음에도 ⓔ의 가격으로 팔 수 있으므로 공급자는 ⓔ에서 동그라미(●)를 뺀 만큼의 이득을 보게 된다. 종전보다 ⓔ에서 ⓒ를 뺀 만큼의 추가 이득이 발생한 셈이다. 따라서 해외 직구가 가능하게 된 후의 생산자 잉여는 '삼각형 ⓓⓑⓔ'의 면적으로 종전보다 '사각형 ⓐⓒⓔⓓ'의 면적만큼 증가했다. 해외 직구 활성화는 소비자들뿐 아니라 생산자들의 후생도 좋게 만들었다.

해외 직구 활성화의
득과 실

　해외 직구로 소비자 잉여와 생산자 잉여가 증가했다는 사실은 경이와 준이 같은 해외 직구족이 우리나라 기업을 어렵게 만들고 있지 않다는 걸 보여준다. 그러나 해외 직구 활성화가 우리나라 경제 전체에 득인지 실인지는 조금 더 따져봐야 할 문제다.

　위의 예시와 같이 해외 직구 활성화로 해외 구매자가 늘어 이득을 보고 있는 국내 기업이 있을 것이다. 반면 해외 경쟁력이 약한 기업은 해외 직구 덕에 구매자가 늘기는커녕 오히려 국내 소비자들이 감소해 손실을 보고 있을지 모른다. 또 일부 수입 유통업체도 해외 직구 사이트를 통해 직접 물건을 구입하는 소비자 증가로 수익이 줄어드는 타격을 받았을 것이다. 반면 해외 직구 대행업체와 해외 직구 관련 콘텐츠 업체처럼 새롭게 이익을 보는 집단도 생겼을 것이다.

　소비자들도 마찬가지다. 경이와 준이처럼 해외 직구로 전보다 더 저렴하게 물건을 구입할 수 있어 소비자 잉여가 증가한 경우도 있지만, 국내 상품을 즐겨 쓰던 소비자는 해외 수요 증가로 늘 사던 상품의 가격이 올라 오히려 소비자 잉여가 감소했을 수도 있다. 따라서 해외 직구가 그 나라 경제에 유리하게 작용할지는 각 나라의 산업구조를 따져보아야 한다.

　한 가지 분명한 건 경제적 유인에 반응하는 소비자의 심리를 막기 어렵다는 사실이다. 상품의 다양성과 가격 경쟁력까지 갖춘 해외 직구 시장에서 눈빛을 반짝이는 소비자들에게 애국심을 거론하며 국산 브랜드를 사도록 유도

하기란 쉽지 않다. 이보다는 우리나라 기업들이 변화하는 환경에 발 빠르게 적응하고 경쟁력 있는 제품을 개발해 국경 없는 시장에서도 굳세게 살아 남아 주기를 기대하는 게 바람직하지 않을까.

명의열전

· 김 형 찬 ·

· 연관 교과목 ·

중등교과	고등교과
사회과/역사	사회/세계사

· 키워드 ·

한의학   역사   의학사   명의   의서   의술

편작   화타   전순의   식료찬요   섭식   동의보감

허준   이제마   사상의학

왜 알아야 할까

유전자 염기 서열을 밝히고 이를 마음대로 조작하며, 사랑의 감정도 화학 공식으로 표현하는 시대에 한의학에 관한 이야기라니. 마치 인사동 골목길이나 박물관을 찾은 느낌을 받을지도 모르겠다. 한의학은 정말 구시대의 유물 같은 것일까? 일부 사람들이 이렇게 생각하는 이유는 무엇일까?

모든 의학의 기원은 인도의 베다의학이라고 알려져 있다. 카자흐스탄의 숲에서 기원한 사과가 세상으로 퍼져나가면서 다른 맛과 향을 지닌 사과로 발전한 것처럼 의학 또한 각 지역의 환경과 문화, 사상의 영향을 받아 다양한 형태로 발전했다.

한의학은 인간을 자연의 일부로 생각하는 동양사상의 연장선에서 출발해 살아있는 동안 온전한 기능을 유지할 수 있도록 한다는 목적에 입각해 발전했다. 따라서 인간의 불완전함을 인정하고 개개인이 가진 생리현상을 중시했다. 반면 서양의학은 인간을 신의 모습을 본뜬 존재로 여긴 기독교 사상의 연장선에서 기원했다. 따라서 신체적 완벽함을 추구했다. 신과 같은 인간은 무결점의 존재여야 했고, 이 기준에 어긋나면 제거해야 하는 대상으로 판단했다. 같은 인간의 몸을 열고 해부를 했음에도 다르게 표현한 것은 각각의 의학이 바라보는 인간상이 달랐기 때문이다.

21세기는 모든 진리를 물질로 환원하는 물질과학의 시대다. 이 시대의 사상은 서양의학의 인간관과 동일하다. 서양의학이 중심에 설 수밖에 없는 이유다. 그럼 한의학은 무용한 학문일까? 그렇지 않다. 여전히 한의학의 가치가 인정받는 이유는 질병 치료에 실질적인 효과가 있기 때문이다. 인식의 한계로 인한 오류를 걷어내면 변화와 발전을 거듭하며 질병과 싸워온 의학적 성과가 남는다. 이 부분의 유효성은 과학적 연구로 꾸준히 증명되고 있다.

한의학은 치료와 함께 건강을 유지하기 위한 노력에도 공을 쏟는다. 요즘으로 치면 예방의학 차원에서 한의학은 뛰어난 성과를 낸다. 어떻게 하면 오랫동안 몸과 정신의 온전한 기능을 유지할까를 고민하면서 방법을 찾아왔기 때문이다. 건강수명과 평균수명 간의 격차가 의료의 큰 문제로 대두되는 현대 사회에서 한의학이 연구해온 방법은 좋은 해결책이 될 수 있다.

이 강의에서는 한의학의 역사에서 대표적인 명의名醫 다섯 명을 다룬다. 이들의 삶을 따라가다 보면 한의학이 무엇이고 어떻게 발전해왔는지를 조금 더 이해하게 된다. 인간을 바라보는 한의학의 관점도 알 수 있다.

'한의학은 비과학적이다'라는 오해가 이 강의를 통해 조금은 풀리길 바란다. 한 걸음 더 나아가, 미래 세대가 한의학이 축적해온 사람과 자연 그리고 치료와 예방에 관한 방대한 데이터를 시대 흐름에 맞게 계속 재해석하고 발전시켜 나갈 수 있다면 더할 나위 없이 반가운 일이 될 것 같다.

공식 명의 1호, 편작

한의학을 두고 '신기하다' 혹은 '신비롭다'고 말하는 사람들이 많다. 치료 효과의 우수성에 대한 감탄이기도 하지만 현대과학과는 어울리지 않는 것이라는 말의 우회적 표현이기도 하다. 하지만 사물의 현상에 관한 보편 원리 및 법칙을 알아내고 해명하는 것을 목적으로 하는 지식 체계나 학문이라는 정의에서 보면 한의학은 충분히 과학적이다.

동서양을 막론하고 의학은 병을 고치고 건강하게 사는 것을 화두로 삼는다. 이 문제에 대한 해답을 얻는 과정은 인체관과 인간을 둘러싼 세상에 대한 인식론과 밀접한 관계를 갖는다. 한의학에서 기본으로 삼는 음양오행과 기에 관한 이론은 동양 사회에서 인간과 우주를 해석하는 하나의 도구였다. 도구가 다르다고 해서 목표까지 달라지지는 않는다. 달을 가리키는 손가락이 아니라 달을 본다면 지금 존재하고 있는 동서의학의 많은 갈등은 사라질 것이다.

　이제부터 한의학의 역사에서 두각을 나타낸 의사 5명이 이룬 업적을 통해 한의학이 어떤 학문인지 살펴보고자 한다. 한의학에 씌워진 신비의 장막을 걷어내고 한의학이 비과학적이라는 오해를 조금이나마 해소할 기회가 되기를 바란다.

기술보다 인성,
경험이 만든 의술

　　　　　　　　아침에 까치가 울면 반가운 손님이 온다고 한다. 춘추시대 사람들에게 편작扁鵲이 자기 나라에 방문한다는 것은 가뭄에 단비 같은 기쁜 소식이었다. 당대 최고의 의사이자 한의학 진단의 기초를 완성한 편작의 일화는 자체로도 재미있는 이야깃거리지만 그 속에 숨은 의미를 알면 더 흥미롭다. 편작을 '공식 명의 1호'라 칭하는 건 정사인 사마천의《사기》에 실린 최초의 의사이기 때문이다. 하지만 그 기록 또한 사실 확인을 해보면 허술한 부분이 눈에 띈다.

　　편작은 발해군渤海郡 정鄭 사람으로, 성은 진秦이고 이름은 월인越人이다.

– 《사기》〈편작창공열전〉 중에서

　발해군 정은 현재 허베이성 임구 일대 지역이다. 편작의 본명은 진월인으로, 젊은 시절 이 지역 객관의 책임자로 일하고 있었다고 한다. 진월인이 바로 역사적 실존 인물로서 편작이다. 그럼 편작이란 이름은 어디서 온 것일까? 연구자들은 편작이 상고시대의 명의를 가리킨다는 데 대체로 동의한다. 한곳에 머무르지 않고 여러 곳을 다니면서 치료했으며 고치지 못하는 병이 없어 사람들은 편작을 반가운 소식을 전하는 까치에 비유했다고 한다.

중국 무씨사당 석실에 새겨진 편작의 시침도

그림 속에서 편작은 새의 모습을 한 사람으로 등장하기도 하는데, 이는 앞서 말한 의미와 함께 그 의술이 인간의 것이 아닌 하늘의 것이라고 여길 정도로 뛰어남을 표현한 게 아닐까 하는 생각이 든다. 서양에 아스클레피오스*가 있다면 동양에는 편작이 있는 셈이다.

그렇다면 진월인과 편작은 어떻게 연결해야 할까? 《사기》에 기록된 편작의 행적은 기원전 650년 무렵에서 기원전 300년 초반까지 거의 400년에 가까운 시간에 걸쳐 있다. 따라서 이를 한 사람의 기록이라 보는 것은 무리다. 이 중 진월인은 기원전 400년대 초부터 자객에게 살해당하는 기원전 310년경에 해당하는 시기에 활동한 것으로 추정된다. 그 밖의 시기는 편작이라 불리는 다른 뛰어난 의사의 기록이라고 보는 편이 합리적이다. 일부 학자들은 편작이란 이름이 고대에 의술이 뛰어난 사람을 가리키는 일반명사라고 주장하는데, 이런 추정도 일리가 있다. 어쩌면 편작이 특정 학파 의사를 가리키는 호칭이었

---

* 그리스 신화에서 의학과 치료의 신으로 아폴론의 아들이다.

을지도 모른다. 다음의 내용을 보면 그런 의심이 더욱 짙어진다.

객관의 손님 장상군이 지나가면 편작은 그를 기이한 사람이라 여기고 항상 공손하게 대했다. 장상군 역시 편작의 비상함을 알았다. 그러기를 10여 년, 어느 날 편작에게 은밀히 말하기를 "나에게 비방이 있는데 내가 이제 늙어 자네에게 전하려고 하니 소문내지 말게나"라고 했다. 편작이 이에 응하자 장상군은 품에서 약을 꺼내 전하면서 "이 약을 이슬이나 빗물과 함께 복용하면 30일 후에 만물을 꿰뚫어 볼 수 있을 것이네"라고 말했다. 그러고는 비전의 의서를 모두 편작에게 주고 홀연히 사라지니 인간이 아닌 듯했다. 편작이 그 말대로 약을 복용하자 30일 후에 담장 너머의 사람이 보였다. 병을 볼 때도 오장이 훤히 보였지만 겉으로는 진맥을 해 아는 것처럼 했다. 의사가 되어 제나라와 조나라에 머물렀는데 조나라에 있을 때 편작이라 불리게 되었다.

이 이야기는 편작을 새의 모습을 한 사람으로 묘사한 것과 같은 맥락에서 읽힌다. 하지만 후대 사람들이 덧붙였을 신화적 요소를 살짝 걷어 내면 재미있는 사실을 발견할 수 있다. 먼저 진월인이 장상군에게 이전부터 전해 내려오던 의술을 이어받았다는 사실이다. 그것도 10년이 넘게 사람을 봐오다가 은밀하게 전수한다. 인간성을 보아 법을 전하고 덕보다 재주를 우선해서는 안 된다는 '비인부전 부재승덕非人不傳 不才承德'의 전통을 확인할 수 있는 장면이다. 인성보다 기술과 재능을 중시하는 현대사회에서는 거의 잊힌 미덕이지만 말이다.

다음으로, 편작이 전해 받은 내용을 살펴보자. 만물을 투시할 수 있는 능력을 갖게 하는 약과 의서. 이것은 의사로서 스스로를 수양하는 방법, 말하자면 일종의 양생법과 환자를 위한 치료법을 동시에 전수받았음을 의미한다. 오장이 훤히 보였다는 부분에서는 진월인이 전수한 의술이 환자를 진단하는 데 강점이 있고, 그중에서도 눈으로 관찰해서 병을 알아내는 망진望診에 뛰어났다고 생각할 수 있다. 또한 조나라에 있을 때 편작이라 불리게 되었다는 부분에서는 실제 임상 경험이 쌓이면서 전수받은 의학이 완숙한 경지에 이르고, 이때부터 편작이란 칭호를 얻게 되었음을 알 수 있다.

인간에게 6가지 불치병이 있으니

이후 편작은 신의라는 명성에 걸맞은 많은 일화를 남긴다. 그중 제나라 환후를 진단한 이야기는 편작이 의사로서 이룬 경지와 당시 의학이 어떻게 인체를 파악하고 있었는지에 대한 단서를 제공한다.

편작은 제나라에서 환후의 빈객으로 머물면서 그를 진찰했다. 처음 보는 자리에서 피부에 병이 있으니 지금 치료하지 않으면 심해질 거라 경고했다. 환후는 자신에게는 병이 없으며, 주변 신하들에게 의사가 이익을 탐해 없는 병으로 공을 세우려 한다고 말했다. 닷새 후 편작은 환후에게 병이 혈맥에 이르렀으니 치료 시기를 놓치면 더 깊은 곳까지 이를 것이라 말하지만, 돌아오는 대답은 같았다. 다시 닷새 후, 편작은 병이 장과 위까지 들어갔다고 하지만, 이제 환후는 들은 척도 하지 않았다. 그 뒤 편작은 환후를 보기만 하고 아무 말도 하지 않고 그냥 나왔다. 이를 궁금히 여긴 환후가 사람을 보내 물으니 편작은 다음과 같이 답했다.

"병이 피부에 있을 때는 탕약과 고약으로 고칠 수 있다. 혈맥에 있을 때는 침으로 가능하고 위장에 있을 때는 약술로 고칠 수 있다. 하지만 병이 골수에까지 미치면 신도 어쩔 수 없다. 지금 환후의 병은 골수에 이르렀기 때문에 더 이상 말할 것이 없다."

그로부터 닷새 후, 환후는 병이 난 것을 느끼고 편작을 불렀지만 편작은 이미 제나라를 떠난 뒤였다.

제나라 환후와의 대화에서 우리는 편작의 의술이 환자가 스스로 느끼지 못하는 수준에서 일어나는 병의 경과를 알아차릴 정도로 뛰어났음을 확인할 수 있다. 또한 춘추시대 한의학이 형이상학적 철학 개념이 아니라 피부와 혈맥, 위장 그리고 골수 등 해부학적 개념을 바탕으로 인체를 파악하고, 병이 변화함에 따라 그에 맞는 적절한 치료법을 동원했음을 알 수 있다.

편작은 사람들이 걱정하는 건 병이 많은 것이고 의사들이 걱정하는 건 치료법이 적은 거라고 하면서 6가지 불치병에 대해 말한다. 첫째, 교만 방자해서 이치를 논하지 않는 것. 둘째, 몸을 가볍게 여기고 재물을 중하게

편작을 그린 목판화

생각하는 것. 셋째, 먹고 입는 것과 같은 일상생활을 부적절하게 하는 것. 넷째, 음양이 순조롭지 못해 오장이 안정되지 못한 것. 다섯째, 몸이 극도로 허약해서 약을 먹을 수 없는 것. 여섯째, 무당을 믿고 의사를 믿지 않는 것. 편작은 이 중 하나만 있어도 병을 고치기 매우 어렵다고 했는데, 이 점은 현대에도 크게 다르지 않을 것이다.

편작은 망진뿐 아니라 진맥에도 뛰어났다. 사마천이 세상에서 말하는 진맥은 모두 편작으로부터 시작되었다고 평가할 정도였다. 편작은 얼굴색을 살피는 망색望色, 소리를 듣는 청성聽聲, 물어서 파악하는 사형寫形, 맥을 짚어보는 절맥切脈 등 한의학의 기본 진단법인 망문문절望聞問切의 사진四診법을 높은 수준으로 활용했다.

현대의학은 공학의 발달에 힘입어 고도로 발달했다. 담장 너머를 꿰뚫어봤다는 편작의 능력 정도는 우스운 것이 되어버렸고, 점차 기계가 의사를 대신하는 부분이 늘어나고 있다. 하지만 보고, 듣고, 냄새 맡고, 묻고, 만져보는 등 인간의 감각을 동원한 이학적 검사는 질병을 파악하는 데 여전히 유효하다. 의료는 어디까지나 사람이 사람을 대하는 행위이기 때문이다.

뛰어난 의술 때문에 재앙을 입다

편작은 전문의가 아니라 훌륭한 일반의이기도 했다. 한단에서는 산부인과 의사가 되고, 낙양에서는 피부과와 안과, 이비인후과 의사를 자처했으며, 함양에서는 소아과 의사로 활약했다. 각 지역의 인정이나 풍속에 맞춰서 그 지역 사람들에게 반드시 필요한 의사로서 활동했다. 물론 뛰어난 의술이 바탕이 된 덕분이었겠지만, 자꾸만 더 세분화하다 보니 전체를 놓치고 왜 나누었는지조차 잊게 된 오늘날의 현실에서 편작의 행적은 되새겨볼 만하다.

의사로서는 완벽했지만 편작의 인생은 해피엔딩이 아니었다. 그는 함양에서 진무왕을 진료하고 떠나던 중에 진나라 궁중의학의 최고 권력자인 이혜가 보낸 자객에게 살해당하고 만다. 당대의 명의이자 한의학 역사에 큰 족적을 남긴 사람의 죽음이 개인의 질투에 의한 것이었다니 허망하기도 하다.

이에 대해 사마천은 다음과 같이 말한다. "여자는 아름답든 못생겼든 궁에 들어가면 사람들의 질투를 받고, 선비는 현명하든 그렇지 않든 조정에 들어가면 의심을 받는다. 편작은 그의 뛰어난 의술 때문에 재앙을 입었다." 그러고 보면 인간의 본성 자체가 참으로 고치기 어려운 병이 아닐까 싶다.

명불허전의 명의, 화타

《삼국지》에는 관우와 조조를 치료한 화타華陀라는 의사가 등장한다. 천하를 두고 벌이는 난세의 영웅담 속에서 일개 의사의 이야기는 쉽게 묻힐 수 있지만, 의학사에서 화타의 명성과 업적은 가볍게 넘기기 어렵다. 또 죽음으로 자신의 위용을 자랑하던 전란의 시대에 사람을 살림으로써 이름을 떨친 점도 높이 평가할 만하다. 정사의 기록을 따라가며 전설의 명의라는 이름 아래 가려진 당대의 한의학과 화타라는 인물을 살펴보자.

학문으로 완성된
정밀 의학

화타의 전기는 진수의 《삼국지》〈위서〉 방기전方技傳과 《후한서》 방술전方術傳에서 볼 수 있다. 《삼국지》〈위서〉는 역사 시간에 많이 들어본 동이전이 실린 편이기도 하다. '방기'는 구체적인 방법과 기술을 의미하는데, 주로 의학과 천문학, 점술·관상·해몽 그리고 음악이 여기에 속한다. 요즘으로 치면 일상생활에 도움이 되는 일종의 실용서로서, 분서갱유에서도 농업에 관한 책과 함께 제외되어 살아남았다.

화타는 자가 원화이고 패국 초현 사람으로 일명 부旉라고도 한다. 서주 일대를 두루 돌아다니며 학문을 했으며 여러 경전에 통달했다. 패국의 상인 진규가 효렴孝廉*으로 천거했고 태위 황안이 불렀지만 모두 나아가지 않았다. 화타는 양성養性의 방법에 밝았다. 화타의 나이가 100세 가까이 되었지만 당시 사람들은 그가 장년의 용모를 갖고 있다고 생각했다.

《삼국지》 화타전에 소개된 화타의 간략한 프로필이다. 패국 초현은 지금의 안후이성 북쪽 보저우시로 화타는 노자, 장자와 함께 이 지역이 배출한 위인 중 한 명으로 꼽힌다. 그런데 보저우시는 예부터 조씨 일가의 집성촌으로 알

---

* 중국 전한 시대에 관리를 임용할 때 보던 과목 중 하나. 부모에게 효도하는 몸가짐과 청렴한 자세를 의미한다. 주로 유교적 소양을 갖춘 자가 선발되었다.

화타는 관우를 치료한 일화로 잘 알려져 있다.

려져 있다. 조조 또한 이곳 출신이다. 화타와 그를 죽음으로 몰고 간 조조가 고향에서 현대인에게 동시에 추앙받고 있는 모습은 상당히 아이러니하다. 이 지역은 수운을 이용한 물류 중심지면서 많은 한약재 산지이자 약재 시장으로 유명하다. 물류가 모이는 곳에는 사람과 자본, 많은 정보가 모이기 마련이다. 거기에 약재까지 풍부하니 이 지역은 화타가 의학을 연구하고 펼치기에 좋은 여건을 제공했을 것이다.

하지만 화타가 처음부터 의학에 뜻을 둔 건 아니었을 것이다. 학문을 연구하고 경전에 통달했으며, 효렴에 천거하고 태위가 추천했다는 점을 보면 본래는 관료가 되기 위한 공부를 했을 것으로 추정된다. 진수의 기록에도 화타는 본래 선비였으므로 의술을 직업으로 삼은 사람으로 간주되자 마음속으로 항상 부끄러워했다고 나온다. 화타가 어떤 이유에서 정계 진출이라는 입신양명의 뜻을 접고 의사가 되었는지는 알 수 없다. 하지만 이런 학자적 자존심이 어쩌면 훗날 그의 운명에 결정적 영향을 주었을지도 모를 일이다.

학문을 익히다가 의사가 되었다는 대목은 생각할 거리 하나를 남겨놓는다. 즉, 당시 의학이 문자로 습득할 수 있는 체계를 갖추었다는 점이다. 다시 말해 단편적인 경험이 개인이나 집단으로 전해지는 게 아니라 학문적 체계를 갖추어 광범위하게 유통되었다고 볼 수 있다. 조선시대에도 '유의儒醫'라고 해서 유학자면서 의학에 밝은 인물들이 등장한다. 대표적인 인물이 정약용이다. 문자 해독 능력을 바탕으로 삼아 의학을 실용적 학문으로서 익힌 집단이라 할 수 있다.

화타가 활동했던 시기는 동한 말기에서 삼국시대로 넘어가는 무렵이었다. 앞서 이야기한 편작이 활동했던 시대와 약 500년 정도의 시간차가 있다. 춘추전국시대에서 진한을 거치는 동안 다른 사상과 마찬가지로 의학도 취사선택을 거치면서 발전했다. 이 과정에서 나온 대표적인 책이 바로《황제내경》이다. 학자들은 이 책이 황제라는 상고시대의 인물을 빌려 과거에서부터 내려온 의학 지식을 편집해 수록한 것으로 보고 있다.

화타는 아마도 이런 의학 지식을 접하고 익혔을 확률이 높다. 전기에 수록된 화타의 치료 기록을 보더라도 편작보다 훨씬 구체적이고 정밀한 측면이 있다. 오랜 기간 축적된 임상 데이터를 바탕으로 질병을 진단·치료하고 예후를 예측하는 측면에서 과거보다 진일보했음을 의미한다.

경험이 만든
해부학 지식

화타는 한의학 역사에서 '외과의 효시'로 일컬어진다. 화살에 맞은 관우를 수술한 것 외에도 그의 전기에는 현재의 개복수술과 같은 기록이 여럿 등장한다.

만일 몸속에 병이 있는데 침과 약으로는 환부에 미칠 수 없어 반드시 절개해야 할 경우에는 환자에게 마취약을 먹여 잠시 취한 듯 혹은 죽은 듯 지각하는 바가 없게 하고 환부를 잘라 꺼냈다. 만일 창자에 병이 있다면 창자를 잘라 깨끗이 씻어내고, 다시 봉합해 고약을 붙였다. 네댓새면 치료가 되어 통증이 사라지고, 환자 또한 이상을 느끼지 못하게 되며 한 달 만에 완전하게 나았다.

"당신의 병은 깊습니다. 배를 갈라 환부를 절제해야만 합니다. 앞으로 수명이 10년을 넘지 못할 것이나 병이 당신을 죽일 수는 없을 것입니다. 10년 동안 병을 참아낼 수 있다면 수명과 함께 병이 다할 것이므로 특별히 절제할 필요가 없습니다." 그러나 고통을 견디지 못한 사대부는 반드시 절제해 달라고 부탁했다. 화타는 어쩔 수 없이 수술을 했고 환부는 매우 빨리 좋아졌는데, 사대부는 10년이 지나 결국 죽었다.

외과 수술에 능했던 화타의 초상

이와 같은 수술 기록 외에도 침을 놓을 때 특정 깊이까지만 놓았다는 내용이나, 다른 의사들은 4푼(1푼은 약 0.3㎝) 이하의 깊이로 침을 놓을 때 화타의 제자인 번아는 1~2촌(1촌은 2~3㎝) 혹은 5~6촌 깊이로 놓아 병을 치료했다는 내용도 나온다.

이런 기록을 통해 화타가 활동하던 시기의 의학이 현대와 같은 미시적 수준까지는 아니더라도 육안으로 확인할 수 있는 범위 내에서 상당한 수준의 해부학적 지식을 바탕으로 이루어지고 있었음을 확인할 수 있다.

특히 화타는 외과 수술에 뛰어났다. 이 사실로 미루어보면 당시 한의학은 더 이상 단순한 경험 축적이나 음양오행 같은 사변적 사고의 산물이 아니었다. 인간의 몸에 대한 실질적인 관찰을 바탕으로 한 생리와 병리 그리고 치료 경험이 더해지면서 한의학은 점차 발전하고 있었다.

화타의 죽음과 조조의 후회

뛰어난 의사였지만 화타의 말로는 비극적이었다. 편작이 동료 의사의 시기와 질투 때문에 죽었다면, 화타는 환자를 잘못 만난 탓에 죽음을 맞이한다. 그가 바로 조조다. 조조가 동한의 실권을 쥐고 직접 나랏일을 처리하는 시기에 극심한 두통에 시달려 화타를 부른다. 의사로서의 명성은 물론이고 동향 사람인 데다가 자신의 부하를 치료한 경력과 주변의 추천까지 있었으니 자신의 주치의로서는 그만한 사람이 없었을 것이다. 요즘으로 치면 대통령 주치의로 화타를 차출한 셈이다.

화타는 처음부터 조조의 병이 단기간의 치료로는 나아지기 어렵고 오랜 기간 치료해야 수명을 연장할 수 있다고 말한다. 그리고 일정 기간 곁에서 치료하다가 오랫동안 고향을 떠나 있었다는 이유를 들며 휴가를 얻어 떠난다. 그러나 그곳에서 부인의 병을 핑계로 머무르며 조조에게 돌아가지 않는다. 화타가 이런 행보를 보인 데 대해서는 여러 설이 있지만,《삼국지》와《후한서》에서는 화타가 다른 사람을 모시고 녹을 먹는 것을 싫어했다고 공통적으로 기록하고 있다. 말하자면 자존감이 높은 자유로운 영혼이었던 셈이다.

요즘 같으면 권력에 찍혀서 부와 명예를 잃는 정도로 끝났겠지만, 당시 권력자의 눈 밖에 난다는 건 죽음을 의미했다. 주치의는 환자에 관해 가장 많은 정보를 알고 있는 사람 중 한 명이다. 그런 사람이 자신에게서 등을 돌린 듯 보였을 때 조조에게도 다른 선택지는 많지 않았을 것이다. 하지만 조조의 섣부른 선택은 얼마 되지 않아 후회로 이어졌다. 자기 아들이 중병에 걸려 죽게 되었을 때 조조는 '화타가 있었다면 고칠 수 있었을 텐데⋯⋯'라며 후회했고, 조조 자신도 적절한 치료를 받지 못한 채 병이 악화해 죽음에 이르고 말았다.

조조의 눈 밖에 날 것을 두려워한 탓에 화타가 저술한 의서와 외과 수술에 썼던 마취약 처방 그리고 동물의 움직임을 본떠 창안했다고 하는 도인체조의 일종인 오금희五禽戲의 기록 또한 모두 사라지고 말았다. 화타의 죽음은 개인적 불행임은 물론이고 의학의 발전 측면에서도 안타까운 일이다. 화타의 일생을 되돌아보면, 학문이 권력을 가까이하면 위험에 처하게 된다는 사실을 떠올리게 된다.

식이요법의 선구자, 전순의

인간이 건강하게 사는 데 가장 중요한 것은 무엇일까? 유전자를 조작해 질병 발병 가능성을 원천봉쇄한 맞춤형 아기 출산을 눈앞에 둔 시대지만, 그래도 가장 중요한 건 음식과 공기, 감정 조절 그리고 숙면과 적당한 운동을 꼽을수 있다. 그중에서도 음식의 중요성에 관한 인식은 동서양에서 오래전부터 공통적으로 전해 내려왔다.

한의학에서는 의약과 음식의 근원이 같다는 '의식동원醫食同源'의 관점에서, 질병을 예방하고 치료하는 데 음식이 중요함을 강조해왔다. 많은 의서에서도 약을 쓰기 전에 먼저 음식으로 다스리고, 그것으로 안 될 때 약을 사용하라고 말한다. 잘못된 식생활에서 생겨나는 병도 많다. '무엇을 어떻게 먹을 것인가'

하는 문제는 질병의 문을 닫고 건강의 문을 여는 매우 중요한 열쇠다.

음식이 최선이고
약은 차선이다

조선 초 올바른 식습관을 강력하게 피력하고, 그 방법을 제시한 의사가 있었다. 바로 전순의全循義다. 세종을 시작으로 문종, 단종을 거쳐 세조에 이르기까지 4대에 걸쳐 30여 년간 어의御醫를 지냈으며, 정2품 지위까지 오른 화려한 경력의 소유자다. 또한 각종 의서 편찬 사업의 중심에 서 있었으며, 《식료찬요食療纂要》《산가요록山家要錄》 등의 저서를 남겼다. 전순의를 조선시대를 대표하는 명의 중 하나로 꼽는 데는 부족함이 없지만, 의외로 업적이나 이력에 비해 알려진 사실은 적다. 전순의라는 인물과 그가 남긴 기록을 통해 당시 한의학의 흐름과 그가 강조한 식치食治에 대해 살펴보자.

1460년(세조 6년), 당시 어의로 재직 중이던 전순의는 책 한 권을 엮어 왕에게 바친다. 세조는 책에 손수 이름을 지어 내리면서 공을 치하하는데, 이 책이 바로 《식료찬요》다. 《식료찬요》는 이름에서 알 수 있듯이 음식으로 질병을 치료하는 방법에 관한 책이다. 판본에 따라 약간 차이가 있지만 총 45문 399항목에 걸쳐 평소 쉽

〈식료찬요〉

게 구할 수 있는 음식을 이용해 질병을 치료하는 처방을 소개하고 있다. 다음은《식료찬요》서문의 앞부분이다.

사람이 세상을 살아가는 데 있어 음식이 첫째고 약은 그다음이다. 때에 맞추어 기후변화에 잘 적응하고 음식과 남녀관계에 절도를 지킨다면 병이 어떤 이유로 생기겠는가. 하지만 간혹 계절이 질서를 잃어 평온한 날이 적고 어지러운 날이 많으면 병에 걸리는 사람이 생길 수밖에 없다. 이런 이유로 옛사람이 처방을 할 때는 먼저 음식으로 다스리고, 음식으로 낫지 않은 뒤에야 약으로 다스렸다. 그러면서 음식에서 얻는 힘이 약에서 얻는 힘의 절반 이상이 된다고 하였다. 또 말하기를 "병을 치료하는 데 마땅히 곡식과 고기, 과일과 채소로 다스려야지, 어찌 마른 풀과 죽은 나무의 뿌리나 씨를 쓰겠는가"라고 하였다. 이로써 옛사람들이 병을 다스릴 때는 반드시 음식으로 치료하는 것을 우선으로 삼았음을 알 수 있다.

건강 유지와 질병 치료에 음식이 최선이고 약은 차선임을 강조한 이 내용은 전순의의 주장이면서 세조의 의견이기도 했다. 실제 세조는 평소 병을 치료할 때 음식을 이용하는 식치의 중요성을 의관들에게 강조했다고 한다. 전순의가 책을 지어 올리고 세조가 제목을 친히 내린 사실을 보면《식료찬요》는 세조의 관심과 전순의의 의학적 지식이 만나 탄생했을 확률이 높다.

사실 의학에 관심을 가진 왕은 세조뿐만이 아니었다. 조선시대 의서 편찬은 요즘으로 치면 국책사업과 같은 형태를 띤다. 백성이 배고프지 않고 건강하게 사는 것은 왕의 능력을 가늠하는 잣대이기도 했지만, 안정된 국력 유지

및 민란과 같은 사태를 방지하는 데 가장 기본이 되는 조건이었다. 이런 차원에서 의학서 편찬과 유통은 왕조를 유지하는 데 매우 중요했다.

하지만 당시 중국에서 들어온 의서에 수록된 약재들은 대부분 조선에서 구하기 어려운 것들이었다. 사대부들이 약계藥契(약재 판매업자들의 동업 조합)를 들어가면서 약재를 구하거나 중국에 가는 사신이나 상단에 약재를 부탁했다는 기록을 보면 일반 백성은 그 고충이 더했을 것이다. 따라서 우리 땅에서 나는 약재에 대한 연구와 우리 실정에 맞는 의학의 필요성이 대두되었고, 이런 차원에서 이루어진 것이 향약과 한국형 한의학 연구였을 것이다. 뒤에서 다룰 허준의 《동의보감》 또한 이런 흐름의 연장선에서 이루어졌다고 볼 수 있다.

《식료찬요》는 여기서 한 걸음 더 나아가 일상에서 먹는 음식을 통해 병을 치료하려 한 시도라고 할 수 있다. 주변에서 쉽게 구할 수 있는 식재료를 이용할 수 있도록 고려한 점은 물론이고, 재료 이름에 훈민정음을 붙여 혼동을 막고 일반 백성의 접근성을 높인 점에서 그러한 의도를 짐작할 수 있다.

물론 책에 수록된 내용이 모두 전순의의 독창적 견해는 아니다. 과거에 발간된 서적을 바탕으로 당시 상황에 맞게 자신의 경험과 관점을 더해 한 권으로 엮어낸 것이다. 하지만 요즘 말하는 짜깁기 편집 같은 수준은 결코 아니었다.

《식료찬요》보다 10년 정도 앞서 발간된 것으로 추정되는 《산가요록》 또한 전순의가 편찬했다. 《산가요록》은 현재까지 알려진 우리나라 종합 농서 중 가장 오래된 책이며 그중에서 식품 부분은 현존하는 식품서 중 최초의 고전으로 평가받고 있다. 《산가요록》에는 창덕궁 후원에 있는 창순루蒼筍樓 이야기가 나온다. 창순루는 《성종실록》 제13권에도 등장하는, 이른바 궁중 온실이다. 세계 최초라고 알려진 독일 하이델베르크 온실(1619년)보다 최소 179년이 앞서

〈동궐도〉 중 창순루 부분을 확대한 사진

있다. 전순의의 식이요법에 대한 관심과 연구는 식재료 생산과 가공에까지 영
향을 미칠 정도로 광범위하고, 이 결과물이 바로《식료찬요》다.

현대에도 유효한
섭식의 메시지

　　　　　　　　그런데 왜 이렇게 뛰어난 의사가 업적에 비
해 평가나 인지도가 상대적으로 떨어질까? 그동안 전순의의 생몰연도나 본관
에 관해서 알려진 바는 별로 없었다. 그런데 최근 연구 결과에 따르면 본관이
진안鎭安인 것으로 밝혀졌다. 그에 대한 기록은 세종 22년(1440년) 처음 실록에
나오고 세조 12년(1466년) 9월에 궐내에서 벌어진 대렵도 놀이에 참여했다는

것을 끝으로 공식적인 역사에서 사라진다. 조선 초 무려 4명의 임금을 섬기면서 천민 신분에서 정2품의 자리까지 오른 전순의의 삶은 의사로서의 업적뿐만 아니라 한 인간의 삶이란 측면에서도 특별하다.

의원 신분이 중인 계급에 속하긴 하지만 신분 구분이 철저했던 조선시대에 천민 출신인 전순의가 내의원 의원이 되기란 매우 어려웠을 것이다. 여기에는 세종이 실시한 의서습독 제도의 도움이 컸다. 노비 출신인 장영실을 집현전 학사로 중용할 만큼 인재 등용에서 능력을 우선시한 세종은 의원을 양성하기 위해서 조선시대 의료기관인 내의원, 전의원, 혜민서 등 기존의 삼의사三醫司 외에 신분에 상관없이 뛰어난 인재를 뽑아 의서를 읽게 하고 시험을 보아 의관으로 채용하는 제도를 마련했다. 전순의는 이 제도를 통해 의원의 길에 들어섰다.

어의로 활동하는 동안 전순의는 치료를 잘해 상을 받기도 했지만 문종의 병을 치료하다가 갑자기 문종이 서거함에 따라 병세를 오판한 죄로 의금부에 하옥되고, 이후 전의감 말단으로 강등된다. 단종이 즉위하자 방면되어 내의원에 일시 복귀하기도 했지만 이후로도 문종의 죽음에 대한 책임과 관련해 갖은 풍파를 겪는다. 그러다 세조의 즉위와 함께 일등공신에 오르면서 탄탄대로를 밟는다. 왕의 총애 아래 의사로서 왕성한 연구와 활동을 함은 물론, 벼슬길에서도 승승장구하다가 나이가 들어 은퇴한 것으로 추정된다.

문종의 죽음과 관련해 전순의의 오진이 과연 실수였는지 아니면 의도적이었는지는 여전히 의문에 싸여 있다. 하지만 세조 즉위 당시 일등공신이 된 사람들이 한명회와 신숙주 등 혁혁한 공을 세운 사람들이고 의관으로는 전순의가 유일한 것을 보면 의심이 짙어진다. 신분제도가 엄격했던 사회에서 성공에 대한 욕망에 휩싸여 당시 상황에 대한 정치적 판단을 했을 가능성도 있다. 상상할 여지는 충분하지만 어쨌든 확인하기 어려운 추측에 불과하다. 어쩌면 이런 의혹 탓에 그의 업적이 가려지고 퇴색된 건 아닐까?

그럼에도 불구하고 의학자이자 의사로서 전순의가 《식료찬요》에 담아 낸 메시지는 오늘날에도 여전히 시사하는 바가 크다. 특정한 약물이나 요법에 의존하기보다는 평소 어떤 삶을 사는지가 중요하다는 것. 그중 무엇을 먹는가 하는 문제가 병의 예방과 치료뿐만 아니라 질병을 앓고 난 이후의 회복 단계에서도 매우 중요한 기능을 담당한다는 것이다. 음식과 약은 건강을 유지하고 질병을 치료하는 데 있어 수레의 두 바퀴와 같은 역할을 한다고 할 수 있다. 수레가 앞으로 나아가려면 두 바퀴가 온전하고 균형이 맞아야 한다. 마찬가지로 건강하게 살아가기 위해서는 음식과 약이라는 2가지 요소를 소홀히 하지 않고 서로의 균형을 맞추어야 하는 것이다.

한국형 실용의학의 정립, 허준

우리나라 의학사에서 최고의 스타를 꼽으라면 당연히 허준許浚일 것이다. 허준과 그의 저서《동의보감》은 여러 차례 인기 드라마의 소재가 되었고, 그의 생애를 다룬 소설 또한 큰 인기를 얻었다. 한때 한의대 면접에서 소설을 읽고 감동을 받아 지원했다는 학생이 있을 정도였다.《동의보감》은 2009년 유네스코 세계기록유산으로 등재되어 그 가치를 다시 인정받았다.

하지만 허준과《동의보감》에 대한 사람들의 생각은 민족문화의 우수성에 대한 자화자찬이거나 대중적 흥미에 머무르는 경우가 많다. 때로는 일부 내용에서 드러난 오류를 근거로 현대 한의학이《동의보감》의 인식 수준에서 벗어나지 못했다고 공격하는 사람도 있다. 이처럼 극단적인 접근은 허준과《동의

보감》을 정확하게 바라볼 수 없게 만든다. 여기서는 역사적 기록을 바탕으로
《동의보감》의 진정한 가치와 허준이라는 인물을 살펴보자.

시대 과제를 위한
국책사업

《동의보감》은 출간 이후 한국 한의학의 기준
이 되었으며 중국과 일본에서도 가치를 인정받아 인기를 끈 동아시아의 스테
디셀러 의서였다. 《동의보감》이 단순히 과거의 기록을 편집하는 데서 머무르
지 않고 의학적으로 동의東醫로 표현할 만큼 독창적인 면이 있으며, 또한 보감寶
鑑이 될 만한 보편타당한 요소를 두루 갖추고 있었기 때문일 것이다.

우리 소경대왕께서는 자신의 병을 다스리는 법을 미루어 뭇사람을 구제하
는 인술을 펴리라 생각하시어 의학에 마음을 두고 백성의 고통을 불쌍히
여기셨다. 그리하여 일찍이 병신년(1596)에 태의 허준을 불러 하교하셨다.
"근자에 중국의 방서를 보니 모두 초집抄集한 것들이라 자질구레하여 볼 만
한 것이 없었다. 그대가 제가諸家의 의술을 두루 모아 하나의 책을 편집하도
록 하라. 사람의 질병은 모두 조섭을 잘하지 못한 데서 생기니, 섭생이 먼저
고 약석은 그다음이다. 제가의 의술은 매우 호번하니, 모쪼록 긴요한 부분
을 가려 모으라. 외진 시골에는 의약이 없어 요절하는 사람이 많다. 우리나
라에는 향약이 많이 생산되는데도 사람들이 알지 못하고 있으니, 그대는 약
초를 분류하면서 향명을 함께 적어 백성이 쉽게 알 수 있도록 하라."

허준이 물러나 유의 정작과 태의 양예수, 김응탁, 이명원, 정예남 등과 더불어 실무 부서를 열고 책을 찬집해 중요한 내용은 그럭저럭 갖추어지게 되었다. 이때 공교롭게도 정유년(1597)의 왜란을 만나 의원들이 뿔뿔이 흩어지는 통에 일이 그만 중단되고 말았다.

그 후 선왕께서 허준에게 하교해 혼자 찬집을 완수하라고 하시는 한편, 내각에 소장하고 있던 방서 100여 권을 내어 참고할 수 있게 하셨다. 찬집이 반도 채 이루어지기 전에 선왕께서 승하하셨고, 성상께서 즉위하신 지 3년째인 경술년(1610)에 허준이 찬집을 완수하여 책을 올리고 제목을 《동의보감》이라 하니, 책은 모두 25권이다.

— 이정구의 《월사집》 권39 〈서상〉 동의보감서 중에서

《동의보감》의 서문을 쓴 대제학 이정구는 당시 내의원 제조를 맡고 있었으며 당대 최고의 문장가였다. 이 기록에는 《동의보감》을 편찬하게 된 이유와 과정이 명확하게 정리되어 있다. 여기서 우리가 첫 번째로 눈여겨봐야 할 부분은 편찬을 시작한 시기다.

유네스코 세계기록유산인 《동의보감》

1596년은 임진년에 발발한 전쟁이 잠시 소강상태를 맞은 때였다. 식량과 물자가 부족한 상황에서 백성의 삶은 피폐해지고 온갖 병이 유행하고 있었지만 의사도 의약품도 절대적으로 부족했다. 또한 전쟁 중에 각종 의서

가 소실되어 의료적으로 매우 취약한 상황이었다. 세금 감면이나 죄수 석방 같은 민심 회복 정책과 함께 무너진 의료 체계를 정비할 필요가 있었다. 아마도 그 일환으로 《동의보감》 편찬을 시작했다고 추정할 수 있다.

이와 같은 당면 과제 외에도 당시 혼재되어 있던 의학 이론을 정리할 필요가 대두되었다. 중국은 금과 원을 거쳐 명나라에 이르는 과정에서 다양한 학파의 의학이 발달했다. 당시로 치면 최신 의학이었겠지만 잘못 되거나 상충하는 내용이 섞여 있었고, 지방에서는 변화된 내용을 접하지 못하고 과거의 것을 답습하는 등 혼란스러운 상황이었다. 서문에서 자질구레하여 볼 것이 없다든가, 제가의 의술이 매우 호번하니 긴요한 부분을 가려 모으라 한 것은 이런 이유에서였을 것이다.

아직 평화가 찾아오지 않은 위기 상황에서 새로운 의서 편찬을 시작한 건 전쟁으로 무너진 의료 체계를 회복하고 다양하고 번잡해진 의학 이론을 정리해야 하는 시대적 과제를 해결하기 위한 시도였던 것이다.

조선 땅에 맞춘 실용의학

그다음으로 주목해야 할 대목은 "사람의 질병은 모두 조섭을 잘하지 못한 데서 생기니, 섭생이 먼저고 약석은 그다음이다"라는 내용이다. 다양한 병증과 이에 대한 치료법을 세분화하는 설명이 늘어나면서 전통적으로 한의학에서 중시해온 양생 방식은 상대적으로 퇴색해가고 있었던 듯하다.

하지만 앞서 편작과 화타 그리고 전순의에게서 보았듯, 삶의 방식을 중시하고 인간 본연의 생명력과 기능을 증진하기 위한 양생법은 한의학의 기본이자 치료의학이었다.《동의보감》은 이런 시류에 대한 반성으로 우리 몸을 이해하고 이를 다스리는 양생법을 기본으로 삼았다. 그리고 여기에 치료의학의 내용을 결합하는 방식으로 제작되었다. 이런 편집 방식은《동의보감》이 추구하는 의학이 무엇인지를 드러내는 부분이다. 예방의학적 개념이나 질병 치료와 관련해 정신적·심리적 측면을 강조하는 동양의학의 총체적 접근법을 담고 있다는 점은 세계기록유산 등재에도 영향을 주었다.

이 같은 양생의 강조는《황제내경》에서 주장하는 한의학의 근간인 동시에 당시 조선사회의 지도층이었던 사대부들의 높은 관심이 반영된 결과로 추정된다. 다양한 관련 서적이 출간되고 왕실에서 논의될 정도로 이미 양생법에 관한 활발한 연구가 이루어지고 있었다.

정유재란이 일어나기 전까지 편찬위원으로 활동한 정작鄭碏은 조선시대 도가적 양생법의 대가로 알려진 정렴鄭의 동생이자 자신도 평생을 수양에 전념한 인물로 알려져 있다. 서적 집필 초기에 차례를 먼저 정한다는 사실에 비춰 볼 때 정렴으로 대표되는 당시 조선의 양생 관련 연구가《동의보감》에 깊이 스며들었을 것이다.

이와 더불어《동의보감》에서 중시한 것은 바로 향약, 즉 조선 땅에서 나는 약초였다. 전란 시기를 제외하고도 약재 수급은 결코 쉽지 않았다. 게다가 중국의 의서는 그 지역에서 나는 약재를 기반으로 하고 있어 이를 대체할 향약 연구가 절실했다.

사실 향약을 중심으로 한 질병 치료는 고려 중엽부터 지속된 의학적 흐름이었고, 조선 초기의 《향약집성방》 편찬 또한 같은 맥락에서 이루어진 사업이 었다. 《동의보감》은 이런 흐름에서 한 걸음 더 나아가 의학 이론을 높은 수준으로 재정립하고, 여기에 그동안 발전해온 향약의학을 더했다. 또한 민간에서 실제 사용하는 약초의 이름을 적어 쉽게 이용할 수 있도록 했고, 응급의학이나 전염병 그리고 구황의학 같은 내용을 실어 일반 백성의 실제 삶에 도움이 되도록 했다. 이처럼 《동의보감》은 단순히 중국 의학을 수입해서 이용하는 데서 벗어나 있었다. 의학의 기본에 충실하고 조선에 맞는 형태로 최적화함으로써, 이 땅의 현실에 맞는 실용의학인 '동의'를 탄생시킨 것이다.

백성을 위해 집결한 정책과 사람

《동의보감》의 탄생은 허준이란 인물을 빼놓고 생각할 수 없다. 드라마나 소설에서는 허준이 서자라는 신분 제약으로 인해 고난과 역경을 겪는다고 표현된다. 물론 허준이 서자이기는 하다. 그러나 생모인 영광 김씨가 양반가의 사람이었고, 허준은 어려서부터 꽤 괜찮은 인적 네트워크 속에서 보통의 양반이 그러하듯 과거 준비를 위한 교양을 쌓은 것으로 알려져 있다. 실제 허준이 공식 의사로서 내의원에 들어가는 것 또한 당시 대사성이던 유희춘의 천거에 따라서였다.

허준의 인물됨에 관해서는 조선 선조 때 편찬된 역대 의학자들의 전기인 《의림촬요醫林撮要》에 "허준은 본성이 총민하고 어릴 때부터 학문을 좋아했으며 경전과 역사에 박식했다. 특히 의학에 조예가 깊어 신묘함이 깊은 데까지 이

허준의 초상화

르렀으며, 사람을 살린 일이 부지기수다"라는 기록에서 확인할 수 있다. 이쯤 되면 허준이 단순한 임상의에 머무르지 않고 보다 큰 역할을 할 수 있는 위치로 올라설 수 있었던 토대가 무엇인지 짐작할 수 있다. 좋은 인적 네트워크와 학문적 성취 그리고 실제 진료에서 드러난 뛰어난 실력이 바로 그것이다.

초기《동의보감》편찬에 참여한 사람들 가운데 정작은 앞서 말한 대로 양생의학을 토대로 한《동의보감》편제에 큰 영향을 주었으며, 양예수는 당대 최고의 임상의로서 풍부한 경험을 제공했을 것으로 추측된다. 나머지 김응탁, 이명원, 정예남 등 3명은 실무를 맡았을 것이다. 허준은 임상의 의료 지식과 풍부한 배경지식 및 문장력을 바탕으로《동의보감》편찬을 주도하고 조율하는 역할을 했을 것으로 보인다.

이렇게 시작된 작업은 정유재란으로 멈췄다가 이후 재개되는데, 허준은 급히 진행되는 다른 의서 작업과 진료로 인해《동의보감》에 집중할 수 없었다고 한다. 그러다가 선조의 죽음에 대한 책임을 지고 의주로 유배되었을 때, 1년 8개월 동안 집필에 전념해 책을 완성하게 된다. 만약 이 고립의 시기가 없었다면《동의보감》은 지금 우리가 보는 것과는 다른 모습이었을지도 모른다. 또

초기에 당대 명의들이 모여 편찬의 방향과 기본 틀을 정하고 이후의 과정은 허준 한 사람이 전담한 점이 어쩌면《동의보감》의 완성도를 높이는 원인이 되지 않았을까 하는 생각도 든다.

《동의보감》편찬은 전쟁으로 흩어진 민심을 수습하고 조선의 현실에 적합한 의학을 완성하기 위한 목적으로 진행된 국가적 사업이었다. 여기에 당대 최고 의사들이 참여해 내경의학의 중심이 되는 양생의학을 근간으로 고금의 의학이론을 정리하고 향약을 접목해 보편적이면서도 독창적인 의서를 완성해 낸 것이다. 그 중심에는 의술뿐만 아니라 역사와 경전에 풍부한 지식을 지닌 허준이란 인물이 있었다. 시대적 상황과 국가적 지원, 그리고 그것을 가능하게 한 사람이 만나 한국형 실용의학의 전범인《동의보감》이 완성되었다.

의학에 담아낸 혁명 사상, 이제마

한국 한의학의 독창성을 말할 때 빠지지 않는 게 사상의학과 사암침이다. 이 중 전문적 치료법의 성격이 강한 사암침에 비해, 체질 구분과 섭식 등 일반적 내용을 함께 아우르고 있는 사상의학에 대중적 관심이 높다. 하지만 사상의학이 담고 있는 본질에 비해 접근의 깊이는 얕은 편이다. 보통 '△△인이니 ○은 몸에 좋고 ◇은 몸에 나쁘다'라는 식의 단편적 접근이 주를 이루고, 체질 구분은 체크리스트를 통해 이루어지는 심리검사 정도로 가볍게 여겨지는 상황이다.

하지만 이제마가 창시한 사상의학은 단순히 체질을 구분하고 몸에 좋은 것을 먹어 건강하게 오래 살자는 수준이 아니다. 이제마의 여러 저서 가운데 《동의수세보원》*의 내용을 바탕으로 사상의학의 본모습과 그것을 통해 이제마가 추구했던 바를 살펴보자.

사상의학을 넘어 인간의 성정을 다루다

《동의수세보원》은 '동의東醫'와 '수세壽世' 그리고 '보원保元'으로 나누어 볼 수 있다. 책 제목에 '동의'라는 단어를 쓴 것은 조선 후기 의서 중 이 책이 유일하다. 이런 측면에서 허준이 《동의보감》에서 말한 '동의'라 표현되는 우리 의학을 계승하고 발전시켰다는 것, 즉 중국 의학의 아류가 아니라 독립적이고 발전된 형태의 우리 의학임을 강조했다고 볼 수 있다. 실제 당시의 의학을 보면 조선은 《동의보감》에서 정립된 형태의 의학을 중심으로 발전해간 반면, 중국은 청나라 때 대두된 온병학과 고증학의 학풍에 따른 복고의학 그리고 서양의학을 수용한 이론이 혼재되어 있는 상황이었다.

《동의수세보원》

---

* 《동의수세보원》이란 책 제목에 대해서는 이견이 존재한다. 실제 책의 내용 중 한의학의 흐름에 대해 기술한 '의원론'에서 이제마는 다음과 같이 말하고 있다. "나는 의약 경험이 있은지 5~6천 년 후에 태어나 옛사람들이 저술한 의서를 통해 우연히 사상인 장부성리臟腑性理를 발견하게 되었다. 이에 한 권의 의서를 저술하니 이름하여 《수세보원》이라 하였다." 또한 이제마의 묘비에도 《수세보원》이라고만 적혀 있다고 한다. 하지만 그가 의사로 활동하던 시기에 나온 판본에 《동의수세보원》이라 적힌 것을 보면 '동의'라는 단어에는 이제마의 생각이 반영되었을 것으로 유추해볼 수 있다.

이제마는 이제까지의 의학을 정리하면서 의학사의 큰 공적을 이룬 인물로 《상한론》의 장중경, 《활인서》의 주굉, 그리고 《동의보감》의 허준을 으뜸이라 표현했다. 그리고 직접 표현하지는 않았지만 자신이 사상의학의 계보를 이으면서 전에 없던 이론을 통해 한층 더 발전시켰다는 자부심을 갖고 있었던 것 같다. 즉, 이제마가 '동의'란 단어를 채용한 데는 중화에서 벗어나 조선을 중심에 두었다는 것, 그리고 이를 자신이 계승·발전시켰다는 의미가 함께 담겨 있는 셈이다.

그럼 이제마는 그의 의학에 어떤 내용을 담았을까? 단초는 바로 '수세'와 '보원'에 있다. '수세'는 그가 쓴 다른 저서인 《제중신편》에서 나온 말이다. 그중 '오복론'에 다음과 같은 구절이 나온다.

인생의 지극한 즐거움은 5가지이니, 첫째는 장수壽, 둘째는 고운 마음 씀씀이美心術, 셋째는 좋은 독서好讀書, 넷째는 집안을 일으키는 것家産 그리고 다섯째는 사회에 나가 일정한 역할을 수행하는 것行世이다.

'수세'라는 단어는 5가지 요소의 처음과 마지막 글자를 따서 만들었는데 위의 내용 전체를 아우르는 것이라고 할 수 있다. 위의 구절에 이어 이제마는 다음과 같이 말한다.

살아 있지 못하면 마음을 좋게 가져도 유익함이 없고, 마음가짐이 바르지 않으면 책을 읽어도 소용이 없다. 책을 읽지 않으면 집안의 재산을 쌓을 수 없고, 재산이 없으면 사회에 나가도 얻을 것이 없다.

이렇게 보면 '수세'라는 말은 한 사람이 개인적 차원에서 가정 그리고 사회로 나아가는 과정을 담고 있다고 할 수 있다. 《대학》의 팔조목八條目과도 일맥상통하지만, 내용은 훨씬 우리 일상에 가깝다. 이제마가 《제중신편》을 말년에 썼다는 점을 고려하면 '오복론'에는 그가 경험한 현실적인 삶의 모습이 반영되어 있다고 판단할 수 있다. 실제 《동의수세보원》은 인간의 성정과 사회 구조, 역할 분석에 많은 부분을 할애한다. 이제마는 이런 요소가 개인과 사회의 건강을 결정하는 중요한 원인이라고 여겼을 것이다.

한편 '보원'은 근원을 지킨다는 의미다. 우리가 사상체질이라 부르는 것에 대한 보다 직접적인 표현이라 할 수 있다. 각 체질은 고유의 특성에 따라 좋은 건강을 유지하는 데 핵심적인 요소가 있는데, 이를 잘 지켜야 한다는 말이다. '보원'은 일상에서의 섭생을 포함해 앞서 이야기한 인간의 성정과 매우 밀접한 관련이 있다.

이상을 통해 보면 '동의수세보원'이란 제목은 이제마가 생각한 사상의학의 위치와 의미, 그가 바라본 인간과 사회 그리고 이에 대한 새로운 해석으로서의 사상체질을 상징한다고 할 수 있다.

인간과 자연에서
인간과 사회의 문제로

이제마가 인간을 타고난 성정과 장부 기능의 차이에 따라 4가지로 구분하고 그에 대한 치료법을 제시했다는 점은 매우 독창적이고 높이 평가할 수 있는 부분이다. 하지만 사상의학이 기존 의학과 구분되는 가장 큰 특징은 바로 '관점의 전환'이다.

《황제내경》이래로 한의학은 자연과 인간의 관계를 중시했다. 즉 자연의 일부인 인간이 어떻게 하면 자연의 흐름에 잘 순응할 수 있을지가 가장 큰 주제였다. 《동의보감》에서 강조한 양생도 여기에 기초를 두었다. 이제마는 이것을 인간과 사회의 문제로 전환한다. 일종의 패러다임 전환을 시도한 셈이다.

이런 시도는 당시 조선 사회의 모습에서 기인한 결과일 수도 있다. 세도정치가 만연하고 정치는 불안했다. 외세의 침탈로 인해 백성의 삶은 피폐해지고, 사회적 구조 또한 붕괴하고 있었으며, 영원할 것 같던 중국이 무너진, 혼돈 그 자체였다. 기존 해석은 이런 혼란을 해결하는 데 답이 될 수 없었다. 바야흐로 새로운 사상에 대한 요구가 높아지고 있었다. 만약 사회운동으로서 동학이 등장했다면, 의학에서는 이제마의 사상의학이 그런 역할을 했다고 할 수 있다.

하지만 단순히 이와 같은 사회적 요인만으로는 사상의학이 담고 있는 혁명적 변화를 모두 설명할 수 없다. 여기에는 이제마란 인물에 대한 설명이 반드시 필요하다.

이제마는 1837년 함경남도 함흥에서 출생했다. 어려서부터 학문적 성취는 물론이고 담력과 무예가 뛰어났다. 하지만 혼돈의 시기였던 탓에 이제마는 신분 차별과 지역 차별이라는 2가지 벽에 부딪혀야 했다. 집안에 아들이 없어 비록 적자로 입적되기는 했지만 어머니가 낮은 신분이라 서자라는 관습적 차별에 시달려야 했다. 여기에 '홍경래의 난'이라는 형태로 폭발한, 조선 건국 초부터 지속된 서북 지역 출신에 대한 차별 또한 이제마를 괴롭힌 요소 중 하나였다.

이제마는 가출과 방황의 시기를 거친 뒤 무관으로 등용되어 진해현감에 제수되고 병마절도사에 임명되었는데, 이때가 50세였다. 그 후 10년여를 관직에 있으면서 모반을 진압하는 등 공로를 세웠지만, 고원군수를 마지막으로 관직에서 물러났다. 만년에는 고향인 함흥에 한의원을 열고 진료와 제자 양

이제마의 초상

성에 힘쓰다가 사망한 것으로 알려져 있다.

이제마가 처한 시대 상황과 타고난 신분 그리고 지역적 차별이란 요건이 그에게 현실을 변화시키고 싶은 강한 동기를 부여했을 것이다. 하지만 한번 기울어진 시대적 흐름을 되돌리기란 쉽지 않았고, 이런 생각은 관직 생활을 하면서 더욱 확고해졌다. 어려운 상황의 연속이었지만 이제마는 체질론에 대한 연구를 지속했고, 그의 연구 성과는 《동의수세보원》 탄생으로 열매를 맺었다. 여기에는 스스로가 태양인 체질의 지병을 앓고 있었던 점도 한 가지 요인으로 작용했다고 알려져 있다.

모든 것은 변화한다

이제마의 사상의학은 사상체질이라는 새로운 의학적 기준을 제시했고, '자연과 인간'이라는 의학적 패러다임을 '인간과

사회'로 전환하려 시도했다. 여기에는 어쩌면 태어나면서부터 경험한 불공평하고 혼란한 사회를 개혁하고자 했던 이제마의 의지가 투영된 게 아닐까 생각해본다. 타고난 신분과 지역에 관계없이 만인이 평등하고, 타고난 성정에 따라 각기 다른 개성과 장점을 발휘한다면 보다 조화로운 세상을 만들 수 있다고 생각하지는 않았을까? 만일 그랬다면 이제마의 사상은 단순히 의학적 차원에 머무르지 않고 이를 통해 사회를 개혁하고자 한 의지를 표현한 것이라볼 수 있다. 이제마의 이런 생각은《동의수세보원》〈광제설〉의 다음 구절에서도 확인할 수 있다.

> 천하의 악 가운데 어진 사람과 능력 있는 사람을 이유 없이 질투하는 투현질능妬賢嫉能보다 더한 것이 없고, 천하의 선 가운데 현자를 좋아하고 선을 즐기는 호현락선好賢樂善보다 더한 것이 없다. 투현질능이 아닌데도 악이라 한다면 악이라 하더라도 그리 많지 않을 것이고, 호현락선이 아닌데도 선이라한다면 그 선이 그리 크지 않을 것이다. 과거의 기록을 더듬어 생각해봐도병에 걸린다는 것은 모두 투현질능에서 나오고, 병을 고치는 것은 모두 호현락선에서 나온다. 그러므로 투현질능은 세상에서 가장 많은 병이고, 호현락선은 세상에서 가장 큰 약이다.

편작과 화타를 거쳐 전순의, 허준 그리고 이제마까지. 고대에서 근세에 이르는 기간에 명의로 꼽을 수 있는 인물들을 거울삼아 한의학을 비춰보았다. 물론 이 다섯 사람만으로 한의학의 장구한 역사를 살펴봤다고 말하기는 어렵다. 이 외에도 명의라 칭할 수 있는 많은 의사들이 있었고, 다양한 학파의 의론이 명멸했으며, 이런 현상은 현재진행형이기 때문이다.

그토록 오랜 기간에 걸쳐 '인간의 병'이란 주제를 다루었는데도 의학이 끊임없이 변화하는 건 무슨 이유에서일까? 우리가 추구하는 모든 학문이 그러하듯 의학 또한 시대적 한계를 갖고 있기 때문이다. 세계를 해석하는 관점의 변화에 따라 인간과 병에 대한 인식이 변화하고, 의학은 이를 흡수하면서 쉼없이 변화한다.

우리 세대 혹은 다음 세대가 기록하게 될 한의학의 명의는 아마도 현대과학의 발견과 방식을 토대로 그동안 누적된 한의학적 연구 성과를 시대에 맞게 해석하고 적용한 누군가가 되지 않을까 싶다. 그를 통해 진정한 환자 중심 의료가 실현되길 바란다.

정리

- '편작'은 사마천의 《사기》에 실린 최초의 의사로, 제나라의 왕 환공의 병을 미리 알아챈 일화로 유명하다.
- 《삼국지》에서 관우와 조조의 병을 치료한 의사 화타는 '외과의사의 효시'로 알려져 있다.
- 조선에서 30여 년간 어의를 지낸 전순의는 《식료찬요》《산가요록》 등의 의서를 남겼으나 기록이 별로 없어 그동안 잘 알려지지 않았다. 그는 음식이 최선이고 약은 차선이라는 '식치'를 강조했다.
- 허준의 《동의보감》은 인간 본연의 생명력과 기능을 증진하는 양생법을 기본으로 삼았다. 《동의보감》은 한국 실용의학의 기준이 되었으며, 중국과 일본에서도 가치를 인정받은 스테디셀러였다.
- 사상의학을 창시한 이제마는 《동의수세보원》에서 '인간과 사회의 문제'로 패러다임 전환을 시도했다. 여기에는 당시 조선 사회의 혼란과 차별받고 자란 본인의 배경이 영향을 끼친 것으로 보인다.

생태계에서 배우는
삶의 원리

· 최 형 선 ·

· 연관 교과목 ·

중등교과	고등교과
과학과	과학/생명과학

· 키워드 ·

생태계　　적응　　생물　　환경　　변화　　경쟁

유전자　　생명　　전략　　진화

공동체　　협력　　공존　　멸종　　기후변화

약 30억 년 전 지구에 최초로 생명체가 출현했다. 단세포에 이어 다세포 생명체가 탄생했고, 이후 지구에는 다양한 종의 생명체가 함께 살아가고 있다. 격변하는 지구 환경에 적응해나가며 살아남은 종이 있는가 하면 멸종한 종도 있다.

낯선 환경에 놓인 생물은 끈질긴 생명력을 발휘해 자신의 한계를 끌어올린다. 그 과정 중 짝짓기 결과로 남겨진 특정 유전자는 생존력을 높이는 기회가 되었고 진화의 결과물로 남았다. 이러한 고생물학 자료는 지구 곳곳에 단서를 제공하며 생물이 걸어온 발자취, 즉 역사를 알리고 있다.

극한 환경에 적응하는 능력도 중요하고, 한정된 자원을 나눠야 하는 상황에서 경쟁력 또한 필요하다. 종내 경쟁뿐 아니라 종간에서도 경쟁은 불가피하다. 생존에 필요한 에너지 자원이 제한되어 있기 때문에 경쟁은 불가피하다. 경쟁에서 이긴 종만 살아남게 된다. 강한 것이 살아남는 것이 아니라 살아남은 것이 강한 것이라는 말이 그래서 나온다.

지금 살아남아 있는 동물들은 저마다의 강점을 극대화해 생존하고 있다. 큰 사슴뿔로 스스로를 과시하는 수컷 순록이 우세한 자원 섭취 능력이나 유전적 우월성을 드러내는가 하면, 같은 사슴과이지만 보잘것없는 뿔을 가진 푸두도 있다. 하지만 푸두는 쓸데없이 큰 뿔은 자원 낭비일 뿐이라는 사실을 역설적으로 알리고 있다.

지구 환경이 격변할 때도 살아남은 동물이 있다. 불곰이 대표적이다. 수백만 년 전 빙하기에 불곰은 빙하에 고립된 극한 환경에서 살아남았고, 돌연변이 기회를 잡으며 생존력을 높였다. 털의 멜라닌 색소 입자가 차단된 돌연변이가 천우의 기회로 작용한 것이다. 뿐만 아니다. 황제펭귄은 자손 번성이라는 목적 아래 천적을 피하기 위해 더 맹렬한 한파 속으로 걸어 들어갔다. 극한의 추위 속에서 암컷이 낳은 알을 수컷이 품고, 지친 암컷은 먼저 바다로 달려가 영양을 보충한다. 새끼가 태어난 후에도 수컷과 암컷은 역할을 바꿔가며 서로를 위로한다.

인간은 지구 생태계의 일원이다. 생태학은 생물학, 지구과학 등의 전문지식을 융합하는 학문이다. 생태학을 전공하게 되면 생태학자라는 과학자로 진로를 결정할 수 있다. 진로 고민은 차치하고, 생태계에 대한 이해는 지구를 살아가는 인간 모두에게 필요하다. 최소한의 교양이다. 생태계를 이루고 있는 동물들의 생존전략을 이해하게 되면 지구와 인간을 따스한 눈길로 바라볼 수 있다. 지구의 주인이 인간이 아니라는 사실을 깨닫고 환경을 위해 무엇을 해야 할지 고민하게 된다.

극한의 위기에 처한 동물들이 위기를 기회로 바꾼 과정을 보면서 나의 걸림돌을 어떻게 디딤돌로 바꿀 수 있는지 답을 찾는 과정이 될 수 있다. 동물들의 생존전략을 통해 나의 강점은 키우고 동료의 강점을 인정하며 서로를 보완하는 시너지 효과도 누릴 수 있다.

생태계에서는 짝짓기로 다양한 유전자 획득 기회가 높아지는데, 좋은 유전자를 가진 배우자를 만나 자손을 번성하는 것도 필요하겠지만, 내 장점을 알아봐주는 친구와 함께 하는 일은 내 강점을 뚜렷이 특수화시키는 데 도움이된다. 동물은 그렇게 자신의 강점을 특수화시키며 자신의 존재를 남과 다른모습으로 드러냈다. 생태계에서는 새로운 종의 탄생이 되는 것이고, 인간 사회에서는 새로운 직업과 특수 분야가 개척되는 일이다. 각자의 생존전략을 면밀히 수립하고 가자. 그것이 지구 생태계의 일원으로서 그리고 세상에 존재하는 나에 대한 책임이자 의무다.

어설픈 변신, 그래도 나는 나다

자기과시는 사람만 하는 게 아니다. 동물의 자기과시가 사람과 다른 점이 있다면 실력으로 자신을 드러낸다는 데 있다. 교묘하게 포장해 위선적 성향을 띠는 허세가 아니다. 춤이나 노래로 시선을 끌거나 화려한 아름다움을 뽐내기도 하고, 힘을 기르는 일에 심혈을 기울이기도 한다. 짝짓기를 위한 구애 행위나 세력권 확보를 위한 투쟁에서 자기과시는 꽤 쓸모가 있다. 외모를 경쟁력으로 끌어올린 전략의 사례로 사슴을 들 수 있다. 이들의 과시는 실질적인 능력을 갖추는 데 집중한다. 슬슬 남의 눈치를 본다거나 공허한 내면을 가리지 않으니 떳떳하다.

크기로 제압하라

사슴은 진화과정에서 주저하지 않고 외모에 고비용을 투자하며 사치성 기관을 발달시킨 대표적인 동물이다. 과시 용도로 사용하는 뿔은 해마다 떨어졌다가 다시 자라기 때문에 비효율적인 데다 포식자 눈에 잘 띄고 도망치기에도 거추장스럽다. 달고 다니느라 에너지를 소모하는 것도 모자라 뿔을 유지할 영양분도 섭취해야 한다. 한마디로 뿔은 간수하는 데 노력이 필요한 고가의 사치재다. 폼 잡는 데 드는 비용이 만만치 않다.

그럼에도 불구하고 뿔을 기르는 데는 이유가 있다. 큰 뿔은 유전적 우월성을 나타내는 것으로, 능력 있는 사슴이라는 점을 알리는 도구다. 새 뿔은 봄과 여름에 걸쳐 두개골 이마뼈 위쪽에서 대칭으로 자라나는데, 먹이 채집 능력과 대사 효율성이 좋을수록 큰 뿔을 가질 수 있다.

뿔이 큰 수컷은 질병 저항력이 강할 뿐 아니라 생식능력 또한 월등하다. 큰 뿔을 가진 수컷은 암컷에게 유능하고 힘이 좋고 건강한 존재로 인식된다. 수컷끼리 뿔을 맞대고 겨루더라도 절대적으로 유리해서 짝짓기 선택권을 차지하기 쉽다. 암컷은 튼튼한 자손을 낳기 위해 건강한 수컷과의 짝짓기를 선호한다. 이러니 과감한 투자를 망설일 필요가 없다.

그런데 뿔이라고 뻐기기엔 너무 궁상맞은 뿔을 가진 사슴이 남미에 산다. 사슴 중에서도 가장 몸집이 작은 푸두Pudu다. 푸두도 다른 사슴처럼 수컷에게만 뿔이 있는데 워낙 빈약해서 갈라지지도 않은 채 7센티미터 남짓한 길이로 머리 위쪽에 한 가닥씩 두 개가 솟아 있다.

빈약한 뿔을 가진 푸두와 문자크

　푸두보다 더 형편없는 뿔을 가진 사슴이 없는 건 아니다. 현존하는 사슴 중 가장 오래된 사슴인 문자크^{Muntjac}가 그렇다. 문자크 수컷은 짧은 뿔을 가졌는데 마치 귓바퀴처럼 피부로 덮여있어서 겉으로 크게 드러나지 않는다. 그래도 수컷은 경쟁할 때 아래로 향한 송곳니를 드러내며 그 볼품없고 조그마한 뿔을 사용한다.

　푸두는 어쨌거나 열대림 출신의 사슴 조상에 비하면 거주지를 인근 온대우림지역으로 옮기며 나름의 변신을 꾀한 쪽이다. 다만 색다른 환경으로 과감히 진출하고, 그곳에서 완전히 새롭게 출발하려는 도전 정신이 조금 부족했다.

　반면에 북극지방으로 멀찌감치 진출한 순록의 수컷들은 1미터가 넘는 압도적인 크기의 뿔을 갖고 있다. 순록은 암수 모두 다른 사슴은 꿈도 못 꿀 큰 뿔을 달고 자신들의 재력과 능력을 과시한다.

　온대에서부터 아극지방의 기후에 적응한 무스^{Moose}도 마찬가지다. 무스의

무스

활동 무대 또한 침엽수림이나 낙엽수가 혼재된 추운 곳으로, 순록의 서식지와 중복되기도 한다. 무스는 사슴 중에도 몸집이 월등히 커서 웬만한 수컷 몸무게가 380~700킬로그램에 달한다. 무스의 뿔은 손바닥 모양으로 퍼져 있는데 양쪽으로 펼쳐진 폭이 2미터에 육박한다.

고생물학 자료를 찾아보면 사슴 출현 초기에는 몸집과 뿔이 지금보다 작았지만 점차 여러 대륙으로 퍼지면서 몸집도 커지고 나뭇가지 모양으로 크게 뻗어난 뿔을 갖게 된 것을 알 수 있다. 멸종한 사슴 중에는 현존하는 사슴보다 덩치가 훨씬 더 큰 것도 있었는데 뿔의 길이가 3.5미터에 달했다.

사슴의 뿔이 해마다 이렇게 불쑥 크려면 칼슘, 인 등 무기염이 많은 양질의 먹이를 양껏 먹어야 한다. 사슴은 되새김동물이지만 소나 양과는 달리 섬유소가 적은 부드러운 먹이로 끼니를 때운다. 홍수가 나거나, 빙하가 물러가거나,

산불이 나서 파괴된 환경에 풀이나 잎이 돋아나기 시작하면 어김없이 사슴이 등장한다.

고달픈 건
사슴이나 사람이나 마찬가지

사슴은 먹이를 찾아 다양한 지역을 돌아다닌다. 어린잎이나 부드러운 가지, 신선한 풀과 과실, 곰팡이나 이끼처럼 막 돋아난 먹이를 좋아하기 때문에 계절 변화가 거의 없는 곳에서는 상대적으로 먹을 게 마땅치 않다. 먹을거리도 적은데 그나마도 함께 사는 다른 동물들과 나눠 먹어야 할 형편이다.

열대는 혹독한 환경이 닥쳐올 위험이 적고, 먹이가 사방에 널려 있어 굶어 죽을 염려 또한 없기에 일단 머물면 딱히 벗어날 엄두를 내기 어렵다. 재물이 쌓인 동네를 벗어나면 환란을 당할까 겁을 내는 인간처럼 시야가 점점 좁아져 결국 풍요 속에 갇히고 만다. 주변의 넉넉함에 원대한 목표를 잃어버린 열대 생물들은 좁은 공간에 복닥거리며 좁은 지위를 차지하고 산다. 먹잇감은 풍부하나 영양가가 높지 못하다. 무성하게 자라난 식물들은 섬유소가 많아 질기고 독성이 생겨 소화하기 까다롭다. 그러니 열대에 머무는 종들은 다른 생물들과 공존하기 위해 몸집을 줄여가는 등 현상 유지에 바쁘다. 경쟁에서 배제될까 두려워 남의 생존 방식을 모방해야 하니 눈치를 살피며 소심해질 수밖에 없다. 어찌 보면 고달픈 삶이다. 도시에 모여 사는 현대인과 닮은 듯도 하다.

반면에 추운 지방으로 과감히 진출한 사슴들에겐 전혀 다른 스토리가 펼쳐진다. 겨울이면 추위에 떨며 배를 쫄쫄 곯을 것 같지만 눈 밑을 뒤져 양분이 손실되지 않은 먹이를 섭취할 수 있다. 가을에 심한 서리로 풀이 얼어 죽고 그 위에 눈이 쌓이면 그야말로 자연이 만든 저장 목초가 되는데, 이는 추운 지방에 사는 동물들이 겨울을 버티는 에너지원이 된다.

이들은 매서운 추위를 견디며 몸집을 불렸다. 봄이 되면 얼음이 녹아 질퍽해진 땅에서 신선한 풀과 두툼한 이끼가 마구 솟아나는데, 사슴들에게는 섬유소와 독성이 적고 단백질이 풍부한 고영양 식량이 되어준다. 무기염이 많은 양질의 먹이가 무한 리필되는 것도 추운 기후에 진출한 순록과 무스가 사치스럽고 큰 뿔을 발달시킬 수 있었던 이유다.

짧고 가늘어도
내 방식대로 산다

푸두가 사는 온대우림은 칠레와 아르헨티나에 걸친 안데스산맥 남쪽, 태평양을 향한 서해안에 위치한다. 낙엽수와 침엽

남방푸두

수가 자라고는 있지만 상록활엽수가 우점식생優占植生(어느 지역에 특히 많이 자라는 지배적인 식물의 집단)으로 해발 2천 미터가 넘는 곳이다. 이곳에 사는 푸두를 남방푸두라 부른다. 북방푸두는 안데스산맥 북쪽 콜롬비아, 에콰도르, 페루에 걸쳐 2~4

천 미터에 달하는 고산지대 숲에 산다.

이 두 곳의 온대상록림은 온도가 다소 낮다 뿐이지 열대림과 별반 다를 게 없어서 봄이 와도 신선한 먹이가 마구 돋아나지는 않는다. 열대림에 대한 미련을 떨쳐내지 못한 푸두의 변신은 어설펐던 셈이다. 미지의 세계로 진출한다는 것은 적응력을 단계별로 높여야만 하는 실력 싸움이기 때문에 감히 마음 다잡기가 어려울 수밖에 없다. 푸두의 외모와 삶은 크게 개선되지 못한 채 조상과 거의 닮은꼴이다. 자신보다 수십 배는 더 커다란 몸집에 근사한 뿔을 가진 다른 사슴의 삶은 푸두에게 별세상 이야기다.

그러나 근사한 뿔이 부러워 낙담한다면 자신에 대한 모독이다. 나는 나다. 짧고 가느다란 다리로 12킬로그램 정도의 몸무게를 유지하면서 작으면 작은 대로, 없으면 없는 대로 행복하다. 푸두는 활동성이 왕성한 것도 아니고 사회성도 그다지 좋지 못해 단독으로 산다. 어스름이 깔리는 무렵을 좋아해서 아침이나 늦은 오후에 그 나름대로 성실하게 움직인다.

경계심이 많고 세심한 탓에 과감히 고향을 떠나지 못했을지 모른다. 그 소심한 습성은 천적을 살피거나 먹이를 찾는 미시적 삶에서 헤어나지 못하다 보니 생긴 것일지도 모른다. 아무튼 이 소심한 동물은 정말 잘 놀란다. 너무 깜짝 놀란 푸두는 심장합병증으로 죽는다는 말까지 있다.

푸두는 현재 개체 수가 현저히 줄어 멸종위기종에 속한다. 하지만 사람들의 우려처럼 겨우겨우 목숨을 연명하며 사는 게 아니라, 안데스산맥을 따라 새록새록 펼쳐지는 별난 풍광을 만끽하며 설레는 마음으로 살아가고 있을 것이다. 주어진 삶을 능동적으로 즐기며 누리는 건 그의 몫이다.

2교시

극한의 압박에서 피어나는
처절한 생명력

스트레스가 쌓이면 탈이 나기 마련이다. 안으로 병이 나든, 밖으로 분노가 치밀든 스트레스에 눌려 망가지기도 하고 때론 걷잡을 수 없는 악순환의 고리에 갇히기도 한다. 생태계에도 그런 스트레스를 감당하지 못해 끝내 몸이 상하는 생물들이 종종 있다. 북극 툰드라에 사는 나그네쥐, 레밍^{lemming}이 그렇다.

레밍은 돼지나 하마처럼 사회성이나 접촉성이 좋지 않아 늘 외톨이로 지내기 때문에 과밀 상태가 되면 예민하게 반응한다. 그러나 짝짓기에는 소홀한 법이 없어 생식능력은 뛰어나다. 먹이만 많다 싶으면 여기저기서 임신하고, 3주 후면 대여섯 마리씩 새끼를 낳으니 번식 속도가 빠르다.

어느 곳이든 환경은 한정된 법이라 우호적인 상황이 무한정 펼쳐지지는 않는다. 먹이가 부족해지거나, 살아 갈 공간이 모자라거나, 혹은 배설물과 쓰레기로 오염돼 병균이 생겨나기도 한다. 주거 공간이 열악해지면 슬슬 환경으로 인해 압박을 받는다. 게다가 레밍이 늘어나면 족제비 같은 포식자도 급증하면서 잡아먹히

레밍

는 신세가 된다. 이런저런 이유로 번식에 한계가 있는 건 당연지사다.

레밍은 대략 4년 주기로 급증했다가 대량 사망하고, 개체 수가 줄면 빈 공간을 이용해 다시 폭발적으로 증가하는 주기적인 사이클을 보인다. 레밍이 한꺼번에 죽었을 때 그 원인을 조사한 결과, 먹이가 모자라 굶어 죽은 게 아니었다. 과밀화 상태에서 스트레스 호르몬이 급증하면서 지레 흥분하고 공격적인 성향으로 돌변해 정상적인 대사 리듬이 깨어진 상태였다. 남을 공격했는데 내가 망가지는 '부정적 그물'에 덜컥 걸려들고 만 것이다. 검은 기운이 덮친 레밍을 포식자가 잡아먹는 건 식은 죽 먹기다. 레밍은 별수 없이 스트레스에 번번이 패한다.

절망 속에서 희망을 발견한 불굴의 선수들

레밍이 아직 멸종하지 않은 것처럼 개선될 기미가 전혀 없는 극한의 스트레스가 삶을 반드시 망가뜨리는 건 아니다. 생

태계에서 존재감이 뚜렷한 생물들을 조사해보면 진화과정에서 대부분 절망을 마주했던 과거가 뒤따라온다. 북극해와 주변 육지를 오가며 지구상 최고위도에 사는 북극곰이 딱 그렇다. 핵 유전자에 담긴 북극곰 양친 부모의 특성이나, 모계 유전자를 살피는 미토콘드리아 게놈 연구는 북극곰이 지구상에 등장한 지 얼마 안 됐다는 사실을 밝혔고, 몸집이 큰 동물 중에서 실로 엄청나게 빠른 속도로 진화했음이 드러났다.

북극곰이 등장한 시기를 핵 게놈 분석 자료로 따져보면 진폭은 크지만 대략 60만 년 전후로 드러난다. 북극 해안의 어떤 불곰 개체군이 먹이를 바꿨다는 증거인데, 잡식성인 불곰이 육식동물로 변신하기 위해 완전히 다른 '직업'을 택했다는 얘기다. 불곰은 잡식성이긴 해도 식물성 먹이가 약 90퍼센트에 달한다. 이에 반해 북극곰은 먹이의 90퍼센트가 육식으로 포유동물 중 육식 비중이 가장 높다. 이빨을 비롯한 신체 변화 없이 먹이를 완전히 바꾸는 일은 처절한 생명력이라는 표현 외에는 달리 할 말이 없다. 잘나가던 직장이 덜컥 사라지자 생소한 직종에 다짜고짜 뛰어들었다고 비유하는 것도 만신창이 상태로 죽음에 내몰렸던 불곰을 하찮게 본 말에 불과하다.

궁지에 몰린 소수의 불곰에게 나타난 빠른 체질 변화가 북극곰의 출발점이다. 북극곰의 조상은 불곰이다. 빙하에 갇혀 죽음과 맞닥뜨린 불곰이 한계상황을 넘기며 기어코 살아남은 성공 스토리와, 동시에 팡파레를 울리며 생태계에 출현한 북극곰을 소개한다. 그가 얼마나 절박했는지, 처절한 생존의지가 그를 어떻게 바꾸어놓았는지 말이다.

캄차카반도에 사는 불곰은 캄차카불곰 또는 극동불곰이라고 부른다. 이 캄차카불곰은 코디악곰과 알래스카반도에 사는 불곰의 조상으로 보는데, 유라

불곰은 추운 기후에 적응하기 위해 북극곰으로 진화했다.

시아 곰 중에서 몸집이 가장 크고 몸의 색깔도 진하다. 북극곰의 조상은 바로 시베리아 동쪽 끝에 사는 캄차카불곰의 일종이라 알려져 있다.

북극곰 진화의 시발점은 고위도 지방으로 진출한 불곰 무리 일부가 빙하에 고립되었던 시기부터다. 빙하기 사이사이에 온도가 올라가는 간빙기가 되면 불곰 개체군은 따스해진 기후 때문에 먹이를 찾아 고위도로 올라가 산다. 그런데 수백 년 넘게 축적된 엄청난 규모의 빙하가 무너져 내리면서 불곰이 시베리아 동쪽 끝 바닷가에 덜컥 갇히는 사건이 발생했다.

먹이를 찾아 장거리를 자주 이동하는 불곰은 낯선 환경을 심심찮게 겪었겠지만 허물어져 떨어지는 빙하는 공포 그 자체였을 것이다. 주변은 삽시간에 묻히고 눈사태로 불곰 여럿이 생명을 잃는다. 눈사태를 당하며 그 지역 동물 모두가 무너진 빙하에 얼떨결에 고립되었다.

시베리아 동쪽은 기후가 변화무쌍한 지역이라 거대한 유라시아 대륙의 냉기와 동쪽 태평양의 바닷바람이 만나 거센 눈보라를 만든다. 여기에 강력한 한파가 겹치며 광풍이 가차 없이 휘몰아친다. 혹한은 끝도 없이 계속되고 가도 가도 차디찬 얼음판에, 펼쳐지는 풍광은 시퍼런 파도가 밀려오는 바다뿐이다.

추위에 굶주렸지만 눈을 씻고 찾아봐도 먹이는 없고, 털은 엄청난 추위를 견뎌낼 만큼 두툼하지도 않았다. 스트레스가 한둘이 아닌 데다 벗어날 재간도 없었다. 게다가 발은 눈과 얼음 위를 걷기에 적합하지 않아 생고생의 연속이었다. 끝없는 절망과 마주했다. 해는 하릴없이 떠올랐지만 희망은 어둠으로 가라앉아 버리기를 반복했다.

불곰은 우여곡절 끝에 물범이 우글대는 얼음 위에 도달했다. 간절한 심정으로 물범을 덮쳤지만 얼음 위에서 유난히 도드라지는 갈색 털은 물범에게 너무 쉽게 들켰다. 절실함이 하늘과 통했는지 회색보다 더 밝은 흰털로 덮인 곰이 태어났다. 피부는 까만색 그대로인데 털로 가야 할 멜라닌 색소입자가 차단된 돌연변이가 생긴 것이다. 절체절명의 위기에서 절호의 찬스를 잡았다.

이유 없는 돌연변이

하얀 털은 얼음에서 사냥할 때 위장이 쉬워 살아남기 좋았다. 결국 생존에 유리한 흰 털을 가진 곰이 무리를 지배하게 되었다. 기름기 많은 먹이를 먹어대면서 그들의 피부와 털은 두툼해졌고 어떠한 추위에도 거뜬히 견딜 수 있는 힘이 생겼다. 북극곰의 피하 지방층 두께는 10센티미터 정도로 혹독한 추위 속에서도 몸이 얼지 않을 뿐 아니라 물에도 잘 뜬다. 게다가 털이 이중으로 나서 몸의 열을 어찌나 잘 가두고 있는지 적외선 카메라로 촬영해도 거의 잡히지 않는다. 다만 북극곰이 숨 쉴 때 나오는 열 때문에 콧구멍 근처만 카메라에 포착될 뿐이다.

북극곰처럼 몸집이 큰 동물이 빠른 속도로 몸의 색깔을 바꿀 수 있었던 것은 빙하에 고립된 무리의 숫자가 적었기 때문이다. 작은 규모의 개체군에서는 뜻하지 않은 유전자 변이로 예측 가능한 유전자 빈도가 달라지는 일이 종종 있다. 무리 내의 유전자 빈도가 짐작할 수 없는 방향으로 흘러가는 유전자부동Genetic Drift이 흔히 일어나는데 이 뚱딴지같은 유전자가 그 개체군 전체의 특징으로 자리 잡게 된다. 적은 수의 개체가 보유하고 있는 드문 대립형질이 불균형하게 증가하면서 개체군 전체에 유전적 빈도가 빠르게 변화한다. 예전과는 다른 새로운 종으로 진화할 확률이 커지는 것이다.

개체군 규모가 작으면 근친교배 또한 일어나기 쉬워서 유전자 다양성은 뚝 떨어지고 특정 형질은 그대로인 채로 그 무리를 지배하게 된다. 이 역시 북극곰이 획득한 특성이 무리 전체에서 압도적으로 우세하게 된 원인이다.

북극곰은 어설프게나마 특색을 갖추면서 빙하에서 살아남았다. 털색이 바뀌어 겉보기에는 지금의 북극곰 같았지만, 처음에는 이빨 형태와 몸집 크기가 불곰 그대로였다. 긴 세월이 흐르면서 발 크기는 커졌고, 딱딱한 얼음판을 걷다 보니 갈고리 발톱은 짧고 단단해졌다. 발바닥은 또 어떤가. 넓은 패드에는 부드럽고 작은 돌기가 돋아 얼음 위에서 정지마찰력을 높였다. 덕분에 얼음이나 눈 위에서 미끄러지지 않고 움직일 수 있게 되었다. 그 후 오랜 세월에 걸

넓은 패드와 큰 크기를 가진 북극곰의 발

쳐 이빨이 달라지고, 두개골은 길어
졌으며, 수영과 사냥 실력이 좋아져
지방이 풍부한 먹거리를 먹으며 번
성하게 되었다.

북극곰의 이빨이 육식을 주로 하
는 42개의 이빨로 진화하게 된 시기
는 최근에 이르러서다. 불과 만 년
전까지만 해도 북극곰은 불곰의 어금니를 갖고 있는 경우가 많았다. 하지만
점점 어금니는 작게 들쭉날쭉해졌고 송곳니는 크고 날카로워졌다.

간절함이 낳은
새로운 종의 탄생

생존을 향한 처절한 열망은 새로운 종을 탄
생시킨다. 60만 년 전의 불곰은 견딜 수 없는 스트레스에 바늘구멍을 뚫어놓
고 압박감을 견딜 힘을 모았다. 희망이 사라진 것 같았지만 다시 작은 불씨를
살리고 없던 길을 만들었다. 절망에 굴하지 않고 통곡하면서라도 대면했던 것
이다.

북극곰의 탄생은 난데없는 유전자 돌연변이로 인해 갑작스레 생긴 것이
아니다. 생물의 행동은 유전자의 영향을 받지만 유전자 변화가 없는 상황에
서도 바뀔 수 있다. 지성이면 감천이라고 모든 생물은 노력하는 자에게 오는
기적과 같은 기회를 잡아낸다. 살겠다는 생명의지다. 싫으면 떠나는 자유의

지도 있다. 극도의 선택 압력을 받을 때 적은 규모의 개체군은 완전히 사라지거나 혹은 변신한다. 극한의 스트레스가 간절한 생명의지를 만나 변신으로 이어진다.

암컷은 약자인가

미투 운동은 남성 중심의 억압적 폭력 문화에 저항하고 위계 구도를 바로 잡자는 운동이다. 여성들은 성폭력, 성추행 피해 사실을 공개적으로 밝히면서 억울함과 불안함의 응어리를 터트리고, 경각심을 일으켜 사회를 정화하려고 한다. 기울어진 힘의 축이 균형을 이루어갔으면 하는 바람이다.

힘의 불균형이 지속되어 양극화가 심화되는 건 인간 사회뿐 아니라 생태계에서도 흔한 일이다. 하늘로 치솟는 나무 그늘 밑에 적응하는 식물도 많고, 눈치껏 살금살금 활동하는 동물도 많다. 종種 간의 경쟁도 그렇지만 종 내의 경쟁에서 힘겨루기는 더욱 특징적이어서 대개 수컷이 무리의 우두머리로 등장한다.

생태계에 존재하는
다양한 암수 관계

　　　　　　　　　　물론 오리나 긴팔원숭이처럼 사이좋게 일부
일처를 유지하는 동물도 있고, 물꿩처럼 수컷보다 몸집이 더 큰 암컷이 일처
다부로 세력권을 형성하는 경우도 있다. 물꿩은 알을 불쑥 낳기만 하는 암컷
과 달리 수컷이 알을 품고 새끼를 지키고 기른다. 암컷이 육아에 바쁜 수컷에
게 짝짓기를 유도하느라 새끼를 쪼아 죽이고 던져대기도 한다. 비정하기 그지
없는 끔찍한 어미다. 힘이 세지면 제대로 주체하지 못하는 건 암컷이라고 예
외가 아니다.

　그러나 동물의 세계에서는 보통 수컷의 몸집이 암컷보다 크고 힘도 더 세
다. 이때 몸집이 큰 수컷은 수컷끼리의 경쟁에서 우위를 차지하고 암컷을 여
럿 차지할 수 있어서 활동하는 데 지장이 없는 한 몸집에 치중하며 경쟁사회
를 버틴다. 수컷 몸집이 암컷에 비해 월등히 큰 경우에는 일부다처의 정도가
심한 반면, 암수의 몸 크기가 비슷하면 수컷이 차지하는 암컷의 수가 상대적
으로 적다. 암수 크기의 차이는 2차 성징이 되어 왔다.

　생물은 자신의 유전자를 세상에 남기기 위해 다양한 생식전략을 구사한다.
수컷공작새의 깃털이나 수컷사슴의 뿔, 수컷사자의 갈기는 암컷에게 선택받
기 위해 매력적인 외형을 택한 사례다.

　큰 몸집으로 경쟁자들을 제압하는 경우도 있다. 우두머리 수컷은 '하렘
Harem' 구조를 이끄는데 대개는 서너 마리의 암컷과 독점적으로 짝짓기를 하
고 그에 딸린 새끼들을 거느린다. 모든 수컷이 많은 암컷을 거느릴 만큼 힘이

수컷 공작새와 수사자는 암컷에게 선택받기 위해 외형을 택했다.

넘치지 않는 데다 권력만큼이나 보호 의무도 따르기 때문이다. 하렘 구조는 사자의 '프라이드Pride' 구조처럼 상시 운영되기도 하고, 짝짓기 철에만 형성되기도 한다.

생태계에는 3개월 이상 쫄쫄 굶은 채 30마리에서 많게는 100마리에 달하는 암컷과 짝짓기를 계속하는 얼빠진 수컷도 있다. 바로 남방코끼리물범이다. 남방코끼리물범은 남극대륙을 감싸는 남극 순환해류를 타고 양껏 먹어 몸을 불린 후, 초봄이 되면 해마다 아남극의 같은 섬 해변에 올라온다. 번식기가 되면 수컷끼리 먼저 대결을 마치고 암컷 여럿을 맞이한다. 남방코끼리물범 수컷의 큰 몸집은 넘치는 정력의 상징으로 우두머리 수컷이 독차지하는 암컷의 숫자가 그 누구보다 많다.

남방코끼리물범은 수컷이 암컷보다 5~6배 무겁다. 물론 5배 정도의 암수 차이가 나는 물개가 있지만, 수컷 남방코끼리물범의 힘과 육지의 건조 상태를 몇 달씩 견디는 내성은 다른 기각류가 넘보기 어렵다. 북방코끼리물범과 향유고래 역시 암수의 크기 차이가 많이 나는데 이들은 암컷보다 평균 3~4배 더 무겁다. 바다생물이 몸집을 맘껏 키울 수 있는 것은 먹이 섭취가 용이한 까닭도 있지만, 물속에서는 부력이 있어서 육지에서처럼 육중한 무게에 눌려 생기는 뼈와 근육 손상의 위험이 거의 없는 탓이다.

냉엄한 현실 생태계
: 승자독식, 부익부 빈익빈

불균등하게 분포하는 자원에 접근할 수 있는 능력이 뛰어나면 강자로 등극할 수 있다. 몸무게가 증가하면 쓸 수 있는 에너지가 지방층에 넉넉히 저장되어 단식을 할 수 있는 기간도 길어지고, 체온 조절과 양분 저장 능력이 뛰어나 먹이가 풍부한 장소에 손쉽게 접근할 수 있다. 하지만 몸집이 작으면 이 모든 것이 어려워지므로, 큰 몸집은 점점 더 커지는 독과점 상태가 굳어진다.

몇몇 증거를 보면 오직 몸집 큰 수컷만이 오랫동안 그리고 깊이 잠수해서 먹이를 양껏 사냥하고 섭취해 엄청난 에너지를 축적한다. 몸집이 작은 수컷이나 암컷에겐 언감생심이다. 두꺼운 피하지방으로 두른 커다란 몸집은 짝짓기에 기력을 왕창 쓰면서도 지치는 법이 없다.

여기서 그치지 않는다. 코끼리물범은 바다생물임에도 몇 달 연속해서 육지에 건조한 상태로 머물 수 있다. 물을 마시거나 흡수할 수 없는 상황이 되면 낭비되는 물을 줄이고 수분을 보존하면서 사막에 사는 동물처럼 기능을 특수화하기 때문이다.

코끼리물범이라는 이름은 커다란 코주부 모양의 주둥이 코에서 유래 되었다. 이 코의 공간은 짝짓기 때 엄청난 소리를 내지만 더 중요한 것은 호흡기에 수분을 흡수하는 기능이다. 암컷들이 한눈을 팔지 못하게 지키면서 정신 나간 짝짓기를 계속하느라 해변을 떠나지 못하는 시기가 되면 내뱉는 숨에 담긴 습기를 다시 코 속의 공간으로 흡수한다. 황당하기 그지없는 수컷의 짝짓기 능력은 코의 영향이 크다.

주둥이 코는 코끼리물범의 2차 성적 특징으로 작용한다. 몸집이 큰 코끼리물범 수컷의 커다란 주둥이 코는 현저하게 드러나 있어 번식 상태를 알려주는 시각 신호가 되고, 소리를 증폭시켜 청각적 신호를 보낸다. 암컷은 호전적으로 내지르는 소리에 혹하고 넘어간다. 암컷들은 절대적으로 능력 있는 수컷에게 사로잡힌다. 주둥이 코는 수컷의 자원 획득 능력과 상태를 시각적으로 청각적으로 알려주기 때문에 자식의 건강한 미래를 염두에 둔 암컷이 선호하는 성 선택의 결과물이 되었다.

대책 없이 몸집만 거대하게 진화한 남방코끼리물범

남방코끼리물범은 번식과 사냥 사이클이 뚜렷하다. 번식기가 되어 수컷끼리 대결을 할 때 크기가 월등히 크면 으르렁대며 공격적인 자세로 위협하면 그만이지만, 양쪽이 해볼 만하다 싶으면 피투성이가 될 때까지 격렬하게 싸운다. 서로 육중한 몸무게로 덮치고 송곳니로 마구 내리찍기 때문에 심각하게 찢어지고 살이 베어 싸움에서 질 경우 고통이 크다. 패배하면 짝짓기도 못하고 물러나야 할 판이니 쾌락을 누리게 되는 권좌를 거머쥐기 위해 목숨을 건다. 남방코끼리물범 수컷은 어찌 보면 생태계에서 가장 남성성이 부각되는 동물이다.

남방코끼리물범의 행태를 들여다보면 과연 이들의 생존이 지속 가능할지 의문이 든다. 자원 취득력은 몸집에 비례하는 데다 우두머리 수컷의 과욕은 도가 넘쳐 수많은 암컷을 독차지하기 때문에 수컷의 몸집은 대책 없이 커지는 방향으로 진화해왔다. 우월한 역량은 특정 수컷에게 치중되어 나머지 수컷들에게는 신분 상승을 할 수 있는 사다리가 거의 끊어진 상태다. 우두머리가 되고자 버둥거려도 현실의 벽은 너무 높아 기회가 없고, 암컷들은 무지막지한 우두머리 수컷의 권력에 무더기로 굴복하는 전근대적 시스템이 암울하기만 하다. 게다가 경험이 없는 어린 암컷에게 엄청난 몸집의 우두머리 수컷은 공포 그 자체다.

어쩌다 우두머리 수컷의 서슬 퍼런 감시를 피해 해변 구석에서 다른 수컷과 짝짓기하는 철부지 어린 암컷에 대한 관찰연구도 보고된 바 있다. 성폭력이나 억압에 대한 민감도가 기성세대에 비해 좀 더 높아 행동으로 옮긴 사례라면 남방코끼리물범의 짝짓기 시스템에 반기를 든 그 어린 암컷이야말로 변화의 희망일지 모른다.

힘은 몸집이나
권력에만 있는 것이 아니다

우두머리 수컷이 하렘 구조를 운영한다고 해서 다 절대적인 권력을 휘두르는 것은 아니다. 원숭이 중에서 가장 추운 지역에 사는 일본원숭이만 보더라도 우두머리 수컷이 있지만 온화한 모계 중심 구조를 이루고 암컷들이 영향력을 행사하며 협력한다.

일본원숭이 암컷은 4~5년간 짝을 이룬 수컷과는 다시 짝짓기를 싫어하며 거부권을 행사한다. 때문에 수컷이 같은 영역에 오래 머물면 짝짓기가 힘들어져 다른 무리로 옮겨가게 된다. 이 같은 특성은 유전적 다양성을 높이고 평화 체제를 이루는 결과로 이어져서 일본원숭이를 좀 더 건강한 집단으로 만들었다. 다양한 유전자 획득은 환경 변화에 적응해 다시 번성할 기회를 준다.

하렘 구조에서는 우두머리 수컷이 바뀌면 유아살해가 횡행한다. 새로 등극한 수컷은 자신의 유전자를 퍼뜨리기 위해 수유 중인 암컷의 새끼들을 없애버린다. 기르던 자식을 잃은 암컷들은 새로운 배우자에게 몸을 바칠 수밖에 없다.

그런데 이 사납고 거친 수컷으로부터 치밀한 미인계로 제 새끼를 보호하고 위계 구도를 바꿔 무리의 평화를 지키는 암컷들도 있다. 암컷 몸의 크기가 수컷의 반이나 3분의 1밖에 안 되는 올리브바분Olive Baboon이다.

올리브바분은 발정기에 암컷의 엉덩이가 빨갛게 부풀어 오르는 정도가 원숭이를 통틀어 가장 두드러지는 종이다. 발정기에 들어선 암컷은 혈액량 증가로 생식기 피부가 부풀어 오르면서 두드러져 보이고 밝은 홍색을 띤다. 수컷

올리브바분

은 엉덩이가 많이 부풀어 오르는 암컷에게 더 매력을 느끼고, 이런 암컷이 새끼를 가질 확률이 더 높아지면서 차츰 짝짓기 준비 신호가 뚜렷한 암컷의 유전자가 우세하게 되었다. 자식을 위해서라면 무엇인들 못하겠나. 암컷은 그 작은 몸집으로 수컷의 공격성을 잠재우는 능력이 탁월하다. 힘은 몸집이나 권력에만 있는 건 아니다.

뭉쳐야 산다

뭉치지 않으면 뜨기는커녕 살기도 어려운 약자들이 많다. 동아프리카 열대 초원에서 건조한 땅속 수 킬로미터를 헤집고 다니는 벌거숭이두더지쥐가 그런 부류다. 핑크빛의 주름 잡힌 누런 피부는 털이 거의 없고 절연 능력이 없는데, 상식적으로 생각해보면 늘 상처 입고 고통에 시달릴 것 같지만 피부 통증을 느끼지 못할 뿐 아니라 항암 능력도 갖췄다. 예민함 대신에 충실한 인내심을 발달시키며 공동체로 살아가기 딱 좋은 품성으로 거듭났다. 그 까닭에 몸집이 10센티미터밖에 안 되지만 수명은 30년이 넘어 설치류 중 최고령을 기록한다.

심장박동 수와 호흡수는 동물의 몸집에 반비례하는 경향이 있는데, 몸집이 작고 대사 속도가 빠른 동물들은 수명도 짧다. 몸집이 좀 더 큰 일반 쥐의 평균 수명이 2년이라는 사실을 감안하면 벌거숭이두더지쥐의 수명은 획기적이다. 몸 크기는 비슷해도 몸무게가 조금 더 나가는 레밍이 쉽게 흥분하고 심장 박동 수를 늘리는 탓에 4년 만에 삶을 마감하는 것과도 비교된다. 벌거숭이두더지쥐는 땅속에서 덩이줄기를 먹는데 오랫동안 굶으면 대사 속도를 4분의 1까지 줄일 수 있고, 호흡수도 줄여 산소를 최소한 쓰면서 웬만한 건 참아낸다.

각자의 자리에서
침도 나누고 피도 나누고

레밍이 단독으로 사는 삶을 고집하며 옆에서 알짱대는 동료조차 경쟁자로 인식하는 반면에 벌거숭이두더지쥐는 혼자서는 살지 못해 생식과 일 담당자를 구분한 분업체제를 갖춰 서로 도우며 살아간다. 그러나 협업해야만 살 수 있다고 모두 약자는 아니다. 개미는 전 지구에 퍼져 살고, 육상동물 생물량의 15~25퍼센트에 달할 정도로 번성했다. 뭉쳐서 뜬 경우다.

그러나 벌거숭이두더지쥐는 이곳저곳 파고드는 침투력이나 적응력이 뛰어나지 못해 서식 범위가 한정되어 있다. 번식을 담당하는 여왕(가임 암컷)은 한 마리뿐이고, 수컷은 한 마리에서 세 마리 정도

벌거숭이두더지쥐

까지만 짝짓기에 가담하고 나머지는 불임이다.

무리당 평균 80마리 정도에 달하는 일꾼들은 자손도 낳지 못하고 땅을 파고 먹이를 구하는 노동과 집 지키는 일로 일생을 보낸다. 하지만 딴마음을 먹거나 뒤엎는 일 없이 조직의 번창을 위해 성실히 자신의 역할을 다한다. 여왕이 출산 후 한 달 정도 젖을 먹인 어린 새끼들에게 자신의 변을 먹여 키우면서 봉사하는 일도 이들이 느끼는 또 다른 기쁨이다. 혼자서는 감히 시도조차 못하던 일도 서로 의지하면서 용감하게 이루어내는 과정에서 보람을 찾는다.

이들은 원래도 자신들의 변을 먹는데 여왕의 호르몬을 나누어 갖는 진사회성^{eusociality} 동물의 행동이기도 하고, 함께하는 식탁에서 전해지는 일치감과 자부심으로 단결력이 공고해지는 일거양득 효과가 있다. 진사회성 동물에는 분업이 확실한 흰개미나 꿀벌, 말벌이 있고, 포유동물 중에는 아프리카 남쪽에 사는 다마라두더지쥐가 있다.

방식이 다르지만 흡혈박쥐는 상호애타적인 협력관계로 똘똘 뭉쳐서 서로를 살린다. 흡혈박쥐는 피를 먹지 않고는 이틀밖에 살지 못한다. 그렇다고 매일 밤 먹이를 찾기도 어렵다. 피를 먹지 못한 박쥐가 다른 박쥐에게 구걸하면 이에 공감한 박쥐는 적은 양의 피를 게워내 먹여준다. 배고픈 이웃을 배려하며 삼켰던 먹이를 게워내는 행동으로 박쥐들은 오랜 기간 협력관계를 유지할 수 있었다. 굶주리는 박쥐 없이 집단은 견고하게 개체 수를 늘리고, 추운 날이면 함께 모여 체온을 유지한다. 흡혈박쥐는 어두운 굴이나 빈 건물, 나무 구멍에 거꾸로 매달려 많게는 수천 마리씩 공동체를 형성하고 있다.

넘쳐도 겨루지 않고,
모자라도 소외시키지 않는다

살려고 뭉쳤더니 뜨기까지 한 생물들이 강자의 반열에 오르는 경우가 많다. 반면 원래부터 강자인데 뭉쳐서 협력하는 경우도 있다. 바다의 최상위 포식자 범고래다. 떼 지어 사냥하기 때문에 '바다의 늑대'라고도 불리는 범고래는 소리로 소통하고 행동하면서 세련된 사냥술을 선보인다. 수백, 수천 마리가 떼를 지었다 작은 단위로 나눠졌다 하며 움직이는 돌고래와는 양상이 다르다.

범고래는 모계를 따라 안정되게 무리를 짓고 어미와 전 생애를 같이한다. 물 위로 솟구치고 꼬리로 철썩 내리치는 행동을 하며 소통하고 놀기도 한다. 구애 행동도 이와 비슷하며, 몸에 붙은 기생충을 떨어내는 효과도 얻는다. 범고래는 연령이 가장 높은 암컷과 모계 구도를 따라 세대가 함께 움직이는데, 평균 5.5마리에 이르는 자손이 함께한다. 짝짓고 먹이를 먹는 몇 시간만 제외하고는 늘 함께 움직이기 때문에 권불십년 화무십일홍에 떨 것도 없다. 늙고 약해져도 힘이 충만한 젊은 세대가 늘 곁에 있어 든든한 까닭이다.

이 모계 구도는 꽤 안정적이어서 식별력이 남다른 할머니가 오래 살면 4세대가 한꺼번에 여행을 하는 경우도 있다. 무리를 지어 다니다 보면 배알이 뒤틀리기도 하지만, 서로 이해해야 한다. 옆에서 삐질 게 뻔해 잘난 척하기도 어렵다. 도움이 필요해서 잠시 뭉치는 것과는 차원이 다르다.

친족인 탓에 배려심도 남다르다. 범고래는 발트해와 흑해를 제외하고 북극해와 남극대륙 주변 바다에서 열대의 바다에 이르기까지 어느 바다에서건

모계 중심의 범고래

쉽게 볼 수 있다. 힘이 넘쳐도 서로 겨루거나 소외시키지 않고 든든히 힘을
모은다.

담수생태계에도 뭉쳐서 더 위협적으로 부상한 포식자가 있다. 악어다. 동
물의 뼈를 으스러뜨릴 정도로 힘센 턱에다 날카로운 이빨로 먹이를 찢어버리
는 악어는 자신의 영토를 지키고 동지를 밀어내느라 체력을 낭비하지 않는다.
함께 지내며 협동심을 발휘한다. 다른 파충류에 비해 사회성이 있어서 얼룩말
이나 몸집 큰 영양 등은 매복한 채 함께 사냥도 한다. 그 덕에 밥줄이 끊어질
염려는 적다. 비좁은 물웅덩이에서 수면 아래 몸을 숨긴 채 먹지도 않고 함께
인내하면서 지내기도 한다. 냉혈동물인 이들은 대사 속도가 느려서 오랜 기간
굶어도 버틸 수 있다.

악어는 정교한 환경 적응력을 타고나서 물이 얼마 남지 않은 건기에는 진

흙을 덮어 피부의 건조를 막고, 더울 때는 땀샘이 없지만 입을 벌리고 헐떡이면서 열을 식힌다. 악어는 다른 파충류와 달리 대뇌피질이 있어 생각을 할 수 있다. 전략적인 협공도 가능하다. 이주하는 동물들이 강 하류로 오면 먹이를 선택하고, 치밀한 계산에 따라 몸을 숨긴다. 그들이 접근할 때까지 기다렸다가 대여섯 마리의 악어가 여러 각도에서 협공한다. 함께하면 이득이 커진다는 사실을 중생대부터 알고 있었기 때문이다.

혼자 남겨두지 않을게

서로 응원하며 한계를 넘어서는 동물들은 이보다 더 강한 울림을 준다. 고통스러운 일도 당연한 듯 해내며 혼신의 노력을 아끼지 않는 과정은 경이롭다. 갓 태어난 어린 새끼들을 거느리고 세계 최고봉 에베레스트를 매년 봄, 가을 두 차례씩 넘나드는 줄기러기나, 최고 위도까지 진출해 한파를 너끈히 견디며 살아가는 일본원숭이 또한 서로를 지지하는 힘의 위력을 보여준다.

남극 겨울의 맹렬한 한파 속에 머무는 황제펭귄 역시 뭉쳐서 아주 멋지게 뜬 동물이다. 깜깜하고 추운 남극의 겨울, 굶기로 작정하고 내륙으로 들어가는 것부터 반전이다. 남극에 겨울이 오면 대부분의 생물은 남극을 떠나지만 추위가 몰아치는 황량한 내륙으로 일부러 찾아 나서니 말이다. 겨울이 오면 남극에 사는 네 종류의 펭귄 중에 턱끈펭귄과 젠투펭귄은 맹렬한 추위를 피해 일단 남극을 떠나고, 일 년 내내 남극을 떠나지 않는 아델리펭귄은 남극 해안

암컷과 수컷이 번갈아가며 부화를 책임지는 황제펭귄

에 남는다.

그러나 황제펭귄은 먹이도 있고 기후가 그나마 견딜 만한 바닷가를 떠나 춥고 바람만 부는 내륙으로 뚜벅뚜벅 걸어간다. 덩그러니 혼자 남겨지지 않는다는 믿음이 있기에 그들은 용기를 낼 수 있을 것이다. 알을 품는 동안 방어 능력이 떨어진 황제펭귄이 선택한 역설적인 생존 전략이다. 황제펭귄은 몸집이 커서 새끼를 기르려면 다른 펭귄보다 시간이 더 걸리는 데다 알을 낳는 육지에서는 포식자를 피할 방어 능력이 거의 없다. 일부러 견디기 힘든 추위를 선택해 포식자로부터 보호하는 전략을 세운 이유다.

다 같이 번식 장소로 이동한 다음 짝을 짓고, 알이 수정한 후 부화하는 총 4개월 동안 암컷과 수컷은 번갈아 가면서 책임을 분담한다. 두 달은 암컷의 몸속에서 체내 부화의 초기 단계를 지나고, 나머지 두 달은 수컷 발등에서 알이 성숙하는 체외 부화 단계를 거친다. 맹추위를 함께 버티며 동료를 살린다는 자긍심으로 마음은 후끈해지고 몸은 따뜻하다.

두 달의 임신 기간 동안 아무것도 먹지 못한 암컷은 낳은 알을 조심스럽게 수컷의 발등으로 옮겨 놓고는 양분을 보충하기 위해 바다로 향한다. 암컷이 떠난 지 두 달, 즉 수컷이 품은 알이 부화할 때쯤 암컷이 돌아온다. 암컷은 새끼를 물려받아 발등에 놓고 바다에서 한껏 채워 둔 위 속의 먹이를 게워 새끼에게 먹인다.

돌아온 암컷이 새끼를 받으면 이제는 수컷이 양분을 보충하러 떠날 차례다. 수컷 또한 바다에서 3주일이 조금 넘는 기간 동안 먹으면서 충분히 몸을 회복하고 새끼를 돌보러 되돌아온다. 책임과 의무를 다한 후 찾아오는 기쁨은 엄청나다. 이렇게 부모 품속에서 새끼들이 자라난다. 돌아오리라 믿어준 짝에게는 물론이고, 함께한 동료에게 감사하는 마음이 황제펭귄의 무리를 감싼다. 사랑이다.

전문가들의 고군분투

생태계는 각종 전문가들로 가득 차 있다. 북극곰과 자이언트판다는 곰 중에서도 특수한 전문가에 속해서 전문가 중에서도 으뜸이라고 할 수 있다. 다양한 생존 방식으로 자신의 지위를 특수화해 남과 다른 삶을 유지하면 새로운 직업을 가진 전문가가 되고, 새로운 종으로 탄생하면서 전에 없던 직업을 만들기도 한다. 요샛말로 창직創職이다.

전문가에게는 끊임없는 피와 땀 그리고 눈물이 뒤따른다. 강자와 공존하려면 그와 다른 생존 방식을 찾아내든지 아니면 떠나야만 한다. 숙명이다. 그냥 눌러앉아 어영부영 살다가 하나둘 사라진 생물이 부지기수다. 생태계를 찬찬히 들여다보면 같은 장소에 있지만 모두 다르게 살고 있다. 달라야만 살 수 있기 때문이다.

현존하는 곰 여덟 종의 생태를 들여다보면 모두 특별한 전문가다. 곰의 뿌리를 캐보면 개처럼 생긴 식육목^{Carnivora}에서 갈라졌다. 개의 특성으로 몸집이 작은 고만고만한 육식동물이 그럭저럭 먹고살다가 드디어 남달리 사는 방식을 찾아냈다는 얘기다. 곰과^科 동물은 육식동물목에 속하지만, 북극곰을 제외하고 현재 육식에만 비중을 둔 육식동물은 없다. 먹이를 조금씩 바꿔가며 육식 비중을 줄여 채식주의 곰으로 변신한 자이언트판다 외에는 대부분 잡식성으로 거듭나 오히려 생존력이 높아졌다.

달라야만 살 수 있다

개도 아니고 곰도 아닌 어정쩡한 곰은 환경 변화와 종간 경쟁을 거듭하면서 소리 없이 사라졌다. 개와 같은 곰은 진화한 곰에게 뒤처졌고, 양다리 걸치기로 버텨보려 해도 남들과 요구 조건이 겹치면서 경쟁으로 배제되어 생존자 대열에서 쫓겨났다.

곰은 다른 육식동물들과 차별화된 활동 장소, 활동 시기, 자원을 까다롭게 분할하면서 행운으로 찾아온 유전자 변이의 기회를 놓치지 않고 자신의 모양새를 찾았다. 그리고 새로운 직업을 만들어냈다. 남들과 지위가 중복되지 않도록 유전자 풀 안에서 능동적으로 생존 방식을 찾아 세분화하면서 생태계에 자신을 알렸다. 나는 곰이다!

현재 살아있는 곰의 조상은 아시아에서 번성했던 곰에서 출발한다. 아시아 출신 곰은 다양한 종으로 분화하며 여러 대륙으로 퍼져 나가 자신만의 특별한 스타일을 선보였다.

남미에서 가장 몸집이 큰 육식동물로 꼽히는 안경곰은 먹이를 채식으로 바꿨음에도 육식동물이라 부른다. 안데스 산지에 살면서 먹이 중 5퍼센트만 육식으로 섭취하지만 생김새는 육식동물 시절의 모습을 그대로 유지하고 있다.

살아남은 곰들은 직업을 바꾸거나 새로 직업을 만들면서 각자 전문성을 확보했다. 경쟁은 줄고 공존이 가능해졌지만, 어떻게 틈새시장을 찾아내느냐에 따라 생사가 갈렸다. 환경적응력뿐 아니라 다른 생물과 생존 방식이 달라야만 했다. 인도에 사는 느림보곰이 찾아낸 틈새시장은 곤충이었다. 다른 곰이 먹지 않는 곤충을 먹이로 선택하면서 몸집이 큰 다른 동물과 경쟁을 피할 수 있었다. 흰개미와 개미를 먹고 꿀을 좋아하다 보니 주둥이로 흡입하는 노하우를

곤충을 먹이로 선택해 경쟁을 피한 느림보곰

쌓으면서 분화가 빨랐다. 과일은 먹어도 질긴 식물을 먹는 일이 적어서 어금니가 다른 곰보다 작다.

곰 중에서 몸집이 가장 작은 말레이곰은 동남아시아의 열대우림에 살면서 20~25센티미터나 되는 긴 혀로 곤충과 꿀을 먹고 산다. 몸집에 비해 이해하기 어려울 정도로 커다란 송곳니와 강한 이빨 그리고 단단한 턱은 육식동물의 특징을 그대로 갖고 있다. 하지만 타고난 신체 조건을 이용해 단단한 열대나무를 뜯고 곤충과 꿀을 찾아낸다. 게다가 잡식성이라 먹이 환경이 달라져도 적응하는 데 큰 지장이 없다. 불곰, 미국흑곰, 아시아흑곰 등은 환경적응력이 더욱 뛰어나 웬만한 서식지에서도 적응하고, 잡식성이라 식물과 곤충, 물고기 등 계절별로 형편에 닿는 대로 먹어 웬만한 환경 조건은 버텨내는 일반전문가 Generalist다. 지위의 폭이 넓고 견디는 힘이 좋은 일반전문가는 환경이 바뀐다 해도 생존율이 높다. 불곰이나 미국흑곰을 제외하고 위협받는 취약종이 되는 이유는 환경 파괴 탓이다.

먹이 환경이 바뀌면 살 수 없는 곰도 있다. 북극곰과 자이언트판다는 모방이 불가능한 생존전략가인 데다 몸집이 크고 외모도 수려하다. 생태계 전체에서 단연 돋보여 쉽게 뜬 동물이다. 물론 극한의 스트레스를 극복하며 고비마다 삶의 의지로 버텨내야 했던 고통의 연속이었지만, 이들은 특수 환경에서만 살면서 특수한 먹이만 먹는 특수전문가 Specialist가 되었다. 하지만 바뀌는 환경에 적응하는 힘을 넓히지 못한 특수전문가는 언젠가 사라져버릴 톱스타의 운명에 놓일 확률이 높다.

특별한 것들의 위기

육식동물인 북극곰은 북극해를 누비는 특수 전문가가 되면서 생태계에서 톱스타로 떴다. 까다로운 톱스타는 서식지 적응력이 남들과 특별히 달라 요구 조건을 충족하지 못하면 곧장 위험에 처한다. 북극곰은 대륙붕 위를 덮고 있는 견고한 해빙 서식지를 좋아해서 북극해 주변의 땅과 바다로 둘러싸인 지역에 산다. 서식지를 대체하기가 불가능한 좁은 생태적 지위에 있다. 게다가 먹이도 한정되어 많은 양의 지방을 해양 포유동물에게서 섭취하도록 진화해왔다.

해빙 사이에 바닷물이 드러난 빙호는 북극곰이 물범을 사냥하기 딱 좋은 곳이다. 물범 역시 엄청난 양의 갑각류나 물고기를 먹어야 하고, 휴식을 취하고 번식하기 위해 해빙이 필요한 까닭이다. 그래서 물범은 양분이 풍부하고 먹거리가 풍요로운 대륙붕 위의 해빙 주변을 헤엄친다. 연간 해빙이 차지하는 면적은 계절에 따라 달라져 물범이 이동하면 북극곰도 먹이를 따라 움직인다.

여름이면 얼음이 녹는 지역에서는 북극곰이 육지로 올라와 다시 얼 때까지 몇 달을 기다리거나 여름에도 얼음이 남아 있는 북쪽으로 올라가기도 한다. 육상생물로는 영양분을 충분히 섭취하기 어려워 육지에 있는 동안 살이 빠지게 된다. 캐나다 허드슨만에 사는 북극곰은 해초도 먹고, 새도 먹고, 홍합이나 성게를 먹기도 하고, 베리 등 식물 열매를 먹으며 허기를 때우기도 한다.

완벽하게 초식동물로 직업을 바꾼 자이언트판다 역시 특수전문가라서 지위의 폭이 좁다. 환경이 바뀌면 어려움을 겪는다. 자이언트판다는 육식동물의

두개골과 뼈를 으스러뜨릴 정도의
이빨 특성은 그대로 보존한 채 먹
이만 바꿔 대나무 줄기를 부순다.
대나무 숲에 고립된 육식성 곰이
강한 삶의 의지로 견디다 기발하게
새로운 직업을 개척했고, 급하게
나돌아다닐 일이 없어져 한결 여유

대나무 숲의 파괴로 위기를 맞고 있는 자이언트판다

를 즐기면서 무거워지고 커졌다. 물론 고기도 먹을 수야 있지만 먹이의 99퍼
센트는 대나무다. 안타까운 건 적응력이 좋지 못한 동물이라 건너편에 대나무
숲이 빤히 보이는데도 큰 도로가 가로막고 있으면 넘어가지 못하고 대책 없이
바라만 보다가 굶어 죽기도 한다는 것이다.

내성의 폭이 좁은 북극곰은 기후변화에 가장 어려움을 겪게 된 동물 중 하
나고, 자이언트판다는 서식지가 파괴되면서 먹이 구하기가 힘들어 위기를 맞
고 있다. 그러나 흑곰은 현재 지구상에서 가장 흔한 곰이고 불곰 또한 번성 중
이다. 지위의 폭이 넓으면 웬만하면 적응하고 어려움도 잘 견뎌서 생존율이
높다.

변해야 살아남는다

요즘 북극곰은 몸집이 작아지고 홀쭉해졌다.
전 연령에서 신체 조건이 모두 나빠졌을 뿐 아니라 충분한 지방을 축적하기

전에 홀쭉한 몸으로 연안에 돌아오게 되고, 단단한 얼음까지 장거리를 헤엄쳐야 해서 헤엄에 서툰 어린 곰의 사망률이 부쩍 늘어났다.

기후변화와 서식지 손실로 인해 영양이 불충분한 상황에서 암컷은 출산율을 낮추고, 어린 북극곰의 생존율 또한 낮다. 이대로 기후변화가 계속되어 2080년이 되면 대부분의 지역에서 얼음이 사라질 것이라 한다. 허드슨만에서 영구동토층 면적을 조사한 결과 감소되고 있다는 사실이 밝혀졌고, 바다 위의 얼음뿐 아니라 지상의 얼음, 지하의 얼음층까지 녹을 정도로 변화는 심각하다. 국제자연보존연합(IUCN)은 앞으로 35~50년이면 북극곰 개체 수가 3분의 1로 줄어들 것으로 예측한다.

북극곰은 지금보다 더 더웠던 과거의 간빙기(에미안기$^{Eemain\ inter-glacial}$, 13만 년~11만5천 년 전)에도 살아남았다. 지구 기온이 온난한 시기에 북극곰은 육지

기후변화로 위기를 맞은 북극곰

로, 불곰은 북쪽으로 이주하면서 간헐적으로 짝짓기를 하곤 했다. 이렇게 태어난 새끼를 피즐리곰^{Pizzly Bear} 또는 그롤라곰^{Grolar Bear}이라 부르지만, 각각의 종은 생태적 지위에서 오래 생존하지 못한다.

북극곰은 90퍼센트가 육식이고 불곰은 90퍼센트가 식물성인 데다, 근거지가 바다가 된 북극곰과 육상 토박이 불곰의 서식지가 전혀 다르기 때문에 잡종이 설 자리가 마땅치 않다. 잡종은 지위의 폭이 넓은 불곰 방식으로 흡수 통합될 가능성이 크다. 불곰에서 진화한 북극곰의 미래로 보면, 북극곰에게 닥친 위협은 기후변화에 적응할 수 없다는 것보다 불곰이 현재 환경에 더 잘 적응한다는 데에 있다. 북극곰은 현재 위기에 처한 취약종으로 분류되어 있다.

전문가로 뜨긴 떴지만 지는 것도 쉬워 보인다. 견디는 힘을 키우면서 변신 능력을 꾸준히 기르는 게 상책이다. 환경은 바뀌고 사회의 요구도 달라진다. 변할 수 있는 힘을 넓혀야 살아남는다.

정리

- 생존에 대한 열망은 새로운 종을 탄생시킨다.
- 수컷만 절대권력을 휘두르는 것은 아니다. 암컷이 무리에 영향력을 행사하기도 한다.
- 어떤 동물들은 서로를 의지하며 함께 모여 협력 생활하는 생존전략을 구사한다.
- 생명체는 다양한 환경에 적응하고자 각자 독특한 생존방식을 터득했다.

시간과 공간으로 풀어낸
서울 건축문화사

· 박 희 용 ·

· 연관 교과목 ·

중등교과	고등교과
사회과/역사	한국사

· 키워드 ·

건축	의도	권력	궁궐	구성	태종

창덕궁	경복궁	대한제국	정동	고종	황궁

장충단	메이지	식민지	경희궁

왜 알아야 할까

　지구 반대쪽에서 벌어지는 사건을 실시간으로 알 수 있는 21세기 정보화 시대에 왜 굳이 책을 통해, 그것도 과거의 역사를 알아야 하는가? 스마트폰을 통해 정보는 얼마든지 얻을 수 있지 않은가?

　영국의 역사학자 카^{E. H. Carr}는 이렇게 말했다. "역사란 역사가와 사실 사이의 부단한 상호작용의 과정이며, 현재와 과거 사이의 끊임없는 대화이다." 과거와 현재, 미래는 연쇄작용으로 계속 이어진다. 그게 역사다. 역사는 단순히 검색된 지식정보가 아니다. 공감할 수 있는 생각을 통해 역사가 현재의 삶에 도움을 줄 수 있다는 의미다. 역사학자의 거창한 이유와 목적의식을 거론하지 않더라도 역사는 충분히 공부할 만한 가치가 있다.

　우리는 모두 어딘가에 살고 있다. 그곳에서 많은 일이 발생한다. 우리가 살고 있는 삶의 공간을 이해한다는 것은 현재의 나와 나를 둘러싼 삶의 현장을 확인하는 행위다. 장소는 인간의 물리적·정신적 삶의 공간이자 환경이다. 따라서 장소는 특별한 성격을 갖는다. 장소에서 우리의 삶도 공유된다. 즉 우리의 정체성이 만들어지는 공간이 바로 장소다.

　장소의 역사는 지식을 습득하고, 학교 시험을 치르고, 동네 투어에서 재미있는 콘텐츠를 즐기는 데 모두 유용하다. 하지만 그 이상의 의미를 갖는다. 장소에는 시간적 층위가 결을 이루며 쌓여 있다. 현재에도 미래에도 우리가 장소를 특징짓는다. 그렇게 우리 자신이 특징지어진다. 여기서 우리가 장소의 역사를 알아야 하는 이유를 만나게 된다.

이 강의는 서울의 특정 장소를 지목한 뒤 그곳에 있었던 인물과 사건, 건축물을 살펴보는 데 중점을 둔다. 다섯 개의 작은 주제는 각각 다른 시간대를 다룬다. '조선'의 시작과 '한양'이라는 장소의 시작을 태종과 박자청이라는 인물을 통해 보고, 그 속에서 최고 권력자의 공간인 궁궐을 다루었다. 근대의 시작을 정동이라는 장소와 함께 살펴보고, 식민지 시대에 중첩된 우리의 모습을 장충단과 박문사가 병존한 장소에서 들여다봤다. 이어 해방 후 서울의 공간 확장과 강남의 탄생을 경희궁의 해체와 복원과정 속에서 살펴보았다.

장소는 우리 인간과 오랜 시간을 함께한 것이라 장소에 축적된 오랜 기억의 역사를 불러와야 그 장소가 갖는 진정한 단면을 알 수 있다. 장소의 역사는 이런 노력을 통해 지속해 나갈 수 있다. 과거와 현재를 아울러 미래를 내다보는 일. 장소의 역사는 융복합의 접근이 왜 필요한지를 말해줄 것이다.

태종과 박자청,
세계문화유산을 건축하다

"내가 송도(松都, 지금의 개성)에 있을 때 여러 번 수재와 가뭄으로 인한 한재의 이변이 있어 의견을 물었더니 정승 조준 이하 신도(新都, 한양)로 환도하는 것이 마땅하다고 말한 자가 많았다. 그러나 신도도 또한 변고가 많았으므로, 도읍을 정하지 못해 인심이 안정되지 못했다. 이제 종묘에 들어가 송도와 신도와 무악(毋岳)을 고하고, 그 길흉을 점쳐 길한 데 따라 도읍을 정하겠다. 도읍을 정한 뒤에는 비록 재변이 있더라도 이의가 있을 수 없다. 이천우 李天祐*에게 명해 반중에 척전하게 하니 신도는 2길 1흉이었고, 송경松京과 무

---

* 태조의 조카. 태조 이성계의 맏형 이원계李元桂의 아들로 어려서부터 활쏘기와 말타기에 능했으며 풍채가 좋았다고 전해진다.

악은 모두 2홉 1길이었다."

– 《태종실록》 8권, 태종 4년 10월 6일

조선을 개국한 태조는 새로운 통치질서를 확립하기 위해 신하들의 이견을 무릅쓰고 1394년(태조 3년) 송도에서 한양(공식명칭은 태조 4년 한성으로 됐음)으로 도읍을 옮겼다. 그러나 뒤이은 정종은 왕권의 취약함과 제1차 왕자의 난 등으로 정치적으로 불안정해지자 다시 송도로 돌아갔다. 정종의 뒤를 이어 송도 수창궁에서 등극한 태종은 1405년(태종 5년)에 다시 한양으로 재천도한다. 당시 지배계층의 협조가 있었겠지만 태상왕 태조의 암묵적인 동의와 지지가 재천도에 큰 힘이 됐고, 무엇보다도 이를 추진한 태종의 정치적인 수완이 있었기에 가능했다. 즉 재천도를 두고 제기된 여러 반대 의견이 있었지만, 태종은 왕조국가의 근간이자 신성한 공간인 종묘에서의 척전(擲錢, 동전을 던져 길흉을 점치던 일)으로 결정해버렸다. 대신들의 충격은 대략 상상할 수 있지만, 종묘에서 거행한 결정은 누구도 거역할 수 없는 선조의 결정이었다.

태종, 점괘로 천도하고 창덕궁을 건설하다

태종은 뛰어난 무인으로 알려졌지만 고려 말 우수한 성적으로 과거에 급제한 문인이기도 했다. 그와 동문수학한 인물로는 이색李穡, 정몽주鄭夢周와 함께 고려말 삼은三隱의 한 사람인 길재吉再가 있다. 한양 재천도와 함께 조선을 빠르게 안정시킬 수 있었던 것은 태종이 무인으로서의 자질뿐 아니라 학자로도 뛰어난 능력을 겸비했기 때문이었다.

태종은 뛰어난 도시계획가이기도 했다. 태조 때 천도하면서 흙으로 쌓은 도성의 성곽을 돌로 다시 쌓고, 도성 한복판에 개천(청계천)을 파서 홍수 피해를 방지했으며, 종로에 시전인 행랑을 건설해 도시 경관을 단장했다. 현재에도 서울 도심부에서 흔적을 찾아볼 수 있는 결과물들이 다수다. 그는 조선시대 수도로서 한양의 품격과 기본적인 도시구조를 완비했다.

창덕궁도 재천도하면서 창건을 명한다. 경복궁이 있는데 왜 굳이 창덕궁을 건설했는지 이유는 명확하지 않다. 경복궁에서 일어난 제1차 왕자의 난으로 경복궁을 꺼렸다는 추정이 지금까지 내려오는 일반적인 견해다. 그러나 설득력이 부족하다. 《조선왕조실록》에는 창덕궁이 경복궁보다 생활하기 편한 궁

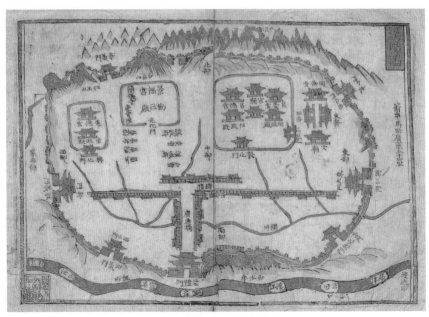

위백규가 지은 환영지 안의 〈한양도〉에는 태종 때 처음 지은 장랑이 부각되어 있다.

이라는 기록이 여러 차례 나온다. 또 태종 외에 역대 조선시대 왕들도 창덕궁을 더 선호했다. 창덕궁을 창건한 이후 왕들이 경복궁보다 창덕궁에 주로 거처했던 이유를 다각도로 분석해야 한다.

여기서 힌트 한 가지. 실록에 기록된 두 궁궐의 창건 당시 규모를 보자. 경복궁은 총 775칸 중 외전이 602칸이고 내전은 173칸이다. 창덕궁은 경복궁의 약 3분의 1 정도인 287칸에 불과했지만, 내전이 195칸으로 경복궁보다 더 넓었다. 즉, 신하들이 근무하는 외전의 규모가 컸던 경복궁은 재상의 정치를 실현하려던 정도전의 이상적인 국가 경영의 단면을 반영했다. 반면, 내전의 규모가 큰 창덕궁은 높아진 왕권의 위상을 보여준다. 즉 신하들의 권력을 제압하면서 왕권을 강화해간 태종의 생각을 반영해 왕과 그 가족의 생활공간인 내

조선 궁궐의 모습을 잘 보여주는 창덕궁의 전경

전의 규모를 더 크게 지은 것이다. "공간이 권력을 만든다"라는 프랑스 철학자 푸코의 말처럼 권력과 공간은 밀접한 관련이 있음을 엿볼 수 있다.

경복궁과 창덕궁은 공간의 형태도 사뭇 다르다. 경복궁은 백악(북악산의 다른 이름)에 기대어 비교적 평탄한 지형에 방형으로 반듯하게 배치하고, 광화문에서부터 홍례문과 영제교, 근정전, 사정전, 교태전 등 주요 전각이 좌우대칭을 이루면서 중심축 선상에 위치한다. 이러한 공간 구성은 중국의 예제건축*을 참고해 권위적인 느낌이 든다. 반면 창덕궁은 응봉鷹峯에 기대어 돈화문에서 금천교와 인정전, 선정전, 대조전 등에 이르는 축이 자주 꺾여 다양한 시선을 유도해 느낌이 자연스럽다. 건물로 에워싸인 공간의 형태도 다양하게 전개돼 율동감을 부여한다. 이러한 공간 구성은 부석사, 통도사 등 한국최고의 건축으로 손꼽히는 건축물에서 볼 수 있는 공간적 특성이다. 창덕궁을 조선시대 최고의 궁궐로 꼽는 이유이기도 하다. 그 밖에 자연과 건축이 조화를 이루는 창덕궁의 후원은 조선 정원 건축의 높은 수준을 보여준다.

궁궐 문지기에서
재상의 반열에 오른 박자청

태종의 명으로 창덕궁을 조성한 건축가는 경상도 영해군 출신의 박자청朴子靑이다. 미천한 가문 출신이던 그가 어떻게 창덕궁을 건설하게 됐을까. 그에게 운명 같은 날이 다가왔다. 박자청이 태조 때 입

---

* 유교의 이념을 시행하기 위한 실천윤리를 반영한 건축 형식으로 종묘와 사직이 대표적이다.

직군사ᐟ直軍士**로 궁문을 지키던 어느 날, 태조의 이복동생의 안대군이 궁궐로 들어가려 하자 태조의 명이 없다는 이유로 들이지 않았다. 이에 화가 난 의안 대군이 박자청의 얼굴을 발로 차서 상처를 입혔지만 박자청은 끝까지 의안대 군을 입궐시키지 않았다. 이 사건이 태조의 귀에 들어갔고, 박자청은 태조에 게 강렬한 인상을 주어 호군으로 승진됐다. 이후 그의 신임을 얻은 덕에 여러 관직에 임명됐다.

왕실이 인정한 평민 출신의 최고 건축가인 그는 태종 때 대규모 국가 공사 에서 두각을 나타내 공조판서에 오르면서 국가의 중요한 공사에서 늘 감독관 을 맡았다. 《조선왕조실록》과 《연려실기술》에 따르면 경회루에 못을 파 물을 채웠더니 물이 샜는데, 그가 바닥과 옆면에 검은 진흙을 메우는 시공법을 개 발해 경회루를 완성했다.

조선 초의 문신 하륜河崙이 지은 《경회루기慶會樓記》를 보면 박자청은 경회루 를 새롭게 고쳐 지으면서 지세와 입지에 대해서 전문가적인 식견으로 공사를 추진했으며, 태종의 명을 어기면서까지 안정되게 규모를 넓히고 형태를 새롭 게 고치는 등 자신의 건축적 소신을 굽히지 않으면서 공역에 임했음을 알 수 있다.

그는 신도시 한양에도 건축 혁신을 불러왔다. 조선 최초로 송파나루에 부 교浮橋를 만들었으며, 애국가에도 나오는 남산 위에 소나무를 최초로 심었고, 서울의 상징이 된 청계천 준천 공사를 진행했으며, 종로와 남대문로 가로변에 시전 행랑을 건설했고, 중랑천과 한강이 만나는 살곶이에 다리를 놓는 등 중

** 조선시대 궁궐에서 숙직을 하던 군사.

국보 제224호 경회루

요한 국가 공사는 박자청이 도맡아 했다.

특히 세계문화유산으로 지정된 창덕궁은 그의 천재적인 재능이 돋보이는 건축물이다. 진선문과 숙장문 사이의 사다리꼴 공간은 실수로 비뚤게 만든 것이 아니다. 진선문에서 바라다보이는 공간의 깊이감을 배가시켜 구중궁궐이라는 엄숙한 느낌을 주려는 의도였다. 시각적인 착시현상을 이용한 일종의 건축적 장치인 셈이다. 그는 비뚤게 지은 이 공사 때문에 감옥에 갇히기도 했지만, 그의 뛰어난 능력과 장인정신 덕분에 창덕궁은 세계문화유산에 등재됐다.

조선 초기 도성과
궁궐 조영의 실무자들

조선시대 법궁(法宮, 왕이 거처하는 공식적인 궁궐 가운데 으뜸이 되는 궁궐)인 경복궁과 이궁(離宮, 부득이한 사정이나 자의적 판단에 따라 거처를 옮길 목적으로 지은 궁궐)인 창덕궁은 서로 비교되는 공간이기도 하지만, 궁궐 조영의 실무자를 보면 흥미로운 점을 찾을 수 있다. 바로 역사적으로 주목받지 못한 사람들의 역할이다.

경복궁은 유교정치를 표방하며 예제건축에 충실한 궁궐로 정도전의 사상이 설계 개념에 스며들어 있다. 그러나 경복궁을 창건할 때 건축실무자 역할을 맡은 사람으로 환관 김사행의 이름이 자주 등장한다. 김사행의 처음 이름은 광대廣大로, 고려 말 정릉正陵과 영전影殿의 공사를 담당하는 등 왕의 총애를 받았다. 조선을 창건한 태조 때는 계룡산에 도읍을 정하면서 종묘와 사직, 궁전과 조시(朝市, 조정과 시정) 등을 만드는 과정에서 땅을 측량하는 등 공역을 담당했고, 계비인 신덕왕후 강 씨의 무덤인 정릉 옆에 흥천사를 세우고 문묘 건립에도 주도적인 역할을 했다.

또한 태조를 도와 각종 궁중의식을 정비하기도 했다. 태종은 왕자의 난 때 김사행을 처벌했는데, 토목 보수공사 때 백성을 괴롭혔다는 죄목이었다. 그러나 태종이 왕으로 즉위한 이후에는 김사행이 태조를 설득해 공역을 일으킨 것은 도성을 창건하는 초기에는 당연한 일이라 말한다. 이는 조선 초기의 국가 공사에 김사행의 역할이 컸음을 방증한다.

조선 초기 환관이 궁궐의 공사에 참여할 수 있었던 배경에는 궁중에서 오

경복궁 전경

랜 시간 생활해 궁궐만의 공간배치와 구성 등에 대해 누구보다도 잘 아는 사람이었기 때문으로 보인다. 광해군 때 임진왜란으로 불에 탄 경복궁 옛터를 확인하는 과정에서 경복궁의 구성을 아는 사람이 늙은 환관 한두 명밖에 안 된다고 언급했던 점에서도 이를 짐작할 수 있다.

한편 태종이 즉위한 이후 한양 도성을 다시 수축하는 과정에서 공역을 감독한 사람은 박자청이다. 그는 자신을 믿어준 태종의 릉(헌릉)을 조성하는 데 마지막 힘을 쏟았다. 이듬해 67세의 나이로 생을 마감한 박자청은 한양 도시 건설의 주역이었고, 이때의 한양 경관은 지금에 이르기까지 그 골격을 이루고 있다.

조선 궁궐의 정전과 당가

궁궐건축을 이해하기에 앞서 건축의 공간적인 의미부터 알고 있어야 한다. 조선의 궁궐은 국가통치의 무대, 즉 최고 권력의 공간으로 건국이념이자 지배층의 세계관이던 유학(지식)과 밀접하게 연관된다. 지식과 권력의 연결이 가능했던 것은 당시 지식인이 유학으로 사상적인 무장을 한 사대부 세력이었으며, 이들이 유학의 핵심인 예禮를 정치권력의 도구로 사용했기 때문이다. 통치이념으로써 예는 자연스럽게 권력의 위계질서를 형성하면서 정치권력의 근본이 될 수 있었다.

권력과 건축 공간

중국 고대 예법의 이론과 실제를 기록한 《예기禮記》는 예와 권력의 관계를 설명했다. 이를테면 "예는 사士에 그치고 서인까지 미치도록 하지 않는다" 혹은 "예는 임금이 잡은 정치의 자루, 즉 치국의 중요한 수단이 된다" 등 예는 상하의 위계질서가 포함된 지식체계였고, 나아가 정치와 연결돼 결국 권력과 밀접하게 관련된다고 설명한다.

한편 궁중의례에서도 일정한 형식을 갖춘 몸짓과 동작, 방향, 시선 등 구체적인 육체의 움직임을 규정한다. 조선시대 궁중의례가 정신적인 측면만을 강조했다면 오랜 시간에 걸쳐 지속되지는 못했을 것이다. 여기에는 의식에 따른 형식적인 동작과 자세, 지나치게 까다롭고 복잡한 절차와 몸의 움직임, 시선 처리, 상하의 위계질서를 수반하는 의복과 몸동작의 상대적 차이 등을 규정해 정신적인 측면뿐만 아니라 육체를 통해서도 예를 습득하도록 했다. 아울러 조선의 궁중의례는 중요도에 따라 두세 차례 예행연습을 했고, 이는 아침부터 저녁까지 계속돼 육체적으로 고된 훈육의 과정이었다. 따라서 예의 실천에 육체적인 훈육은 중요한 요소로 작용 했으며, 이것을 체득하는 과정에서 권력의 관계방식을 지속할 수 있었다.

18세기 무렵 중국 궁정에 초대받은 유럽인의 회고록을 보면, 궁중 연회에 초대된 서양인은 처음에는 기쁜 마음으로 성대한 만찬을 기대하고 참석하지만, 까다롭고 어려운 의식이 진행되면서 육체적으로 힘들고 허기에 지쳐 곤혹스러웠다고 서술한다. 그리고 궁중 연회에서 음식을 하사한 왕의 모습이 마치 모두가 경배하는 신처럼 보였다고 회고했다.

이렇듯 궁중의례는 통치 권력의 수단이자 계층을 구분하는 형식이었다. 또한 의례에 참석했다는 건 권력자에게 선택받은 사람이 됐다는 영광의 상징으로, 초대받지 못한 사람과 구별되는 지배계층이라는 지위를 누릴 수 있었다.

왕의 공간, 집 속의 집 당가

궁궐은 여러 전각들로 이루어졌다. 각기 전각은 중요한 역사적 사건과 의미가 있지만 단연 으뜸인 건축물은 정전正殿, 혹은 법전이다. 정전은 국가의 중요한 날에 임금이 신하들의 하례를 받거나 왕의 즉위식, 탄신 등 국가의 특별한 의식을 거행하기 위해 사용하는 곳이다. 궁궐에서 가장 위계가 높은 전각이라 규모도 크지만 왕권을 상징하기에 각종 장식으로 화려하게 꾸며졌고, 대규모 의식을 치르기 위해 가장 넓은 뜰이 있다.

한편 정전 내부에는 왕이 앉는 자리인 어좌御座가 있고, 어좌는 화려하게 꾸며진 별도의 작은 집처럼

경복궁 근정전의 당가

된 당가唐家에 배치된다. 당가는 사찰에서 수미단 위에 부처님을 모시고 상부를 화려하게 장식한 닫집*과 유사한 구조물이다. 거둥(임금의 나들이)길에 우산처럼 생긴 화려한 색상의 구조물이 왕의 머리 위에 드리우는 모습에서 알 수 있듯이 존엄자가 있는 곳에는 항상 지붕을 특별한 장식으로 꾸민다.

그러나 당가는 반드시 왕이 위치하는 어탑御榻, 혹은 좌탑(왕이 앉는 자리에 단을 높여 세운 시설물)과 함께 조성된 구조물이라는 점에서 어탑을 포함한 전체를 지칭하고, 이곳에 왕이 거둥하므로 상징적으로 장엄한 공간일 뿐만 아니라 실질적인 건축 공간이기도 하다. 즉 왕이 거처하는 궁궐을 구중궁궐이라고 하듯이 정전 내부에 다시 왕이 앉는 공간을 별도의 집처럼 꾸며 주변의 내부 공간과 분리해 이를 당가라 한다. 당가는 '집 속의 집'이라는 중첩된 공간을 구성하면서 왕(권력)의 공간이라는 상징성과 위엄을 나타내고, 정전에서 거행되는 모든 의식에서 핵심 기능을 하는 건축요소다.

당가와 닫집은 형식상 유사하며, 발전과정을 세 가지로 구분한다. 첫째는 사리나 경전, 신주 등을 보관하는 작은 구조물인 불감佛龕에서 발전된 것이다. 이 형식은 일본 법륭사의 옥충주자玉蟲廚子나 경북 예천의 용문사 윤장대(輪藏臺, 경전을 넣은

당가와 형식상 유사한 불전 닫집(화암사 극락전)

---

* 사찰의 전각 내 불단이나 궁궐의 어좌 위에 목조건물의 처마 구조물처럼 만들어놓은 조형.

불구로 돌릴 수 있게 만든 것) 등에서 볼 수 있다. 또 경복궁 서쪽에 위치한 왕의 생모이자 후궁들의 신주를 봉안한 칠궁과 궁궐의 선원전(璿源殿, 왕의 초상화를 모신 전각)에서도 볼 수 있다.

둘째, 존엄자나 특별한 사람을 위해 공간을 구분해야 할 경우에 사용하는 장막식 구조에서 발전한 형식이다. 장막식 구조는 공간을 쉽게 만들 뿐만 아니라 구분할 수도 있어 고대로부터 내려온 형식으로 고구려 안악 3호분 고분벽화가 대표적이다.

마지막으로 고대 불전의 내부에 불상을 모신 형식이다. 처음에는 사방이 벽으로 된 닫힌 공간이었으나 차츰 내부로 들어가면서 예배를 드리고 불상을 볼 수 있는 열린 공간으로 변한다. 좀 더 많은 사람들을 수용하도록 불상의 위치가 뒤쪽으로 이동하면서 현재와 같이 불전 후면에 불상을 장식하는 형식으로 발전했다. 당가는 세 가지 발전과정과 의장적으로 서로 영향을 주고받으면서 궁궐만의 고유한 형식을 갖춘 것으로 보인다.

당가의 특징은 지붕 구조에서 볼 수 있다. 천장은 네모진 평면의 모퉁이를 접어 팔각으로 만드는 말각조정 기법을 하면서 공포(栱包, 지붕의 하중을 받치기 위해 기둥 위에 짜 맞춘 구조재이자 장식재) 등으로 화려하게 장식했고, 어좌 위에는 봉황(혹은 용)을 매달아 왕의 공간임을 상징적으로 드러냈다. 그리고 정전 내부의 천장 정중앙부에도 봉황이나 용을 매단 당가가 있는데 이것은 부당가浮唐家라 한다. 이에 반해 어좌를 꾸민 당가는 그냥 당가, 또는 좌탑당가座榻唐家라 부르기도 한다. 모두 절대권력자인 왕의 신성함과 상징적인 공간을 표상한다.

궁궐 정전의 구조

　　정전 당가는 의식을 행할 때만 설치하는 이동식 시설물이 아니라 정전의 건축구조와 밀접하게 연결된 고정 구조물이다. 그리고 당가는 약 10센티미터 정도 높이의 평평한 받침돌 위에 설치 돼 정전을 만들 때부터 위치가 정해졌음을 알 수 있다.

　　《광해군일기》에는 1616년(광해 8년)에 창경궁 명정전 내에서 열리는 의례를 위해 당가를 크게 고쳐 지으려고 했으나 정전과 월대(月臺, 정전 등 건물 앞에 넓은 대를 만들어 놓은 것으로 건물의 격을 높이고 의식 때 사용됨), 그리고 정전 앞뜰과의 건축구성 관계로 당가만을 크게 고쳐 짓기가 어렵다고 기록했다. 즉 당가는 그것이 놓인 정전만이 아니라 월대와 뜰을 포함한 정전 일곽 전체의 건축 구성과 밀접하게 관련돼 있음을 알 수 있다.

　　당가는 내부 공간의 어칸(중앙칸) 후면에 배치되면서 높은 기둥열로 에워싸인 또 하나의 내부 경계 안으로 조금 들어와 있고, 전체 내부 공간의 정중앙 천장에는 보개천장이라 부르는 화려하게 장식한 부당가가 있다. 즉 당가와 부당가는 아래와 위에서 정전의 공간이 왕의 공간임을 상징적으로 나타낸다.

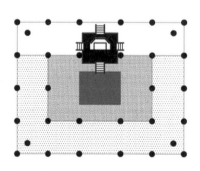

3단계로 중첩된 인정전 평면 구성과 내부 공간 구조

　　내부 공간을 좀 더 자세히 살펴보자. 안쪽 높은 기둥열을 경계로 바깥

쪽과 안쪽의 공간이 천장 높이나 의장 등이 다름을 알 수 있다. 따라서 기둥열과 화려한 장식, 천장 등으로 정전의 내부 공간은 부당가가 있는 정중앙부 공간과 높은 기둥열의 안쪽 공간과 바깥 공간의 3단계로 중첩된 공간이라는 것을 알 수 있다.

당가가 평면의 중심에서 뒤쪽으로 물러나 중앙부를 비우는 이유는 이곳에서 의식을 거행할 때 공간을 이용하기 위해서다. 즉, 정전에서 의식을 거행할 때 왕의 공간인 어좌와 당가 주변에는 왕의 시위병들이 위치한다. 또한 내부 높은 기둥열의 안쪽에는 신하들이 배열되고, 바깥에는 다시 왕의 근위병들이 위치해 왕을 시위하는 임무와 함께 신하들을 감시하는 역할도 한다. 그리고 정중앙부 부당가 아래는 왕이 허락한 사람만이 들어가는 텅 빈 공간이 있는데, 이곳은 절대권력자를 상징하는 또 다른 공간이다.

정전의 외부 공간에서는 뜰 중앙에 왕의 길인 어도御道를 중심으로 동서로 문·무반이 위치하고, 동서남쪽 행랑의 앞에는 시위군과 의장열이 배치되며, 시선은 밑으로 해

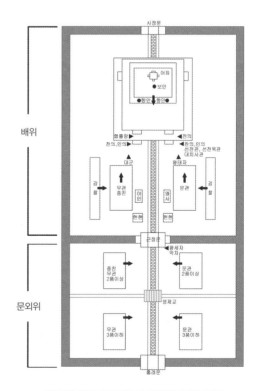

경복궁을 바탕으로 제작한 조하朝賀의식의 공간 구조도

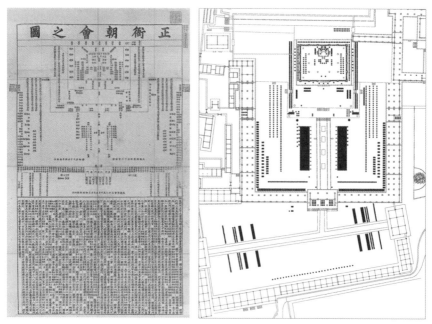

정아조회지도를 현재의 창덕궁 인정전 일곽에 표현한 공간 구조도

서 문·무반이 북쪽의 왕을 향하고, 감찰은 문·무반을 감시하는 방향으로 향해 정전 내부와 유사한 공간으로 구성됐다.

　궁궐 정문부터 정전에 이르는 길에는 바닥에 어도가 깔려 왕이 있는 곳으로 움직임의 방향을 이끌고 있다. 어도에는 1777년(정조 1년)에 설치한 품계석 品階石으로 인해 위계질서가 시각적으로 명료하게 구분되고, 의례 시 왕과 신하들의 공간적 배치의 기준으로 작용한다.

　건축적 구성이 신분에 따른 공간의 위계질서와 몸의 움직임을 통제하고 이것은 의례 시 잘 드러난다. 즉 의례 시 왕의 위치(당가와 어도)에서 멀어질수록 품계가 낮은 신하들이 자리하는 위계질서의 사회적 거리를 나타낸다. 결국 정전 내부가 외부와 유사한 방식으로 확장되는 중층적인 공간을 구성한다. 이러한 정전 일곽에서 거행되는 의례 모습은 정조 때 창덕궁 인정전을 무대로 제작된 것으로 보이는 '정아조회지도正衙朝會之圖'를 통해 상상해볼 수 있다.

대한제국과 정동,
그리고 하늘제사 건축

대한제국은 10년 남짓의 짧은 역사에도 불구하고 현재 서울의 도시 공간에서 그 흔적을 쉽게 찾을 수 있다. 특히 덕수궁(1907년 경운궁에서 개칭)이 위치한 정동에는 급변하는 세계질서의 흐름 속에서 부국강병의 근대 국민국가를 실현하려던 문명화의 역사적 기록이 또렷하게 새겨져 있다.

대한제국기의 정동,
그 장소에 담긴 의미

제국의 중심공간이었던 정동은 태조의 계비

신덕왕후의 무덤인 정릉이 이곳에 있었던 까닭으로 지어진 이름이다. 정릉이 위치한 곳은 현재의 영국대사관과 미국대사관저 부근이다(태종 때 현재의 성북구 정릉동으로 옮김). 정동에 관련된 기록은 임진왜란이 끝난 시기에 찾을 수 있다. 의주에서 돌아온 선조가 현재의 덕수궁터에 있던 월산대군 후손의 저택을 임시 거처로 사용했던 곳이라는 기록이다.

제국 초기부터 기록에 등장하는 정동은 전쟁의 아픔을 극복하고 조선을 다시 일으켜 세운 장소로 그 의미를 얻게 됐다. 그래서 임진왜란 이후 60년마다 돌아오는 임진년이 되면 역대 왕들은 덕수궁에서 국가의식을 거행하면서 역사적 장소로서의 의미를 유지해왔다. 고종도 임진왜란 5주갑(300년)이 되는 해를 기념해 선대왕들의 전례를 따라 이곳에서 의식을 거행했다. 이 전통은 1952년 한국전쟁 중에도 이어져 충무로 광장에서 6주갑 행사를, 2012년에는 7주갑 기념행사를 하기도 했다.

정동은 근대 격변기의 시작을 알리는 장소이기도 하다. 1895년(고종 32년) 10월 8일 경복궁에서 명성황후가 일본군 한성 수비대 미야모토 다케타로 등에게 시해되는 을미사변 이후 고종이 러시아 공사관으로 잠시 거처를 옮기는 아관파천이 벌어진 근대기 격변의 장소다. 당시 정동에는 미국·영국·프랑스·독일 등 서구 열강의 공사관이 밀집했고, 외국인 선교사·의사·교육자들이 모여 사는 일종의 조계지였다. 당시 연세대와 세브란스병원 설립자 언더우드, 배재학당 설립자 아펜젤러, 이화학당 설립자 스크랜튼 등이 이곳 정동에 살았다. 정동은 국난 극복을 상징하는 장소이자 서구 열강들이 밀집한 국제적인 지역이라는 점에서 대한제국을 시작하는 장소로 손색이 없었다.

고종은 제국을 건설하면서 조선시대 경복궁을 중심으로 형성된 한양의 핵

1891년과 1892년 정동에 지어진 영국대사관은 지금도 남아 있다.

심 공간을 정동으로 옮긴 주역이다. 덕수궁을 황궁으로 정하면서 자연스럽게 옮긴 대한제국의 중심지 정동은 지금도 서울의 대표적인 장소로 기능하고 있다. 몇 가지 특징을 꼽아보자.

첫째, 정동에 황궁을 조성하기 전 이미 서구 열강들의 영역이 형성돼서 조선시대의 전통적인 궁궐의 모습을 갖추지 못하고 불규칙적으로 영역이 조성될 수밖에 없었다. 둘째, 서양 문명이 자연스럽게 유입되면서 궁궐 안팎으로 서양식 건물들이 여럿 세워졌다. 즉, 정동은 문명과 전통이 공존하는 역사적 현장이었다.

황제와 황후의 기억 공간, 태평로와 소공로의 탄생

고종은 제국의 출범과 함께 부국강병을 위한 근대 문명화 사업을 추진해 나갔다. 고종의 근대문명화 프로젝트를 '구본신참 舊本新參'이라 한다. 서양의 발달한 문명을 받아들여 근대화를 추진하되 전통을 바탕에 두면서 점진적으로 개혁해간다는 의미다.

고종이 황제로 등극한 다음 명성황후는 황후로 받들어져 국장을 치렀다. 을미사변 이후 여러 차례 장례가 연기되다가 대한제국이 출범한 1897년(광무 1년)에 청량리 홍릉에 안장된 것이다. 2년여 동안이나 장례를 연기한 이유는 뚜렷하지 않지만, 황현의 《매천야록》에는 고종이 황제로 즉위한 후에 황후의 예로 장례를 치르기 위해 지연시켰으며, 능을 장엄하게 조성하기 위해 중국 남경에 있는 명나라 고 황후의 효릉孝陵을 참고하도록 하는 등 성대하게 준비했다는 기록이 남아 있다.

국장 행렬은 황궁에서 새벽 4시경에 출발해 신교(新橋, 새다리)를 지나 종로를 통해 동대문으로 빠져나간 다음 12시경 홍릉에 도착했다. 동원된 수행원이 무려 4천800여 명인 대규모의 행렬이었고, 국내외의 많은 사람이 이 광경을 보려고 모여들었다. 특히 도성의 동서대로인 종로는 조선시대 이래 제1대로였고, 경제활동의 중심지로 가장 번화한 길이었다. 따라서 이 길을 통한 국장 행렬은 많은 사람들이 볼 수 있었다.

한편 덕수궁에서부터 세종로까지 연결되는 현재의 태평로는 명성황후 국장을 위해 새롭게 개통된 신작로였다. 신작로가 만들어진 후 명성황후의 장례

행렬이 처음으로 지나갔다. 또한 황궁과 조선의 정체성이 함축된 경복궁을 직접 연결하는 상징적인 의미기도 했다. 이는 대한제국기에 고종이 추구한 구본신참의 의미에서 알 수 있듯이 전통을 대표하는 공간(경복궁)과 근대 문명의 상징적인 공간(황궁)을 연결해 고종의 근대화 정책의 성격을 잘 보여준다. 나아가 종로에는 1898년(광무 2년) 최초로 전차가 가설되는데, 노선은 서대문에서 홍릉까지 연결됐다. 즉 최첨단 근대문명의 아이콘인 전차는 시민들에게 일본에 의해 시해당한 명성황후에 대한 기억을 상기시키면서 대한제국의 높아진 위상을 오버랩시키는 효과가 있었다.

　황궁 동편의 조선호텔은 황제 즉위식을 거행한 원구단이 있던 곳으로 황궁과 원구단은 소공로로 연결됐다. 즉, 소공로는 원구단을 조성한 후 황궁과 연

대한제국 시기의 전차

결하기 위해 새롭게 개통한 사선의 신작로였다. 그리고 소공로를 기준으로 원구단 맞은편(남쪽)에는 대관정大觀亭도 위치했다. 대관정은 궁내부 대신관저로도 사용했고, 서양 귀빈들을 접대하기 위한 연회장소Imperial Guest House이기도 했다. 소공로를 사이에 두고 원구단과 대관정을 설치한 것은 소공로가 우연히 만든 길이 아니라 계획된 도로였음을 의미한다. 즉 소공로는 황제의 공간인 원구단과 대관정이 위치한 곳으로 뚫린 길이었다.

이와 더불어 황궁의 동문인 대안문(1906년 대한문으로 개칭)을 정문으로 쓰기 위해 월대를 구성하는 등 새롭게 고치고, 앞으로는 넓은 공간을 조성해 민의를 수용하는 장소로 만들었다. 다만 현재의 서울광장과 같은 모습은 아니었다.

이러한 황제의 길과 황후의 길, 그리고 민의 수용공간과 더불어 황궁 주변으로는 상징적인 시설물이 여럿 조성됐다. 서대문 밖에는 독립국의 위상을 보여주는 독립공원과 독립문이 조성됐고, 종로 한복판에는 탑골공원이 만들어졌다. 고종의 즉위 40주년과 육순을 바라보는 51세(망육순), 대한제국 출범 5주년을 기념하기 위한 기념비전도 1902년(광무 6년) 종로와 세종로의 교차지점에 세웠다. 결국 여러 상징공간을 조성하고 도로망과 전차노선을 갖춰나가면서 한양 도성의 중심공간은 경복궁 주변에서 황궁이 위치한 남쪽으로 이동했고, 이것은 현재도 서울의 중심공간으로 자리했다.

반면 대한제국의 근대화 성과는 일본에 강제 병합돼 권력의 주체가 바뀌면서 식민권력의 도시공간으로 변해갔다. 황후의 길인 태평로에는 경성부청을 비롯한 식민권력의 상징적인 건물이 세워졌으며, 황제의 길인 소공로는 러일전쟁의 일본군 영웅 이름을 딴 하세가와쵸長谷川町로 바뀌었다. 철도호텔과 조선은행, 경성우편국 등 경제와 대중문화 관련 시설물도 채워졌다. 황궁은 궁역이 축소되고 경성부청 앞에는 공원(광장)을 조성하면서 제국의 역사는 잊혀 갔다.

제국의 상징
원구단과 돌북

하늘에 제사를 드리는 제천단인 원구단은 동아시아에서 황제만이 소유할 수 있는 권력을 상징하는 건축물이었다. 원구단은 고려 성종 때 만들어졌지만 고려 말 우왕 때 폐지됐고, 제후국인 조선도 원구단은 유지할 수 없었다. 그러나 조선의 왕들은 기곡과 기우의 목적과 산천에 제사를 드린다는 명목으로 현재 용산 미군 부대 위치에 남단南壇*을 만들어 운영하면서 원구단으로 인식했다. 이후 대한제국이 들어서자 공식적으로 하늘제사를 위한 건축물이 도성 한복판에 만들어졌다.

대한제국기 원구단의 모습은 〈독립신문〉에 실린 기사로 확인할 수 있다. 단은 원형으로 1층은 지름이 144척(1척은 약 30㎝)이고, 2층은 72척, 3층은 36척이며, 높이는 각 층이 3자로 구성됐다. 따라서 1층은 지름이 약 40미터, 2층은 20미터, 3층은 10미터고, 각 단의 높이는 1미터로 전체 높이는 3미터가 된다. 당시 하얀 돌로 된 3층의 제단은 한양 도시경관의 랜드마크가 됐을 것이다. 또한 원구단의 건립 위치를 남교라는 도성 밖의 공간에서 황궁과 인접한 도성 안으로 옮겼다는 점에서 도시 공간의 획기적인 변화를 가져왔다. 원구단은 건

---

* 과거에는 남쪽 교외에서 하늘에 제사를 지냈기에 남단南壇 또는 남교南郊라고 했다.

원구단 일곽 추정 배치도

축물로서의 의미를 넘어서 위치한 장소에서도 시대의 상징성이 잘 나타나 있다. 1899년(광무 3년)에는 단의 북쪽에 황궁우를 만들어 제신의 위판을 봉안하고, 동서무東西廡도 세웠다.

아울러 1902년에는 원구단 동쪽에 석고전이 건립된다. 석고전은 석고(石鼓, 돌북)가 안치된 건축물로, 고종 황제의 즉위 40주년을 기념하고 제국의 위상을 과시할 의도로 계획됐다. 돌북 표면에 고종의 중흥공덕을 기리는 문자를 새겨넣으려 했으나 미완성에 그쳤다. 본래 자태도 눕혀진 모습에서 세워진 모습으로 바뀌었고, 석고전은 박문사(博文寺, 1932년 이토 히로부미를 추모하기 위해 세운 사찰로 현재 신라호텔 위치에 있었다)의 종루로 쓰는 바람에 사라지고 돌북만

남아 있다.

한일병탄韓日倂呑* 이후 원구단은 1915년 '시정오년조선물산공진회'가 경복궁에서 개최되면서 참관인들을 위한 숙박시설인 철도호텔(1914년 2월 조선호텔로 개칭됨)을 세우기 위해 파괴됐다. 식민권력이 조선과 대한제국의 상징공간인 경복궁과 원구단을 전시장과 호텔로 만들어버린 것이다. 장소와 건축이 지닌 시대의 상징이 새로운 권력에 밀려 소멸해버린 사건이다.

---

* 한일합방은 두 체제가 평화적으로 합의해 새 국가를 만든다는 의미이므로 강제병합 또는 무력에 의한 침탈인 병탄倂呑, 남의 물건이나 국가를 강제로 빼앗아 합치는 것)을 써야 한다고 역사학계는 주장하고 있다.

대한제국과 메이지의 공간 충돌,
장충단과 박문사

정동이 제국의 중심공간으로 자리 잡으면서 도성의 동남쪽 남산 기슭에 조성된 중요한 공간이 장충단이다. 장충단은 1900년(광무 4년), 1894년(갑오년)과 1895년(을미년)에 나라를 위해 희생한 군인들을 추모하고 사기를 높이려는 의도로 조성했다고 알려져 있다. '장충獎忠'이라는 이름에서 알 수 있듯이 '충忠을 장려獎勵하기 위해 조성한 제단'이라는 뜻이다.

누구를 위한
제단인가

그러나 장충단에는 더 중요한 의미가 담겨 있다. 장충단에서 초혼제를 지낸 직후 고종 황제는 "1900년은 명성황후가 만 50세가 되는 해이므로 슬픈 마음이 다른 해보다 남다르다"고 말했다. 명성황후는 고종보다 1년 앞선 1851년(철종 2년) 경기도 여주에서 태어났기에 1900년은 만 50세가 되는 해였다. 또한 명성황후가 시해당한 지 5주기가 되는 해이기도 했다. 이에 황태자인 순종은 1900년에 명성황후를 추모하는 행사를 기획했고, 신하들은 을미년 역적들을 처벌하자고 하거나 황후가 묻혀 있던 홍릉을 다른 곳으로 천봉遷奉하자는 의견도 제기하는 등 제국 최초의 황후를 기억하기 위한 분위기로 만연했다.

《동아일보》 1935년 1월 1일 기사. 장충단 소개에 명성황후와 을미년 기억을 소개하고 있다.

이러한 분위기 속에서 만들어진 장충단의 제사 대상을 살펴보면 1위에 홍계훈, 2위에 이경직 외 이도철과 임최수 등이 있는데, 이들은 모두 황후와 관련된 충신들이다. 따라서 당시 사람들에게 장충단은 누구를 염두에 두고 만든 제단인가를 은유적으로 알 수 있게 했고, 신문에서도 황후와 을미사변의 기억 공간으로 소개됐다. 더욱이 기억해야 할 점은 안중근 의사의 '이토 히로부미를 죽인 15가지 이유' 가운데 첫째가 명성황후를 죽인 죄라는 것은 당시 사람들에게 황후의 죽음에 대한 기억이 깊이 각인됐음을 알게 해준다.

장충단을 조성한 이래 이곳에서는 1년에 두 차례 봄가을마다 정기적으로 제향을 드렸다. 제향은 당시 군인들에게 큰 반향을 불러일으켰는데, 1900년 11월 10일 처음 시작해서 1909년 10월 15일 마지막 제향이 있었다. 이후로 제향이 더 이상 거행되지 못한 것은 이토 히로부미가 안중근에게 저격당한 후 그를 기리는 추도회가 장충단에서 열렸기 때문이다. 장충단이 국가에 대한 충의 의미가 담긴 장소라는 사실을 확인한 일본 제국주의가 이토 히로부미의 사후 장충단에서의 제향을 더 이상 허락하지 않았던 것이다.

장충단의
공간 구성

장충단은 도성의 동남쪽인 남소영 일대에 만들었다. 당시 남소영을 비롯한 주변에는 군사의 시재試才와 무예 훈련, 병서 습독을 관장하기 위한 훈련원과 하도감이 있었다. 따라서 전쟁터에서 사망한 군인과 충신을 위한 제향 공간을 이곳으로 정했던 것이다.

현재 장충단은 엉뚱한 위치에 장충단비만 세워져 전체가 어떤 모습으로 존재했는지 상상하기조차 어렵다. 《고종실록》에는 충을 기리는 건축 형식으로 사당이 아닌 단을 쌓아 조성하라고 한 점에서 제단의 형식이라는 것은 알 수 있다. 여기서 '단壇'이라는 건축형식은 '제사나 의식, 행사 등을 지내기 위해 흙이나 돌 등으로 주변보다 높게 만든 터나 자리'를 말한다. 장충단은 넓은 터에 인공적으로 단을 조성하고 그 위에 제향을 드리기 위한 시설물을 배치했던 것이다. 즉 장충단은 특정한 하나의 건축물을 지칭하는 것이 아니라 제향을 드리기 위해 성스러운 영역을 조성한 '성역화된 장소'를 가리킨다.

장충단 일곽의 건축공사를 기록한《장충단영건하기책》에는 영역을 '내기지內基址'와 '외기지外基址'로 구분하는데, 내기지는 목책으로 150간(전체 둘레 약 270m), 외기지는 철책鐵索으로 430간(약 774m)이다. 철책으로 바깥 경계가 구성되고 다시 목책으로 내부 경계를 구성했으며, 내기지 입구에는 하마석(말에 오르내릴 때 발돋움용으로 대문 앞에 놓은 큰 돌)도 설치했다.

1910년 경성부시가도에는 '奬忠壇'이라고 표시된 부분에 여러 개의 건물군이 사다리꼴로 구획된 모습을 볼 수 있다. 또한 '장충단비奬忠壇碑'도 표시됐는데, 비는 물길(남소문동천)을 사이에 두고 장충단의 동쪽 언덕에 위치하며 직선으로 도로가 이어져 있다. 당시 비는 사방 4미터 비각 안에 있었으며, 주위는 목책으로 둘러져 목책문도 있었다. 이러한 경계로 이루어진 장충단의 전체 영역은 현재 덕수궁과 맞먹는 면적이었고 성역의 범위는 더 넓었다.

현재의 장충단비

장충단에는 단사壇祠(이후 장충포열奬忠褒烈로 명명됨)로 불린 사당을 비롯해서 전사청, 양위헌揚威軒, 장무당壯武堂, 요리정料理亭, 석교와 목교 등 여러 시설물이 배치됐다. 가장 대표적인 건물은 단사로 15칸 규모이고, 처마 밑에는 양철로 빗물받이도 달려 있었다. 그리고 10칸 규모의 장무당에는 유리창호가 사용되기도 했다. 일곽에서 가장 칸수가 크고 비용이 많이 든 건물은 30칸 요리정으로, 이 주변에는 아름다운 정원 시설이 조성되어 있다.

특이한 점은 이곳이 남산 기슭이어서 자연경관에 어울리도록 한 것인지 정확히 알 수 없으나 제향 공간에 각종 화초를 심어서 주변을 꾸민 점이다. 장충단을 경건한 제사 시설로 엄숙하게 만들기보다는 일상의 안식처 같은 느낌을 주려 했다고 짐작된다. 즉 일반 군인들을 포함해 제사를 지내는 국가기념 시설이기 때문에, 종묘나 사직처럼 신분 높은 사람들이 드나드는 엄숙하고 정적인 공간이 아니라 일반 시민들도 쉽게 찾는 열린 공간으로 조성한 것이다. 그리고 그곳에는 15미터 높이로 국기를 걸 수 있는 국기게양대가 있었다.

메이지의 공간 이식과 장충단의 변화

장충단 제향은 1905년(광무 9년) 일본에 외교권을 박탈당하는 을사늑약이 체결되고, 1907년 고종 황제가 강제 퇴위되면서부터 서서히 빛을 잃어갔다. 〈대한매일신보〉 1908년 3월 기사에는 장충단에서의 제향이 군인도 없고 군가도 없는 적막한 모습이라고 기록하고 있다. 그러나 마지막 순간까지 장충단은 독립을 위한 상징적인 장소로 인식돼 이곳에서 '대한독립제'를 지내려고도 했다.

제향이 사라진 장충단에 처음으로 생긴 변화는 성역에 스며든 장소의 성격과 의미를 지우는 작업이었다. 이에 장충단은 1919년, 공원으로 바뀌기 시작했다. 애초에 장충단은 국가 성역처럼 엄숙한 공간이 아닌 일반 시민들에게도 열린 공원(광장)의 성격이 내재된 장소였다. 하지만 본격적으로 공원화가 진행되면서 벚꽃을 심고 공원시설물이 하나둘씩 설치되면서 제향의 기억은 사라져갔다. 사실 성역의 의미가 손상된 시기는 1904년(광무 8년)에 신정(新町, 현 중구 묵정동 일대)에 유곽이 들어서면서부터였다. 장충단과는 거리가 좀 떨어져 있었지만 당시 사람들은 성역이 훼손됐다고 느꼈다.

이후 장충단의 성격과 의미를 완전하게 지우려 했던 때는 제단 동쪽 언덕에 이토 히로부미를 기리는 박문사를 세우면서부터다. 이토 히로부미를 위한 사원을 건립하거나 동상을 세우자는 의견이 있었지만, 동상은 자칫 시민들에게 훼손될 우려가 있어 사원 건립으로 결정했다.

사원은 이토 사후 20주기를 기념해 건립계획이 추진됐고, 1932년 장충단 맞은편에 세워졌다. 그리고 박문사에는 신성한 경복궁의 선원전(璿源殿, 역대왕의 초상화를 모신 곳) 건물도 뜯어와 고리(庫裡, 절에서 부처에게 올리는 음식 등을 준비하는 곳)로 사용하고, 경희궁의 정문인 흥화문을 옮겨와 이름을 바꿔 경춘문이라는 산문山門으로 사용하는 등 건물이 지닌 상징성을 식민지 전략에 맞추어 철저하게 파괴했다. 더욱이 1937년에는 만주사변과 상해사변으로 희생된 일본군 육탄삼용사의 영웅담을 기리는 동상을 장충단 단사 건물 바로 옆에 세워 일본군을

장충단의 의미를 퇴색시킨 박문사

기리는 초혼단으로 의미를 바꾸는 작업도 했다.

　1920~1930년대에 일본은 서울을 완전한 식민지 도시로 만들기 위한 계획을 추진했다. 남산에는 1925년 조선신궁을 건립해 일본의 태양신 아미테라스오오가미와 메이지 천황을 모셨다. 1926년에는 조선총독부 청사와 경성부청을 세워 식민지 도시로의 변화는 절정에 달했다. 동대문에는 경성운동장도 세웠는데, 이는 스포츠 진흥의 목적이 아니라 조선신궁에 모신 신을 즐겁게 하려는 의도가 깔려 있었다. 경성운동장에서 처음으로 치른 행사가 조선신궁체육대회라는 점에서 알 수 있듯이 조선신궁에 모신 태양신과 천황을 식민지 경성의 신으로 즐겁게 맞이하고, 시민들을 식민권력에 걸맞은 신체로 기르게 하려는 것이었다. 또한 조선신궁 준공 직전에 경성역도 준공됐는데, 경성역의 첫 열차에 조선신궁의 도리이(鳥居, 신사의 입구에 세워진 문)를 일본에서 부산을 거쳐 경성으로 실어 날랐다.

　이렇듯 식민권력은 공간의 지배를 통해 경성을 식민도시로 변화시켰다. 그리고 새로운 식민도시의 모습을 보여주고자 일본은 경성의 관광 루트에 조선총독부와 경성부청사, 조선신궁, 박문사 등을 포함시켜 관광객들에게 보여줘경성의 이미지를 식민도시로 탈바꿈시켰다.

궁궐의 변화, 도시의 변화

도성의 서쪽에 위치해 서궐로도 불린 경희궁. 궁궐이 건립되기 전에는 인조의 부친인 정원군(원종)의 잠저潛邸*가 있었으나 왕의 기운이 서려 있다는 풍문을 제압하고자 광해군이 궁궐을 만들었다고 전한다. 왕기王氣가 서려 있다는 바위인 서암(瑞巖, 또는 왕암)은 현재 숭정전 뒤쪽에 남아 있다.

---

* 궁궐에서 태어나지 않았지만 일반 왕족으로 지내면서 궁궐이 아닌 사가에서 지내다가 왕위를 계승하는 왕이 즉위하기 전에 살던 집. 실제 정원군의 잠저인 저경궁(송현궁)은 현 한국은행 부근에 있었다.

경희궁, 그리고
궁궐 앞 제국의 시설들

창건 당시 경희궁은 경덕궁으로 불리다가 1760년(영조 36년)에 원종의 시호인 경덕과 동음이어서 개칭한 것으로 알려졌다.

그러나 《광해군일기》 중초본** 11년 기사에 '경희궁慶熙宮'이라는 궁호를 썼다는 점으로 미루어볼 때 창건 때부터 궁명이 경희궁이었다는 사실을 알 수 있다. 또한 경희궁은 '야주개대궐夜珠峴大闕'이라고도 했는데, 정문인 흥화문 현판 글씨가 명필이어서 글씨의 광채가 밤에도 낮처럼 훤히 비추었다는 뜻에서 유래됐다. 하지만 사실은 흥화문이 종로를 향해 동향을 했기에 달빛을 받아 현판이 훤하게 비쳤다고 이해해야 맞다.

경희궁은 영·정조 때 그 위상이 부각됐다. 영조가 집권 후반에 거주하다 승하했고, 정조는 영조와 함께 세손 시절을 이곳에서 보내다 숭정문에서 왕위에 등극했으며, 즉위 이후에는 자객에 의해 죽임을 당할 뻔한 사건이 발생한 장소이기도 하다. 이 사건은 영화 〈역린〉의 소재가 되기도 했다.

1868년(고종 7년)에 이르러 경희궁은 왕권강화책의 하나로 경복궁 복원을 단행하면서 이곳의 건축자재를 사용해 대부분의 전각이 사라졌고, 빈 궁터에는 양잠 정책을 통한 상공업 장려책으로 1883년(고종 20년) 뽕나무를 심었다.

** 실록을 편찬할 때 이전 제작본은 없애버리고 마지막 정초본을 보관하는 것이 관례인데, 《광해군일기》는 중간 단계인 중초본이 유일하게 남아 있다.

경희궁의 정문 '흥화문'

그래서 당시 외국인들은 경희궁을 '뽕나무 궁궐'로 부르기도 했다.

황궁인 경운궁 근처에 빈터가 된 경희궁에서는 1899년 덕국(독일) 친왕인 하인리히의 내한을 축하하기 위해 관병식이라는 군사 퍼레이드가 열렸다. 이는 대한제국 출범 이래 최초의 국빈 방문으로, 관병식은 국내외 사람들에게 근대국가로 변모해가는 제국의 위상을 보여주고자 기획한 것이었다. 그리고 군 훈련 장소로 변한 경희궁과 연결을 극대화하기 위해 1902년에 새문안로를 가로질러 황궁과 연결되는 운교雲橋가 설치되기도 했다.

한편 흥화문 동편 현재의 구세군회관 위치에는 부국강병을 위해 무관 학교(사관학교)를 세웠다. 무관학교는 서양의 군사제도를 도입해 건양建陽* 원년인 1896년에 설치한 사관학교로 1898년 이곳으로 이전했다. 러일전쟁 이후 일

---

* 건양은 1896년 1월 1일부터 1897년 8월 16일까지 사용한 조선의 연호다.

덕수궁과 경희궁을 연결한 운교

본의 식민지화 정책이 강화되면서 1909년 폐지됐다. 무관학교 출신 장교들은 체조교육을 받았는데 이후 일반학교의 체육교사로 활동하기도 했다.

또한 무관학교 동편인 현재 새문안교회 자리 부근에는 1902년 최초의 실내 원형극장이자 국립극장인 협률사協律社가 건립됐다. 1902년은 고종의 재위 40 주년과 망육순, 제국이 출범한 지 5주년으로 협률사는 이를 축하하기 위해 만들어진 기념시설물이다. 협률사도 이토 히로부미가 방문한 1904년에 폐지됐고, 이후 1908년 원각사圓覺社라는 극장으로 재탄생하게 된다. 원각사가 건립된 그해 11월 신연극의 효시로 불리는 〈은세계〉가 무대에 올랐다. 그러나 결국 식민지기에 들어선 1912년 완전히 폐쇄됐고, 오늘날에는 당시 이 일대의 공간을 기억조차 하기 어렵게 됐다.

식민지 시기
경성중학교 설치와 궁궐의 파괴

러일전쟁에서 승리한 이후 서울에 거주하는 일본인의 숫자가 급격하게 늘어났다. 1906년 경성거류민단이 설립됐고, 거류민의 아이들을 위한 교육기관 설립의 필요성이 대두됐다. 그래서 민단은 친일파 송병준 등이 이끄는 일진회가 소유한 독립관(독립문 옆에 위치)을 무상으로 임차해서 1909년 경성중학교를 개교했으며, 이듬해 경희궁터로 교사를 이전했다. 경희궁으로 교사를 이전하기 전 학교 후보지로는 경복궁도 언급됐는데, 이는 궁궐을 비롯한 조선과 대한제국의 역사적 장소가 일본제국주의의 식민지 도시 건설을 위해 언제든지 파괴될 수 있었다는 점을 보여준다.

경희궁터로 교사를 이전한 경성중학교는 새로운 교사를 증축해 1913년에 낙성식을 했는데, 이때 초대 조선총독인 데라우치가 직접 축사했다. 이후 1920년대에 들어와 조선총독부는 교육제도의 쇄신이라는 명목 하에 보통학교의 증설을 계획했고, 교원 양성을 위해서 사범학교를 만들게 된다. 이때 경희궁터에 남아 교원양성소 건물로 사용되던 숭정전과 회상전 등 전각은 더 이상 쓸모가 없어져버리자 다른 곳으로 매각됐다. 정전인 숭정전은 1926년에 조계사*로 매각됐고, 회상전도 1928년에 매각됐다. 그리고 흥화문은 1932년에 박문사의 정문으로 쓰기 위해 뜯어갔다. 이로써 경희궁은 조선의 흔적을 완전히 잃어버렸다.

---

* 현재 동국대가 위치한 곳으로, 1977년 학교 법당인 정각원正覺院으로 개원해 남아 있다.

경희궁의 흔적을 지울 무렵부터 궁역에는 관사가 들어섰는데, 이때 활터인 황학정이 철거 위기를 맞았다. 다행히 조선교풍회회장이자 동아일보사 사장이던 박영효가 총독부의 양해를 얻어 황학정을 사직단 북쪽의 등과정登科亭 옛 터로 이전해 현재 이곳에 남아 있다.

한편 경희궁의 서북쪽 송월동 일대에는 조선인들이 토막촌을 형성해 살았는데, 우연히 1932년 이 지역에 화재가 일어나 토막민들은 반강제로 떠나게 됐다. 곧바로 식민지 근대건축을 대표한 모던 신청사인 경성측후소(현 기상청의 전신)가 이곳에 건립됐다. 경성중학교도 1933년에 화재가 발생해 교사 대부분이 전소됐는데, 이때 화재 진압을 위해 사용한 물 때문에 가뭄으로 고생하던 경성부의 물 부족 현상이 더욱 심해졌을 정도였다. 화재의 원인은 시험 기피를 위한 학생들의 방화로 알려졌으나, 나중에는 화재 원인을 알 수 없다며

황학정

사건은 흐지부지 종결됐다. 주로 고위층 자제들이 다니는 학교라는 점이 반영된 것으로 보인다. 이후 1935년 신교사를 건립해 낙성식을 하고 다시 경성의 최고 중등교육 기관의 면모를 갖추게 됐다.

현재 서울역사박물관 주차장 한편에는 방공호가 남아 있는데, 이는 일본의 방공법 시행에 의해 1944년 초겨울부터 공사가 시작됐다(당시 공사에는 경성중학교 학생들이 동원됐다). 그러나 해방과 함께 방공호는 미완성으로 남게 됐다. 당시에는 전국의 학생들이 전쟁 준비를 위해 방공호뿐만 아니라 조병창(造兵廠, 무기와 탄약을 제조·수선하며 저장·보급하는 건물 혹은 장소) 등 여러 공사에 동원됐다. 이렇듯 식민지 시기에 조선인들은 경희궁이 파괴되는 모습을 보면서 망국의 설움을 느껴야만 했다.

해방 이후
강남 지역의 탄생

해방 이후 경희궁터에는 식민지 시기의 관성을 유지하듯 서울중학교가 들어섰다. 6년제였던 서울중학교는 1951년 정부의 교육제도 개편에 의해서 3년제의 중학교와 고등학교로 분리됐다. 경제적인 여건상 6년 동안 학업을 지속하기 어려울 수 있기에 3년씩 나누어서 학업을 마무리할 수 있도록 배려하려는 의도였다.

1960년대에 들어와 한국 사회는 신분 상승과 부를 얻으려면 소위 일류대학을 나와야 한다는 분위기가 만연했고, 명문고 입학이 첫 관문이었다. 서울에서는 소위 5대 명문고가 나타났고, 명문고에 입학하려면 명문중에 입학해야만 했다. 중학교 입시 과열이 사회 이슈의 정점으로 부상했다. 이와 관련된 흥미로운 사건 중 하나가 바로 '무즙 파동'이다. 1964년 치른 중학교 입시 자연 과목 18번은 찐 찹쌀밥에 물과 엿기름을 섞어 엿을 만들 때 엿기름 대신 무엇을 넣어도 좋은지 묻는 문제였다. 출제위원회는 1번 보기 '다이스타제'를 정답으로 했으나, 2번 보기 '무즙'도 정답 처리하라는 학부모들의 반발이 계기가 된 사건이었다. 무즙에도 다이스타제가 들어 있다는 그들의 항의가 사회문제로 번지면서 교육감들이 줄줄이 물러나야만 했다.

계속된 입시 문제로 정부는 1969년 중학교 무시험 입학이라는 정책을 실시하면서 중학교 입학을 위한 경쟁은 사라졌다. 하지만 고등학교로 입시 과열 현상이 집중되자 정부는 1974년 고교평준화를 시행했다. 이에 고등학교 입학 기준은 주변 거주자 중심으로 추첨에 의해 선발하도록 정해졌다. 명문고 근처로 집단 주거지가 형성될 수 있는 조건이 마련된 것이다.

한편 이러한 교육정책과 함께 정부는 서울의 도시 공간을 재편하려는 계획을 세우게 된다. 이른바 '서울 3핵 도시 구상'이다. 도심과 영등포, 영동(영등포의 동쪽이라는 뜻으로 현 강남) 지역을 상호 연결해 도시의 기능을 분산시켜 인구의 도심 집중현상을 해소하려 했다. 영동에는 고속버스터미널 등 공공시설과 도심에 위치한 고등학교를 이전한다는 계획도 포함됐다. 즉 도시화 과정에서 교육공간을 활용한 강남의 도시계획이 준비된 것이었다.

대표적인 사례는 1976년 강남구 삼성동으로 신축 이전한 경기고였다. 최고의 명문고인 경기고는 당시 공립학교로 이전 과정에 정책적인 걸림돌이 적었다. 경희궁터에 위치했던 서울고의 이전도 자연스럽게 추진됐다. 이와 더불어 서울시는 학원의 강남 이전을 권장하면서 강남으로의 인구 이동은 가속화

됐다. 여기에 지하철 2호선 도심 순환선의 완전개통으로 강남의 입지는 더욱 굳어졌다. 과거 성곽을 경계로 사대문 안팎으로 나누던 지리적 구분이 한강을 중심으로 강남과 강북으로 나뉘는 계기가 됐다.

반면 학교가 떠난 경희궁터는 한때 대기업으로 넘어가 고층빌딩이 건립될 위기를 겪었다. 그러나 서울시가 경희궁터를 재매입해 1988년 서울올림픽에 맞춰 역사공원 조성사업을 벌이면서 조선 궁궐로서의 위상을 재정립하고 장소에 새겨진 의미를 하나씩 되살릴 수 있었다.

정리

- 경복궁은 이상적인 국가 경영의 단면을, 창덕궁은 높아진 왕권의 위상을 반영했다.
- 조선의 궁궐은 국왕의 권력을 상징하며, 유교의 예와 밀접하게 연관이 있다.
- 대한제국 출범으로 한양의 중심은 경복궁에서 덕수궁으로 바뀌었다.
- 일본은 식민지 전략에 맞춰 조선 독립을 위한 상징적인 장소를 철저히 파괴시켰다. 해방 이후 서울은 교육 공간을 활용한 도시계획을 실시했다.

뇌로 인간을 보다

• 권 준 수 •

• 키워드 •

뇌 뇌과학 뇌기능 뇌구조 뇌영역 뇌지도 신경세포

신경전달물질 신경회로 뇌자극 신경조절술 정신질환

정신과학 정신분석이론 강박증 창의력 도파민

왜 알아야 할까

　'마음이 어디에 있나요?'라는 질문을 받으면 대개의 사람들은 심장에 손을 얹는다. 마음이 심장에서 나온다고 생각해 과거의 사람들도 심장心臟에 마음 심心 자를 사용했다. 인문학적 관점에서 보면, 20만 년 전 현생 인류가 지구에 등장한 후 문명을 일궈온 시간보다 생존을 위해 야생에서 버틴 세월이 더 길었기 때문 아닐까 추정한다. 희로애락과 같은 감정을 느낄 때 심장 박동이 빨라진다는 사실을 감으로 느끼고 '마음=심장'이라는 암묵적 약속을 정한 것은 아닐까.

　과학적으로 접근한다면, 마음은 뇌에 의해 작동한다. 외부 자극을 인지하고 정보를 수집하고 사고한 후 판단을 내리는 신체 기관은 뇌다. 뇌의 결정에 따라 행동하게 된다.

　뇌는 약 1천억 개의 신경세포와 1천조 개의 시냅스로 구성된 섬세한 조직이다. 신경세포가 어떻게 기쁘고 슬프고 불안할 때를 알아차릴까? 1천억 개가 넘는 신경세포가 어울려 1천조 개 이상의 시냅스를 만들면서 정보를 교환하고 생각과 감정, 행동을 이끌어낸다. 이는 어떤 메커니즘에 의한 것일까? 체중의 2.5퍼센트(약 1.3~1.5킬로그램)에 불과하지만, 섭취한 에너지의 20퍼센트를 흡수하면서 맹렬하게 작동하는 뇌. 뇌에 대한 연구 영역은 아직 무궁무진하다.

뇌에 대한 과학적 연구는 20세기 들어 본격적으로 시작됐다. 17세기 산업혁명 이후 물리학, 화학, 생물학 등 근대화를 이끈 과학의 혁명적 연구 성과에 비하면 뇌 과학은 한참 늦었다는 느낌이 든다. 연구가 늦어진 이유는 뇌를 관찰할 수 있는 도구가 부족해 객관적인 결론을 도출하기 쉽지 않았기 때문이다. 자기공명영상MRI 촬영 등 뇌신경계를 영상으로 확인할 수 있는 기술이 20세기 들어 도입됐고, 본궤도에 오른 뇌과학 연구는 이제야 가속도를 내고 있다. 도파민, 세로토닌 등 뇌를 움직이는 200종 이상의 신경전달물질 연구는 물론 스트레스와 우울증, 조현병 등 병으로 발전할 수 있는 증상을 완화하는 치료법도 잇따라 개발되고 있다.

뇌과학은 통섭의 학문이다. 뇌과학은 인간을 탐구하는 영역으로 과학적 사고와 인문학적 감성을 갖출 수 있는 학문이기도 하다. 질병의 치료, 예방을 연구하는 의학은 물론 뇌의 정신활동을 구체화하는 인지과학과 연계해 심리와 정서까지 연구 대상으로 확장하고 있다.

신경가소성을 예로 들어보자. 과거에는 인간의 지적 능력과 재능이 유전적 요소라고 믿었다. 천재는 하늘이 내려준 선물 같은 존재였다. 하지만 현대 뇌과학은 인간의 뇌가 지속적으로 신경을 재조직화하며 성장한다는 사실을 밝혀냈다. 인간의 잠재력은 무한하며 나이가 들어도 지속적으로 성장할 수 있다는 얘기다. 신경가소성 이론은 천재성이 타고나는 것이냐 아니냐를 두고 오랜 시간 지속된 논란을 잠재웠다. 하지만 여전히 보통의 사람이 노력만으로 천재의 능력을 가질 수 있을까 하는 의문은 남아 있다.

21세기 들어 뇌 연구는 더 중요해지고 있다. 인공지능 같은 첨단의 과학기술이 하나씩 현실화하면서 언젠가는 인간의 지능을 앞서는 기계가 나올지도 모른다는 추론이 등장하고 있다. 여러 가설이 제기되고 있지만, 한 가지 명확한 것은 아직 인간의 뇌를 과학적으로 완벽하게 검증하지 못하고 있다는 사실이다. 인간 뇌에 대한 과학적 근거도 아직 부족한데, 어떻게 인간의 뇌를 뛰어넘는 기계를 개발한다는 말인가.

뇌과학이 발전하면서 인간의 감정과 행동을 뇌기능과 연결해 이해하고자 하는 움직임이 자리 잡고 있다. 뇌와 마음의 상호작용뿐만 아니라 환경과 뇌의 상호작용이 중요하다는 사실을 깨달으면서 뇌의 변화를 이끌어내기 위한 연구도 필요해지고 있다. 인간의 정신 현상을 깊이 이해하기 위해 뇌과학의 활용분야는 더욱 확장될 것이다. 이 과정에 동참하는 것이야말로 인류 최고의 도전에 응전하는 자세가 될 것이다. 꿈을 가진 많은 청소년들이 뇌 연구에 동참해 다가오는 미래를 새로운 세상으로 바꿀 수 있다면 이보다 의미 있는 일은 없으리라.

성격과 행동을 좌우하는 뇌

무게 1.4킬로그램에 불과한 뇌는 인간의 신체 기능은 물론 성격과 행동을 결정하고 마음까지 좌우하는 중요한 기관이다. 19세기 이후 뇌과학의 발전으로 가소성, 기억력, 뇌세포의 재생능력 등 인간의 무궁무진한 능력이 뇌에서 발현된다는 연구 결과도 잇따르고 있다. 하지만 아직도 뇌는 신비에 싸여 있다. 뇌를 이해하는 것은 인간을 알아가는 지름길이다.

뇌기능 연구의
전환점이 된 사건

1848년 9월 13일, 미국 버몬트주 철로공사 현장에서 다이너마이트가 폭발해 직경 3센티미터 길이 1미터의 쇠막대가 25세 청년의 얼굴을 관통하는 사고가 발생했다. 청년은 두개골과 왼쪽 대뇌 전두엽 부위에 손상을 입었다.

누가 보더라도 청년은 죽을 운명에 처했지만, 그 지역의 의사인 존 M. 할로 John M. Harlow에게 한 달가량 치료를 받으면서 기적처럼 회복했다. 동료들은 청년의 복귀를 환영했으나, 문제는 이후에 발생했다. 청년은 시간이 지나면서

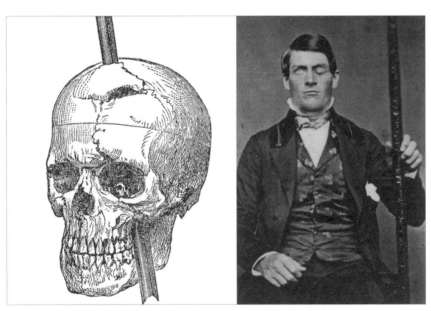

피니어스 게이지와 사고 부위

성격이 바뀌기 시작하더니 사고 전의 모습과는 딴판으로 변했다. 친구들조차 사고 전의 온유했던 모습을 찾아보기 어렵다고 할 정도였다. 청년은 신경질적이 되었고 참을성이 사라졌으며 충동적으로 행동했다.

앞의 이야기가 뇌과학 역사에 한 획을 그은 피니어스 게이지Phineas Gage 사건이다. 이 사건 전까지 전두엽 부위는 특별히 눈에 띄는 역할을 하지 않는다는 게 학계의 정론이었으며, 전문가들은 전두엽을 '침묵의 뇌'로 불렀다. 그러나 사고로 전두엽이 손상된 후 피니어스 게이지에게 나타난 성격 변화는 19세기 뇌과학 분야에서 큰 논쟁 거리였다. 이 사건을 계기로 전두엽의 기능이 본격적으로 연구되었으며, 전두엽 기능이 인간의 성격과 행동을 좌우한다는 사실이 처음으로 밝혀졌다.

피니어스 게이지가 죽을 때까지 그를 돌보며 관찰했던 할로 박사는 그가 사망한 후 피니어스 게이지의 뇌를 기증했다. MRI가 개발되자 신경생물학자 안토니오 다마지오Antonio Damasio 교수는 게이지의 두개골을 촬영해 실제 쇠막대가 뇌의 어느 부위를 관통했는지 확인한 후 두개골을 3차원으로 입체화해 전두엽 손상에 대해 연구했다. 연구 결과를 바탕으로 쓴 논문은 국제학술지 〈사이언스〉에 등재되면서 뇌과학 분야의 기념비적인 성과로 평가받았다. 이를 계기로 뇌기능에 대한 지식은 점차 확장되기 시작했다. 피니어스 게이지의 두개골과 쇠막대는 현재 하버드대학교 의과대학 박물관에 전시되어 있다.

신체 각 부위와 대응하는 대뇌 영역

　　　　　　　　　　　인간의 뇌는 약 1.3~1.5킬로그램 정도로 체중의 2.5퍼센트에 불과한, 그리 크지 않은 조직이다. 하지만 뇌가 우리 몸에 필요한 전체 에너지 소모량의 20퍼센트를 사용하고 있다는 사실을 고려한다면 다른 조직에 비해 훨씬 더 활발하게 활동하고 있다고 볼 수 있다. 뇌는 약 1천억 개의 신경세포neuron로 구성되어 있고, 약 1천조의 시냅스(신경세포 뉴런에서 다른 세포로 신호를 전달하는 연결지점)로 이루어져 있다. 크게 대뇌, 간뇌, 중뇌, 뇌교, 연수, 소뇌의 5개 영역으로 구분되기도 한다. 흥미로운 것은 고등동물일수록 대뇌가 커지고 중요해진다는 점이다.

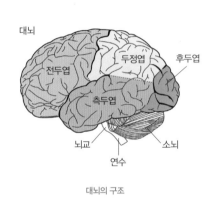

대뇌의 구조

　인간의 두뇌는 다른 동물에 비해 주름이 심하게 잡혀 있는데, 이는 한정된 두개골 안에서 최대한 면적을 확보하기 위한 진화의 결과였을 것이다. 즉, 주름이 많이 잡혀 있는 뇌일수록 기능이 더 좋다고 할 수 있다.

　대뇌는 좌뇌와 우뇌로 이루어져 있으며, 각 부위의 기능이 조금 다르다. 대뇌는 신경세포가 모여 있어 회색으로 보이는 피질인 회백질과 신경섬유가 모여 있어 흰색으로 보이는 백질로 나눌 수 있다. 회백질은 평균 2밀리미터 정도의 두께지만, 정신질환과 같은 병을 앓고 있을 경우에는 피질이 얇아지기도 한다. 신경세포의 숫자가 줄어든다는 의미다.

대뇌피질은 대뇌반구의 바깥쪽 표층을 이루는 부위이며 주로 감각, 운동, 기억 등 고위중추기능과 관련이 있다. 특정 위치의 피질 주름이 들어간 부위인 대뇌구sulcus에 의해 크게 전두엽, 두정엽, 측두엽, 후두엽으로 나누어진다. 기능적으로 측두엽은 청각 기능, 기억, 언어와 관련 있고, 두정엽은 촉각, 지각 능력, 후두엽은 시각 능력과 관련이 있다. 전두엽은 오랫동안 별다른 기능이 없다고 여겨져왔다. 하지만 피니어스 게이지 사례에서 나타난 것처럼 사실은 성격과 판단력, 실행 기능, 외부 환경과의 적절한 관계 형성 등 뇌활동 중에서 가장 높은 인지기능을 담당하고 있다.

20세기 초 독일의 신경학자 코르비니안 브로드만Korbinian Broadmann이 신경세포의 구축학적인 차이를 이용해 대뇌피질을 47개 영역으로 구분하고 설명했다. 그래서 이제 '브로드만 영역 몇 번'이라고 하면 자연스럽게 그에 해당하는 뇌영역을 알 수 있게 되어 있다.

뇌영역이 서로 다른 기능을 담당할 것이라는 개념을 생각해내고, 이를 실제 신체 구조와 대응시켜 지도 형태로 처음 그린 사람은 1930년대 캐나다의 신경외과의 와일더 펜필드Wilder Penfield다. 펜필드는 실제 수술을 하면서 환자의 뇌를 침으로 자극해 그 반응이 신체 어느 부위와 연관되어 있는지 연구했다. 이를 통해 운동이나 감각 기능이 뇌의 특정 영역과 일대일로 대응한다는 사실을 확인했다. 이것이 그 유명한 펜필드 뇌지도Penfield brain map다. 이 지도를 통해 신체 중에서 어떤 부위에 더 많은 신경세포가 관련하는지 알 수 있게 되었다.

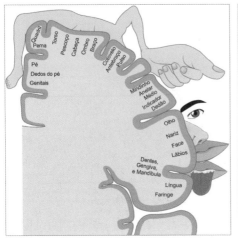
피질 신체 감각 뇌도

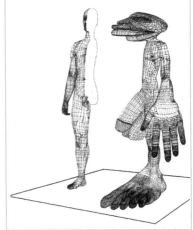
펜필드 뇌지도

　혀, 손가락, 발 등의 부위는 아주 미세한 움직임을 조절해야 하기 때문에 이를 관장하는 뇌는 상대적으로 매우 넓은 부위를 차지하고 있다. 그만큼 많은 신경세포가 관련되어 있다는 의미다. 또 치매와 같은 질병이 진행되면 신경세포가 서서히 죽어 점차 수가 줄어들기 때문에 뇌의 각 부분에 대응하는 신체 부위의 전반적인 기능이 저하된다.

뇌를 움직이는 200종 이상의 신경전달물질

　　　　　　　신경세포는 신경몸체와 정보를 전달하는 통로인 축색 그리고 축색종말로 되어 있다. 한 신경세포에서의 시그널이 몸체에서 축색을 통해 축색종말까지 전달되는데, 신경세포끼리는 약간의 간극이

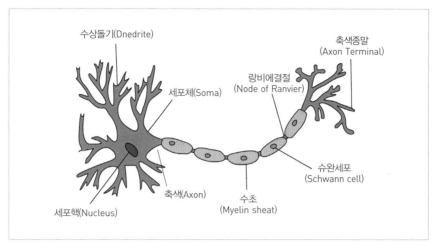

신경세포

있다.

정보가 한 신경세포에서 다른 신경세포로 전달되기 위해서는 시냅스에서 정보를 전달해줄 수 있는 물질이 있어야 한다. 이를 신경전달물질이라고 한다. 뇌에는 약 200종 이상의 신경전달물질이 있다. 대표적으로 도파민, 세로토닌, 노르아드레날린, 가바GABA, 글루타민 등이 있고 각기 다른 기능을 한다.

그중 세로토닌을 한번 살펴보자. 세로토닌은 정서 조절, 식욕, 성욕, 수면, 기억력, 학습 동기 등과 관련 있다. 세로토닌 기능이 저하되면 '마음의 감기'라고 불리는 우울증이 발생할 수 있다. 치료제인 항우울제는 세로토닌 기능을 증가시키는 약물로, 복용하면 기분이 좋아지게 만든다.

도파민은 행동과 인식, 자발적인 움직임, 동기부여, 처벌과 보상 등과 관련이 있다. 흑질 부위의 도파민 세포가 퇴화해 도파민 기능이 감소하면 파킨슨병이 발생한다. 또한 전두엽이나 선조체 부위의 도파민 기능에 이상이 생기면 정신병이 발병한다. 현재까지 사용되는 대부분의 항정신병약물은 도파민 기능을 떨어뜨려 정신병 증상을 치료하고 있다. 코카인이나 LSD 같은 향정신성 의약품을 복용하면 망상이나 환청 같은 정신병 증상이 발생하는 것도 이 약물이 도파민 기능을 과도하게 항진하기 때문이다.

노르아드레날린은 자율신경계 기능과 관련이 있으며, 교감신경에 작용한다. 응급상황이 발생하면 노르아드레날린이 분비되어 신체가 응급상황에 대처하도록 만든다. 이처럼 우리 뇌는 신경전달물질의 기능에 의해 작동 범위와 기능이 결정된다고 할 수 있다.

아직 다 알 수 없는 신비의 영역

인간의 뇌는 1천억 개의 신경세포가 일종의 회로처럼 복잡하게 서로 연결돼 있다. 동양철학에서 인간을 우주의 축소판인 소우주라고 하는 것은 그만큼 뇌가 우주처럼 방대하고 신비롭다는 의미일 것이다.

단순히 뇌의 기능을 유추하던 17~18세기를 지나 20세기 이후 인지과학과 뇌과학이 급속히 발전하면서 그동안 신비의 영역으로 간주되던 의식, 무의식, 영적 경험, 명상, 종교적 현상까지 뇌과학적인 방법으로 설명할 수 있게 되었다.

과연 이 작은 기관이 어떻게 수많은 정보를 받아들이고 처리하고, 정신이라는 현상을 나타내는 것일까? 뇌기능은 신경전달물질과 신경세포에 따라 결정되므로, 신경세포의 모든 연결 과정을 밝혀내기 위해서는 더 깊은 연구가 필요하다.

미국국립보건원이 지난 2009년부터 약 390억 원의 예산을 투자해 진행하는 휴먼커넥톰프로젝트Human Connectome Project도 그런 노력의 하나다. 뇌 속의 신경세포 연결을 종합적으로 표현하는 뇌지도로, 즉 일종의 뇌 회로도를 밝혀내는 게 목표다. 여기서 커넥톰은 단순히 뇌 안에 있는 신경세포뿐만 아니라 인간의 몸속에 넓게 분포되어 있는 신경세포 간의 연결망을 가리킨다. 휴먼커넥톰프로젝트의 성과에 따라 뇌기능은 더욱 자세하게 밝혀질 것이다.

생각과 감정, 행동 등 인간의 행위는 어디까지나 밖으로 드러나는 현상학

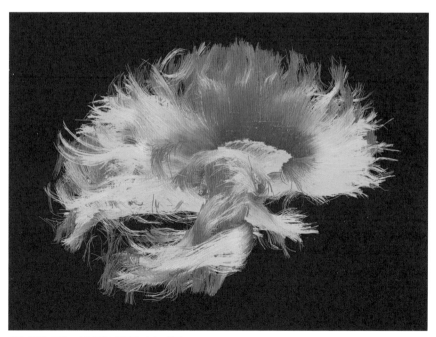

휴먼커넥톰프로젝트가 수행하는 연구의 뇌지도 샘플

적 결과일 뿐이다. 그 아래에서 관련된 뇌의 신경회로가 작용하고, 신경회로는 신경세포와 시냅스에서 신경전달물질의 변화를 일으킨다.

여기서 그치지 않고 다시 분자나 유전자가 작동하며, DNA까지 연결되어 있다. 그러나 이러한 신경회로와 DNA 작용만으로 눈에 보이지 않는 정신과 의식이라는 현상을 완벽하게 설명할 순 없다. 너무나 복잡하고 정교하게 만들어진 뇌를 생각하면, 정신-뇌-물질의 관계가 백 퍼센트 밝혀지는 날은 아마 영원히 오지 않을지도 모른다.

우울할 때는 뇌를 자극하세요

17세의 남자 J는 7년 전부터 계속된 강박증상으로 일상생활을 하기가 힘들었다. 숫자 세기, 확인하기, 항상 짝을 맞추어 행동하기 등을 반복하거나 자기 입술을 깨물기도 하고, 몸을 바늘로 찔러 피를 내기도 했다. 이 같은 행동을 하지 않으면 불안해서 견딜 수 없었다. 혀를 반복적으로 깨무는 바람에 혀의 3분의 1이 없어질 정도였다. 뭔가 마음이 찝찝하다 싶을 때는 계속 입술을 깨무는 바람에 입술도 절반이나 사라졌다. 충동 행동도 많고 기분 변화가 아주 심해 행동조절이 어려워 치료진도 힘들어했다.

전기 자극으로
조절 가능한 병적 증상

J는 약 5년에 걸쳐 입원과 퇴원을 반복하면서 약물치료, 인지행동치료, 그리고 전기충격요법 등을 받았지만 증상을 조절하지 못했다. 최종적으로 뇌심부자극술Deep Brain Stimulation을 시행하기로 결정하고, 속섬유막의 앞쪽 부위에 약 1센티미터 정도의 전극을 양쪽 뇌에 심었다. 수술을 한 뒤에는 서서히 행동이 안정되었고, 한 달이 지나자 증상의 절반 이상이 호전됐다. 이후 환자는 안정적으로 생활할 정도로 증세가 나아졌다.

뇌심부자극술은 뇌의 특정 부위에 전극을 삽입해 신경회로의 기능을 바꿈으로써 이상행동이나 병적인 증상을 변화시키는 방법이다. 두개골에 약 14밀리미터 정도의 구멍을 뚫어 1센티미터 남짓한 전극을 삽입하고 건전지로 전기 자극을 준다. 주로 약물치료로 증상이 호전되지 않는 약물 저항성 우울증,

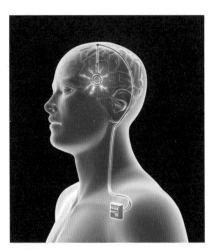

뇌심부자극술의 예

강박증, 반복적 틱이 나타나는 투렛증후군 같은 증상을 치료할 때 사용한다. 신경세포가 소멸해 뇌기능에 이상을 일으키는 파킨슨병, 지속적인 근육 수축으로 비정상적인 움직임이 나타나는 근긴장이상증, 유전적인 원인으로 손이나 머리가 떨리는 본태성진전증 같은 신경계 질환에 사용하기도 한다.

뇌 신경세포는 서로 연결되어 회로를 구성하고 회로마다 기능이 다르다. 뇌기능 중에서 운동 기능이나 감각 기능처럼 1차원적인 단순 기능은 특정 뇌 부위하고만 관련이 있고, 이보다 고위 중추인 집중력, 기억력, 판단력 등이 관계할수록 뇌의 여러 부위가 서로 네트워크를 형성하게 된다. 따라서 파킨슨병, 근긴장이상증, 본태성진전증 등 주로 운동 기능에만 이상이 있는 경우 해당 특정 부위에 뇌심부자극술을 시술하면 비교적 좋은 효과를 볼 수 있다.

하지만 우울증, 강박증과 같은 정신질환에서는 뇌의 여러 부위가 네트워크를 형성해 복합적으로 관련하므로 신경회로가 신경계 질환만큼 정확하게 잘 알려져 있지 않다. 그래서 아직도 전극을 정확히 어떤 위치에 심어야 가장 효과적인지 알기 어렵다. 위의 환자가 그랬듯이 처음에는 대개 속섬유막의 앞쪽 부위에 전극을 삽입했지만, 현재는 전 세계적으로 많은 경험이 축적되어 더 효과적인 부위에 전극을 삽입하는 추세다.

뇌의 특정 부위를 자극 혹은 억제함으로써 뇌기능을 변화시키는 것을 신경조절술이라고 한다. 대표적인 신경조절술은 앞서 살펴본 뇌심부자극술 외에도 경두개자기자극술^{TMS}, 경두개직류자극술^{tDCS}, 경두개교류자극술^{tACS} 등이 있다. 최근에는 초음파를 이용하기도 한다.

치료가 필요한
우울과 애도의 기준

인간은 기분이 좋을 때도 있고 우울할 때도 있다. 똑같은 감정을 한결같이 유지한다면 오히려 이상한 일이다. 기쁜 일이 있을 때 기분이 좋고, 슬픈 일이 있을 때 기분이 우울한 게 정상이다. 기쁘거나 슬픈 일이 있는데도 감정의 변화가 없고 무감각하다면 오히려 비정상이다. 하지만 감정 기복이 지나치게 심해 스스로 조절하기 힘들다면 병적이라고 할 수 있다.

정상적인 감정 변화의 원인은 대체로 명확하다. 하지만 병적인 경우에는 이유 없이 우울하며 식욕이 없고 의욕이 사라지는 증상이 지속된다. 우울증상이 나타나는데, 이를 병적이라고 할 수 있는 주요우울증Major depressive disorder에 해당한다면 정신과 치료를 받는 것이 좋다. 병적인 우울증이라고 진단하는 경우에는 기분만 우울한 것이 아니고 흥미 상실, 체중이나 식욕 감소 혹은 증가, 불면이나 과도한 수면, 피로와 에너지 감소, 죄책감, 우유부단, 집중력 저하 등이 나타난다. 심하면 반복적으로 죽음을 생각하거나 자살을 기도하기도 한

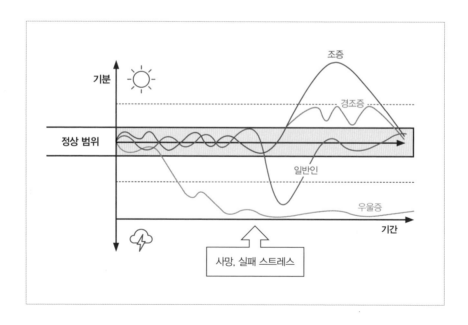

다. 이런 증상이 적어도 2주 이상 지속될 때 주요우울증이라고 한다.

그림에서 보는 것처럼 외부에서 스트레스를 받아 기분이 우울해지는 경우 일정 기간이 지나면 대부분 저절로 회복된다. 하지만 병적인 우울증은 특별한 원인 없이 우울감이 지속되고 시간이 지나도 회복이 잘 되지 않는다.

사랑하는 사람이나 가족 혹은 가까운 사람의 죽음은 견디기 어려운 슬픔이다. 길게는 6개월까지 우울한 상태를 벗어나지 못하는 경우도 있다. 하지만 이는 정상적인 애도 반응이다. 개인의 삶에서 중요한 대상을 상실했을 때 나오는 정서적인 고통이다.

영국의 정신분석가이자 정신과의사인 존 보울비^{John Bowlby}는 애도 반응을 크게 4단계로 설명했다. 1단계는 충격과 무감각의 시기, 2단계는 고인에 대한 강한 그리움의 시기, 3단계는 절망의 시기, 4단계는 회복의 시기다. 사랑하는 사람과 사별했을 때는 감당하기 어려운 충격 탓에 그 죽음 자체를 부정하거나 회피하게 된다. 또 감각이 멍해져 혼이 나간 사람처럼 보이기도 한다. 이 단계 이후 상실에 대한 슬픔과 더 이상 고인을 만날 수 없다는 그리움에 이어 좌절과 분노의 시기를 맞이한다. 이어 다시는 볼 수 없다는 절망감과 허탈감이 뒤따르고, 시간이 흐르면 점차 상실감이 무뎌지면서 점차 원래의 감정 상태로 돌아온다. 이런 과정을 겪는 것은 정상적인 애도 반응이다. 하지만 너무 회복 전의 단계가 너무 오래 지속된다면 주위의 도움이 필요하다.

정신과 진단체계인 《정신장애 진단 및 통계 편람^{Diagnostic and Statistical Manual of Mental Disorders}》 제4판에 따르면, 6개월 이상 증상이 지속되면 비정상적인 애도 반응으로 보고 치료가 필요하다고 말한다. 하지만 2013년 바뀐 새로운 《정신장애 진단 및 통계 편람》 제5판에서는 이 같은 애도 반응이 2주 이상 지속되면 비정상적이라고 규정해 진단 기준이 짧아졌다.

당시 미국 언론에서는 정신과의사들이 환자를 더 많이 확보하기 위해 기간을 2주로 줄였다며 상당한 논란이 일었다. 하지만 지금까지의 연구 결과를 보면 통계적으로 2주 이상 애도 반응을 겪는 사람은 주요우울증에 걸릴 소인이 많다. 이 사실을 고려하면, 아무리 애도 반응이라도 2주 이상 지속되는 경우 주요우울증일 가능성이 있다는 점을 경고하는 기준이라 할 수 있다.

정신질환 진단은 사람이 느끼는 감정 및 행동 등의 증상을 보고 진단하기 때문에 해결해야 할 점이 많다. 그러나 과학기술의 발전에 따라 단순히 신체 및 감정으로 나타나는 증상뿐 아니라 뇌기능이나 분자생물학적 연구를 기반으로 정신질환을 분류하고 치료해야 한다는 차원으로 패러다임이 바뀌고 있다. 만약 이것이 가능하다면 정신질환을 진단할 때 더 정확한 진단과 분류가 가능해져 치료 효과가 높아질 것으로 기대된다.

정신과학의 눈부신 발전

신경전달물질 가운데 세로토닌이나 노르아드레날린이 우울증에 주로 관여한다고 알려져 있다. 항우울제는 시냅스에 있는 세로토닌과 노르아드레날린과 같은 신경전달물질이 분비되었다가 재흡수되는 것을 차단해 오랫동안 시냅스에 머물도록 한다. 즉 신경전달물질이 빨리 없어지는 것을 막아서 신경세포에 있는 수용체를 오랫동안 자극함으로써 우울증상을 회복시켜준다.

현재까지 우울증과 관련된 뇌 부위로 알려진 뇌의 내측 부위 구조 가운데 내반슬하 대상회, 후두 곧은 이랑, 측좌핵 등의 부위에 전극을 삽입해 치료하기도 한다. 최근 보고에 따르면 내측 전두엽에 전극을 삽입하는 경우 우울증상이 드라마틱하게 호전되었다는 연구 결과가 있다. 이런 추세라면 향후 우울증 치료가 획기적으로 발전할 것으로 보인다.

한편 뇌심부자극술은 뇌에 전극을 삽입해야 하기 때문에 반드시 수술이 필요하다. 하지만 경두개직류자극술은 간단하게 외부에서 뇌에 전류를 흘려주는 방식이어서 쉽게 치료에 적용할 수 있다. 아직 확실히 검증이 되지 않았지만, 휴대전화 앱으로 작동시켜 낮은 전류를 흘려주는 간단한 기기 형태의 제품도 나오고 있다. 제품의 기능과 효능이 검증되면 휴대용 tDCS로 기분이 우울해질 때 머리에 전류를 흘려 기분을 좋게 만드는 시대가 올지도 모른다.

실제 판매 중인 휴대용 tDCS

2000년에 노벨 생리의학상을 수상한 미국의 정신과의사 에릭 캔들Eric R. Kandel은 마음과 뇌의 관계에 대한 생물학자들의 견해를 바탕으로 정신질환의 통합적 이해를 위한 지적 체계를 밝혔다.

요약하면 다음과 같다. 새로운 경험이나 정신분석, 정신치료, 카운슬링 등을 통한 학습은 실제 뇌에도 영향을 준다. 신경신호전달 과정에서 특정 단백질 유전자 발현에 관여하고, 이로부터 생성된 단백질은 장·단기적인 신경세포 변화를 가져와 결국 행동에 영향을 끼친다. 에릭 캔들은 약물치료 같은 생물학적 치료와 행동치료가 뇌에 동일한 효과를 발휘한다는 사실을 밝혔다.

정신과학은 인간의 마음을 연구하는 학문이다. 인간의 마음은 매우 복잡한 고위 기능이다. 프로이트의 말처럼 "실제는 언제나 모르는 상태"로 남아 있을지 모르는 일이다. 그럼에도 불구하고 현대의 정신약물학, 유전학, 인지신경학, 뇌영상학 등 눈부신 과학의 발전을 통해 정신현상의 실제에 조금씩 접근해가는 인류의 도전과 지혜에 경탄할 뿐이다.

현대인의 노이로제, 강박증

20세 여자 K는 외출할 때마다 불안하다. 밖에 나가서는 공중화장실에 가지 못하기 때문이다. 용변을 보기 위해 휴지로 변기를 몇 번씩 닦아내느라 20분 이상을 소비한다. 그리고 난 다음에도 혹시 더러운 균이 묻지 않을까 늘 불안하다. 세면대에서 손을 몇 번씩이나 씻어도 불안함이 사라지지 않아 적어도 30분 이상 손을 씻는다. 이러니 외출이 무서울 수밖에 없다. 집에 들어오면 밖에 있던 균이 옷이나 몸에 묻어 병에 걸릴 것 같은 느낌이 든다. 입었던 옷을 모두 세탁하고, 3시간 이상 몸을 씻어야 안심이 된다. 한 달 수도세만 수십만 원을 지출하기도 한다.

현대인의 2퍼센트가 겪는
강박증

우리는 오늘날 가벼운 강박증상이 없이 헤쳐 나가기 어려운 시대를 산다. 다이어트에 집착하거나, 혹시라도 실수하지 않는지 끊임없이 확인하거나, 인터넷이나 게임에 빠져 사이버 세계를 헤매거나, 건강염려증을 호소하거나, 동료들보다 뒤처질까 봐 끊임없이 불안해하고, 뭔가를 하지 않으면 견디지 못하는 증상 등 증세도 다양하다. 남보다 앞서겠다는 신념으로 집착과 조급증에 시달리는 '강박증 사회'라고 해도 과언이 아니다.

의학적으로 설명하면, 강박증은 자신의 의지와 상관없이 어떤 생각이나 장면이 반복적으로 떠오르거나, 충동으로 인해 불안을 느끼고, 그 불안을 줄이려고 특정한 행동을 반복하는 질환이다. 대개 현대인의 2~3퍼센트 정도는 강박증에 시달리는 것으로 알려져 있다. 대표적인 증상으로는 오염에 대한 공포가 있다. 청결을 유지하려는 행동, 항상 주변을 깔끔하게 유지해야만 안심이 되는 결벽증 외에도 문을 잠갔는지, 가스불은 껐는지 등이 염려되어 반복적으로 점검하는 확인 강박, 항상 깔끔하게 주변을 정리하는 정돈 강박 등이 있다.

강박증은 정신질환 중에서 히스테리와 더불어 정신분석의 토대를 이루었던 대표적인 질환이다. 정신과 연구의 주요 이론인 정신분석 이론으로 비교적 완벽하게 설명할 수 있어 다른 질환에 비해 정신과의사나 심리학자에게는 매력적인 연구 대상이었다. 물론 이론으로 설명이 된다고 해서 과학적으로 증명되었다는 의미는 아니다. 정신분석 측면에서는 어린 시절부터 누적된 경험과

청결에 관한 강박증을 묘사한 이미지

주변 사람과의 관계 등을 통해 증상의 원인을 이해하고 설명할 수 있다면 문제의 절반은 해결된다고 보고 있다. 환자가 스스로 문제를 깨닫게 하면 증상이 사라지고 치료도 명확해진다는 논리다.

최근 뇌과학의 발전으로 뇌기능이 하나둘씩 밝혀지고 약물이나 행동 치료로 뇌의 변화를 직접 관찰할 수 있게 되었다. 이처럼 비교적 이론으로 설명이 가능한 강박증의 뇌 변화를 관찰할 수 있게 된다면 정신질환의 증상이 뇌와 어떻게 연결되어 있는지 좀 더 명확히 알아낼 수 있을 것이라 기대하고 있다. 심리학적 원인을 생물학적인 뇌기능의 이상으로 규명할 수 있는 것이다. 그런 까닭에 강박증은 오늘날 더욱 큰 주목을 받고 있다.

강박증상을 설명하는
이론들

프로이트는 강박증상이 무의식적인 충동에 대한 방어현상이라고 보았다. 우리는 어릴 때 경험한 고통스러운 사실을 기억하지만, 그 생각과 관련된 감정을 억압하고 분리해 의식적으로 느끼지 못하는 방어기제가 작동한다. 예를 들어, 자신을 학대한 아버지를 공격하려는 충동을 강하게 느끼는 경우, 그 생각을 할 때 떠오르는 감정을 무의식적으로 억제해 분리하고, 오히려 아버지의 상태를 걱정하며 반복적으로 아버지가 괜찮은지 확인하게 된다.

오염에 대한 강박도 이와 비슷하다. 아이가 대소변 가리기를 해야 할 시기에 엄마가 엄격하게 훈련을 하면 아이는 엄마에게 적대적인 감정을 느끼게 된다. 이때 적대적 감정은 무의식적으로 억제되지만 아이는 자라면서 점점 오염에 대한 심한 강박증상을 나타나게 된다.

또한 강박증 성향을 보이는 사람들은 엄격한 초자아superego를 갖고 있는 경우가 많다. 초자아가 엄격한 사람은 비도덕적이거나 양심에 위반되는 일을 하기를 거부하고, 항상 바르게 행동하려 노력하며, 융통성이 없어 사고방식이 경직된다.

정신분석에서 주장하는 강박증상 이론의 옳고 그름은 증명하기 어렵다. 정신분석도 오랫동안 환자를 관찰하면서 그 사람의 의식적, 무의식적 생각이나 감정을 통해 설명한다는 측면에서 비판할 여지가 있다. 그러나 어쨌든 정신분석적 이론 속에서는 강박증상을 다른 정신질환보다 비교적 그럴듯하게 설명해낸다고 할 수 있다.

강박증상을 설명하는 또 하나의 강력한 심리학적 이론은 학습이론이다. 학습이론에 따르면 강박증상은 불안을 감소시키려는 학습된 반응이다. 마음을 불안하게 만드는 생각은 누구에게나 떠오를 수 있으며, 어느 정도 시간이 지나면 대부분 사라진다. 그러나 강박증 소인을 가진 사람들은 불안을 일으키는 생각이 들면 불안을 없애기 위해 어떤 행동을 하게 되는데, 이 행동이 반복적으로 학습되어 강박증상이 나타난다고 한다. 강박행동은 학습된 행동양식으로 굳어지며, 이는 조작적 조건화에 해당한다.

제1차 세계대전 이후 폰 에코노모 뇌염이 미국 전역을 휩쓸고 갔다. 주요 증상은 침울, 무기력, 기면嗜眠으로, 심한 경우 혼수상태에 빠지는 병이었다. 이후 이 병을 앓았던 사람들 중에서 강박증상이 많이 나타났다고 보고되었다. 또 뇌막염과 패혈증 등을 유발하는 연쇄상구균에 감염된 아이들이 후유증으로 강박증상을 보였으며, 안와전두엽이 손상된 환자에게서도 강박증상이 나타난다고 보고되었다.

이 같은 관찰로 밝혀진 것은 강박증상이 뇌의 기능적 이상과 관련되어 있다는 사실이다. 이후 발달한 뇌영상 기법을 활용해 강박증 환자를 검사했더니, 전두-선조-시상-전두엽으로 이어지는 신경회로에 문제가 있다는 사실이 밝혀졌다. 이 회로는 외부에서 정보가 들어올 때 새로운 자극이 감지되면 기존의 행동을 중지하고 새로운 자극에 반응해야 정상이다. 하지만 강박증 환자는 새로운 자극이 들어와도 원래 하던 행동을 멈추지 않고, 새로운 자극에 제대로 반응하지 못하게 된다. 외부에서 자극이 감지될 때 적절하게 반응해야 정상적으로 정신이 작동하는데, 자극에 대처하는 타이밍이 어긋나는 것이다.

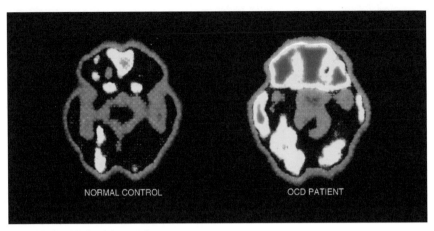

NORMAL CONTROL   OCD PATIENT

강박장애가 없는 뇌와 있는 뇌의 fMRI 스캔

　여기서 문제는 강박적인 생각이 의도치 않게 계속 나타나는 것인데, 대개 이런 충동은 피질하 부위와 관련이 있고, 이를 적절히 억제하는 것이 전두엽의 기능이다. 정상인은 전두엽 기능에 문제가 없어 반복적인 생각이나 행동에 대한 충동을 적절하게 억제하지만 강박증이 있으면 전두엽 기능이 제대로 작동하지 않는 것이다. 또한 강박증이 있는 사람들은 전두–선조–시상–전두엽 회로에 과도한 정보가 전달되어 부하가 잘 걸린다. 도로에 비유하면 정상인 경우 왕복 10차선 도로에서 차량이 5차선 정도를 차지하며 달리는데, 강박증 환자의 경우에는 10차선 도로 모두 차가 다닐 정도로 몹시 붐비는 상황이다.

　약물로 치료가 되지 않는 강박증은 수술적인 방법이나 신경조절술을 이용해 특정 신경회로의 기능을 조절한다. 10차선 도로를 강제로 5차선으로 좁히고 자동차, 즉 정보 교환의 양을 줄임으로써 강박증상을 호전시키는 방법이다.

　강박증과 관련되었다고 알려진 회로는 세로토닌 신경세포가 많이 분포되

어 있는 부위다. 세로토닌은 우울증과 관련
되어 있기도 한데, 뇌영상 기법인 양전자단
층촬영술^{PET}로 촬영해보니 세로토닌 신경
계에서 세로토닌과 세로토닌 수용체 등의
이상이 확인됐다. 이때 선택적 세로토닌 재
흡수차단제^{SSRI}인 프로작, 졸로푸트, 파록세

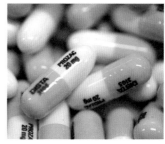

대표적인 우울증 치료제 '프로작'

틴 등의 약물로 강박증상이 호전된다는 사실이 증명되기도 했다.

약물치료를 제외한 획기적인 강박증 치료로는 인지행동치료가 있다. 환자
스스로 불안을 견딜 수 있도록 꾸준하게 훈련하면서 전두엽의 기능을 강화함
으로써 뇌의 아래쪽에서 올라오는 충동에 따른 불안을 억제할 힘을 길러주는
치료법이다.

여기서 흥미로운 사실이 있다. 흔히 약물치료가 더 효과적이라고 생각하지
만, 약물치료와 행동치료를 받은 뒤 일어나는 뇌의 변화는 모두 같다는 점이
다. 그런 측면에서 보면 뇌와 마음 그리고 정신이 연결되어 있다는 것을 알 수
있다.

과학 기술로
뇌를 해석하려는 연구

뇌과학이 발달하면서 현대는 모든 정신현상
을 뇌의 기능으로 환원하기 시작했다. 인간의 행동이나 감정, 사고 등이 모두
뇌에서 나오는 기능에 불과하다는 것이다. 그렇다면 보이지 않는 정신현상이

어떻게 물질인 신경세포의 활동으로 나타나는 것일까? 신경세포가 어떻게 슬플 때와 불안할 때를 알아차리는 것일까? 1천억 개가 넘는 신경세포가 어울려 1천조 이상의 연결(시냅스)을 만들면서 정보를 교환하고 생각, 감정, 행동을 이끌어내는 메커니즘은 무엇일까?

현대 과학이 뇌에 관한 이해도를 상당히 높였음에도 불구하고 뇌를 과학적으로 설명하기에는 여전히 부족하다. 하지만 뇌를 제외하고 겉으로만 드러난 감정이나 행동 같은 현상을 설명하는 단계에서 뇌기능으로 문제와 원인을 판단하기 시작하는 단계에 이르면서 패러다임이 크게 변했다고 할 수 있다.

정신의학에서 강박증을 치료하는 약물치료와 심리학을 바탕으로 한 인지행동치료가 모두 뇌에서 같은 변화를 일으킨다는 사실은 많은 점을 시사한다. 그리고 최근에 명상을 통한 뇌의 변화에 관한 연구가 활발히 이루어지면서 뇌와 마음이 상호작용한다는 중요성이 드러났다. 뇌의 변화가 행동 변화를 이끄는 것과 마찬가지로 생각과 행동의 변화가 실제 뇌의 물리적 구조와 가능을 변화시킨다는 사실은 부정하기 어렵다.

뇌를 통해 인간을 본다는 것에 대한 정의, 그리고 인간의 본질에 대한 인식이 어떻게 바뀔지는 불분명하다. 한 가지 분명한 사실은 인공지능, 뇌-컴퓨터 인터페이스^{BCI*}, 로봇, 증강현실 등이 현실적으로 원활하게 작동하기 위해서는 인간의 뇌를 먼저 충분히 이해해야 한다는 것이다.

뇌에 대한 이해와 연구를 근거로 기술과 제품을 개발한다면 새로운 차원에

---

* 뇌-컴퓨터 인터페이스는 뇌와 외부 장치를 직접 연결해 인간의 인지 기능과 감각 기능 복구를 시도하는 기술 분야다. 1970년 미국 국립과학재단의 지원으로 UCLA에서 처음 연구를 시작했다.

서 인간을 이해하게 될 것이고, 지금과는 완전히 다른 세상이 펼쳐질 것이다. 뇌의 구조와 기능에 대한 지속적인 연구, 그리고 이를 근거로 인간과 사회를 이해하면서 활용 분야를 확장하는 과정이야말로 인류 최고의 도전과제다.

창조성과 정신병의 관계

빈센트 반 고흐, 에드바르 뭉크, 버지니아 울프, 어니스트 헤밍웨이, 로베르트 슈만, 프리드리히 니체, 프리드리히 휠덜린, 아이작 뉴턴……. 이들은 천재적인 재능을 가졌으나 모두 정신질환을 앓았다. '천재성이 정신질환과 관련 있는가' 또는 '천재들의 가족들은 정신질환에 취약한가' 하는 궁금증은 역사적 화두였다. 정신질환을 앓았음에도 불구하고 창조적 활동을 멈추지 않았던 예술가들의 삶은 편견과 차별로 억압받는 수많은 정신질환자를 이해하게 만드는 모티브를 제공한다.

영혼의 절규를
예술에 담아

나는 사랑, 사랑, 사랑해요.

나는 사랑이지만, 당신은 죽음입니다.

당신은 죽음을, 죽음을 두려워합니다.

나는 사랑해요, 나는 사랑해요, 나는 사랑해요.

당신은 죽음이지만 나는 생명이오.

당신의 생명은 사랑이 아닙니다.

나는 당신을, 당신을 사랑해요.

나는 피가 아니요, 나는 정신입니다.

나는 당신 속의 피요. 정신입니다.

나는 사랑, 나는 사랑입니다.

바슬라프 니진스키

'무용의 신'으로 알려진 비운의 천재 무용수 바슬라프 니진스키가 스승인 세르게이 디아길레프에게 보낸 편지의 일부다. 한 편의 현대시인듯, 의미 없는 비논리적인 생각의 조각인 듯 알쏭달쏭하다. 만약 평범한 정신질환자가 이런 글을 썼다면 분명 사고의 이완을 나타내는 사고장애thought disturbance 로 여겼을 것이다. 사고장애란 이성과 논리에 근거해 현실적이고 합리적으로 생각하는 데 어려움을 겪는 증상이다. 외부 자극을 정확하게 인지하지 못하며, 현실과의 관계성, 질서, 논리성, 조직성이 결여된다. 사고장애를 가지고 있는 환자들은 자폐적 사고, 마술적 사고, 피해망상증, 과대망상증 등을 경험한다.

천재들은 상식적으로 해석하기 어려운 창의적 사고를 문학, 미술, 음악 등으로 풀어냈다. 작품에는 영혼 깊숙한 곳에서 나오는 창작자들의 절규 혹은 경계를 넘어선 상상력이 가득하다. 그들은 보통 사람이 느끼지 못하는 무엇인가를 느끼고 보면서 예술로 승화시켜 많은 사람의 감각을 일깨우는 창작물을 남겼다.

역사적으로는 선명한 족적을 남긴 천재들이지만 정작 그들의 삶은 고통으로 점철된 비극이기도 했다. 특히 창의력과 기분장애mood disorder는 상관관계가 높은 것으로 알려져 있다. 기분장애는 비정상적인 기분으로 인해 발생하는 질병이다. 기분장애를 가진 환자들은 대부분 특정 시점에 우울증을 경험하는데, 때로는 고조된 기분을 경험하기도 한다. 기분장애로 인해 스스로 삶을 마감한 예술가도 많았다. 어니스트 헤밍웨이는 전기충격요법을 받은 후 권총으로 자살했으며, 버지니아 울프도 우울증상으로 우즈강에 투신해 생을 마감했다.

정신질환은 어떤 식으로든 그들의 예술활동에 영향을 주었을 것이다. 조울병을 앓은 로베르트 슈만은 조증이 올 때면 작곡에 매진해 1년에 30여 곡을 완성했고, 우울증에 접어들면 1년에 2~3곡 정도 작곡하는 데 그쳤다. 우울증을 앓던 시기에는 라인강에 투신하는 등 자살을 기도할 정도로 힘든 투병 생활을 했다. 결국 슈만은 1856년 마흔여섯의 나이에 정신병원에서 쓸쓸히 죽음을 맞이했다. 아이러니하게도 슈만의 경우는 정신병이 창조적 활동에 지대한 영향을 준 대표적 사례로 꼽는다.

여기서 사족 하나. 슈만의 삶에는 요하네스 브람스, 클라라 슈만 두 사람이 깊이 연관되어 있다. 지독한 조울증을 앓았던 슈만과 정신병을 앓고 있음에도 불구하고 슈만을 유일하게 사랑했던 그의 아내 클라라, 그리고 스승의 부인인 클라라를 짝사랑하며 한평생 독신으로 살았던 브람스. 클라라가 죽자 브람스는 충격을 이기지 못해 이듬해 간암으로 세상을 떠났다. 독일의 대표적인 낭만주의 음악가 슈만과 브람스를 사랑하는 사람들에게는 가슴 저미는 러브스토리다.

천재성과 창조성을 꺼내는 방식

천재성과 창조성은 특별한 사람들만 가지고 태어나는 것일까. 그렇지 않다. 우리 모두의 마음 혹은 정신에는 천재성과 창조성이 있다. 문제는 내면에 잠재되어 있는 천재성과 창조성을 어떻게 발견하고 끄집어내느냐다.

창조성이란 새로운 아이디어나 개념을 만들어내거나 기존의 생각을 독특하게 조합해낼 새로운 연결고리를 찾아내는 정신활동을 말한다. 창조성은 인지과정, 사회환경, 성격, 그리고 우연성과 같은 여러 요소로 발현되며 천재성, 정신병, 그리고 유머감각과도 관련이 있다. 창조성이 선천적으로 타고나는 특성이라는 주장이 있는 반면, 후천적으로 습득하는 기술이라는 분석도 있다. 뇌영상 기법을 이용해 정신질환과 창조성의 관계를 파악하기 위한 연구도 잇

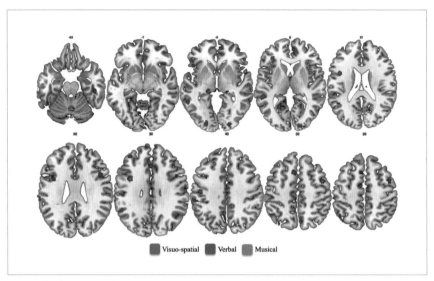

창조성 관련 뇌 활성화 연구의 예

따르고 있다.

창의적인 사람은 세 가지 측면에서 다른 경향을 보인다. 첫째, 특정 분야에서 높은 수준의 전문 지식을 갖추고 있다. 둘째, 전두엽에 의해서 형성되는 분산적 사고를 할 수 있다. 셋째, 측두엽-두정엽에 많은 정보를 수용할 수 있다.

분산적 사고란 일반적인 관점으로는 아무 관계가 없어 보이는 상황에서 어떤 연결고리를 찾아내고, 이를 바탕으로 새로운 관계를 만들어내는 생각법이다. 분산적 사고는 전두엽 기능이 발달한 사람에게서 쉽게 나타난다. 정신질환은 대부분 억제 및 조정을 담당하는 신피질과 감정, 욕망을 담당하는 구피질과의 균형이 깨지면서 병증을 보인다. 이 사실을 고려하면 정신질환이 있는 경우 정상인보다 무의식적인 상태 혹은 인지과정에서 창조성을 드러낼 확률이 높다고 할 수 있다.

하지만 무의식적 인지과정에서 얻어진 것을 모두 창조적이라고 말할 수는 없다. 무의식적인 상태에서 표출되는 과정이 적절한 의식 그리고 합리적인 사고와 결합했을 때 비로소 창조적인 결과물을 낳는다. 천재성을 지닌 많은 예술가들이 정신병적 상태를 보였지만, 반대로 정신질환자들 대부분이 창조성을 나타내지 못한다는 사실이 이를 잘 설명해준다.

고통, 어쩌면 창조성을 발휘하는 동력

겉으로 보면 고통은 인간의 삶을 황폐하게 만드는 것 같지만, 속을 들여다보면 역설적이게도 고통이 인간의 삶을 풍부하게 만들고 더욱 성숙하게 한다. 그 경험은 개인을 넘어 많은 사람들에게 감동을 전하는 독특한 창조성으로 나타나기도 한다.

인상파 화가 피에르 오귀스트 르누아르는 말년에 시력을 잃어 작품활동을 하는 데 큰 어려움을 겪었다. 흐릿한 시력 탓에 사물의 윤곽을 또렷하게 그리기 어려웠다. 그러나 그 기법이 오히려 독특한 화풍을 만들어 냈다. 시각장애라는 고통이 없었다면 르누아르의 명성은 존재하지 않았을지도 모른다.

반 고흐도 마찬가지다. 환청에 시달리다 자신의 귀를 잘라 정신병원에 입원하고 권총으로 자살하는 비극을 맞이했지만, 고흐가 말년에 남긴 작품에는 이전에 볼 수 없었던 독창성이 드러나 있다. 불안정한 정서, 들뜬 상태, 강한 편집증을 작품에 그대로 남긴 것이다. 고흐는 그리지 않으면 안 되는 절박함으로 내면의 세계를 붓질했던 덕분에 비로소 창조적 작품세계를 완성했다.

말년(1910년)의 르누아르가 그린 작품

　자신의 죽음을 예감하거나 주변 사람을 먼저 떠나보낸 예술가들이 그시기에 더욱 열정적으로 작품활동에 몰입했다는 사실은 고통이 창조성과 묘한 관계를 맺고 있다는 사실을 보여준다. 아마도 직간접적으로 다가오는 죽음의 고통이 삶과 죽음에 대한 고뇌 그리고 인간 본질에 대한 성찰로 이어져 작품활동의 동력이 되었으리라. 그들이 앓고 있던 정신질환적 증상으로 인지적, 정서적 변화가 나타나고 이것이 독특한 창조성을 발휘하는 데 기여했다면, 질병으로 겪는 고통이 결국 창조성을 발현하는 동력이 될 수도 있다는 의미다.

　다시 천재 무용수 니진스키로 돌아가보자. 니진스키는 성장기와 학습기를 거쳐 무용수로서 10년간 춤을 추고 나머지 30년을 평생 병원에서 살았다. 29세부터 61세까지 앓은 조현병 때문이었다.

　니진스키는 정신분석학의 창시자 지그문트 프로이트, 조현병(정신분열병)

이라는 용어를 창안한 오이겐 블로일러, 조울증과 조현병 증상을 분류했던 에밀 크레펠린 등 당대 최고의 정신과의사들에게 진료를 받았지만 조현병을 완전히 치료하지 못했다. 만약 그 시대에 오늘과 같은 항정신병약물이 있었다면 니진스키가 좀 더 오래 천재성을 발휘했을까? 아니면 약물 때문에 천재성이 일찌감치 사라져버렸을까?

　역사의 흐름 속에서 본다면 의학이 발달하지 않은 까닭에 훌륭한 천재들과 문화적 유산이 살아남은 것일 수도 있다. 그렇다면 이거야말로 아이러니가 아닐 수 없다. 어쩌면 현대 의학의 발달이 오늘날 천재적인 인물들의 창조성을 잠재우고 있는 것이 아닌가 하는 생각이 스쳐 지나간다.

행복하려면 도파민하라

인간의 행동을 유발하는 동기는 무엇일까? 정신분석학자 지그문트 프로이트는 '쾌락'이라고 했고, 의사 겸 심리치료사 알프레드 W. 아들러는 '권력에 대한 의지', 신학자 겸 정신과의사인 빅터 E. 프랭클은 '의미'라고 했다.

뇌과학 연구에 따르면 뇌 속 도파민이라는 신경전달물질은 인간 행동의 동기부여와 관련이 있다. 도파민은 목적을 달성하고 난 뒤보다 목표를 향해 나아갈 때 더 많이 분비된다. 즉, 목표를 달성하고 만족감을 느낄 때보다 목표를 이루어가는 과정에서 도파민이 더 많이 생성된다는 뜻이다. 그런 까닭에 성공을 위해 앞만 보고 달려간 사람이 원하는 성공에 도달하면 되레 삶의 의욕을 잃어 우울증에 시달리는 경우를 종종 보게 된다. 이른바 '성공우울증'이다.

기분 좋은 자극,
도파민

도파민 기능은 사춘기를 지나면서부터 떨어진다. 나이가 들면 웬만한 자극에 무덤덤해지고 삶이 건조해진다. 뇌 속 도파민 분비가 감소하기 때문이다. 파킨슨병도 도파민 기능 저하로 운동기능에 이상이 오면서 생기게 된다.

활기차고 만족스러운 삶을 누리려면 뇌 속 도파민이 풍부하게 분비되어야 한다. 도파민은 새로운 것을 추구할 때 분비된다. 끊임없이 새로움을 추구하는 행위가 뇌를 자극하고, 또 도파민 분비를 촉진해 만족감과 동기부여 체계에 시동을 걸게 되는 것이다.

도파민은 도파민 신경세포에서 분비된다. 도파민을 분비하는 신경세포는 주로 중뇌의 복측피개영역, 흑질, 시상하부 활꼴핵 등에 위치한다.

뇌 안에 있는 도파민 신경회로는 크게 4개다. 첫 번째는 흑질선조체 경로다. 이 회로의 도파민 신경세포가 손상 혹은 퇴화해 도파민 기능이 감소하면 파킨슨병이 생긴다. 두 번째는 중뇌피질 경로다. 이 경로에 손상이 있으면 정신병적 증상이 발생한다. 항정신병약물이 이곳 도파민 수용체에 작용하는 것으로 알려져 있다. 세 번째는 중뇌변연계 회로다. 뇌는 생존에 도움이 되는 행위를 하면 그 보상으로 기분을 좋게 해 같은 행위를 반복하게 한다. 도파민이 분비되면서 즐거움, 쾌락, 행복감 등을 느끼고 동기를 부여해 활력이 넘치게 되는 것이다. 반대로 중뇌변연계 신경회로에 이상이 생기면 마약, 알코올, 도박 등에 빠져드는 중독 질환이 발생할 수 있다. 네 번째는 결절누두 회로다.

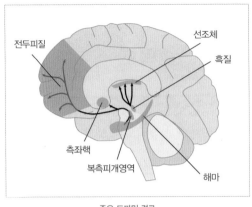

전두피질

선조체

흑질

측좌핵

복측피개영역

해마

주요 도파민 경로

이곳의 도파민은 뇌하수체에서 분비되는 프로락틴이라는 호르몬을 억제하기도 한다. 프로락틴은 유즙을 분비하고 생리를 멈추게 하는 등 임신을 하면 분비되는 호르몬이다. 항정신병약물을 복용하는 사람에게 가끔 생리불순이 생기거나 유즙이 분비되는 현상이 나타나기도 하는데 그 원인이 바로 여기에 있다. 이곳 신경회로의 도파민 수용체를 막아서 도파민 분비가 감소하면 프로락틴 호르몬이 증가하는 부작용 탓이다.

앞서 말했듯 중뇌변연계 회로는 보상회로 중 하나다. 보상회로는 즐거움, 쾌락, 긍정 심리 강화, 동기부여 등과 관련이 있다. 어떤 자극이 왔을 때 즐거움을 느끼면 같은 자극을 반복적으로 원하게 된다. 이때 도파민이 분비된다. 그래서 우리는 긍정적 자극을 통해 도파민이라는 보상을 받고자 반복적으로 자극을 추구하고, 부정적인 보상과 관련된 자극은 가능하면 피하려 한다.

보상작용은 환경에 적응하는 진화를 거치면서 인류의 생존전략이 됐다. 최근 연구에 따르면, 쾌락중추는 측좌핵, 배측 창백, 섬피질 등에 존재한다. 이 부위를 자극하면 쾌락을 느낀다는 것이다. 여기서 한 가지 중요한 사실은 반복되는 동일한 자극보다 새로운 자극이 감지될 때 도파민이 더 많이 분비된다는 점이다.

쾌락을 추구하는 중독 현상은 중뇌변연계 회로와 관련 있다. 코카인이나 필로폰을 투여하면 이 회로가 강하게 자극되어 도파민 분비를 늘리고 쾌락을 느끼게 된다. 이 쾌락에 빠져들고자 약물을 반복적으로 투여하려는 욕망도 커진다.

그런데 주위를 둘러보면 같은 자극에도 쉽게 중독에 빠지는 사람이 있는가 하면, 중독 증상이 그다지 심하지 않은 사람도 있다. 그 차이는 자극 예민도다. 자극에 예민해 도파민을 과다하게 분비하는 사람이 있는가 하면, 같은 자극이라도 도파민 분비가 적고 즐거움을 느끼지 못하는 사람이 있다. 즉, 도파민 분비 자극에 예민한 사람은 중독에 쉽게 빠지는 경향이 있다. 예민한 정도의 차이는 대체로 유전적 영향에 따라 좌우된다.

사춘기에는 사소한 일에도 울고 웃는 등 감정에 솔직한 편이다. 미세한 자극에도 도파민이 풍부하게 분비되기 때문이다. 호기심이 많고, 쉽게 우울해지기도 하고, 충동적이거나 과격하게 행동하는 이유도 모두 도파민의 과다 분비 탓이다. 나이가 들어 신경회로가 안정되면 비교적 자극에 적절하게 반응하다가 장년기를 지나 노년기에 접어들면서 자극에 무뎌져 도파민이 쉽게 분비되지 않는다.

나이 든 사람들이 매사 무덤덤해지는 이유가 여기에 있다. 이 부위는 동기 부여와도 밀접한 관련이 있다. 일단 마음이 즐거워야 움직여볼 의지가 생긴다. 살아가는 데 즐거움이라곤 없고 의욕이 심각할 정도로 떨어져버리면 정신 질환 중에서 조현병이나 기분장애 등이 나타날 수 있다.

잠자는 오감을 깨워
도파민하라

유엔 산하 지속가능발전해법네트워크가 발표한 〈2020년 세계행복보고서〉를 보면 한국의 국가행복지수는 153개국 중 61위다. 상당히 낮은 수준이다. 게다가 우리나라는 몇 년째 자살률 세계 1위라는 불명예에서 벗어나지 못하고 있다. 인구 10만 명당 26.6명, 하루 평균 37.5명이 자살하고 있다(2018년 기준). 자살은 한국인의 전체 사망원인 1위인 암과 2, 3위인 뇌혈관질환, 심장질환에 뒤이어 4위를 차지한다. 더 심각한 것은 20대와 30대에서는 자살이 사망원인 1위라는 점이다. 왜 우리는 스스로 행복하지 않다고 여길까?

원인은 스트레스에 있다. 한국인은 연령대를 불문하고 너무나 많은 스트레스에 노출되어 있다. 어린 시절부터 계속된 끝없는 경쟁은 우리를 심각한 스

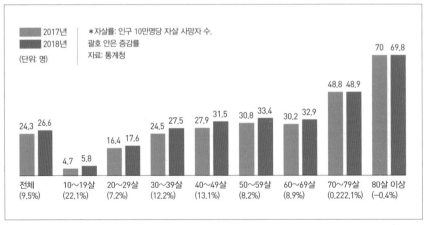

연령대별 자살률 및 증감률

트레스 상태로 내몬다. 그야말로 일상생활이 스트레스의 연속이다. 직장을 포함한 사회생활 속의 복잡한 인간관계와 업무 스트레스가 끊임없이 이어진다.

스트레스는 개인이 행복을 느끼기 어렵게 할 뿐 아니라 정신질환을 유발하는 매우 큰 환경적 요인이기도 하다. 스트레스에 쉽게 노출된 우리나라 국민 4명 중 1명은 일생에 한 번 정신질환에 걸릴 수 있다는 통계 수치가 있다. 이 역시 다른 나라와 비교했을 때 상당히 높은 편이다.

몸과 마음의 건강에 치명적인 스트레스를 줄이고 더 행복하고 건강하게 살 수 있는 방법은 없는 것일까? 인간의 행복에는 어떠한 조건이 필요한 것일까? 최근 하버드대 정신과 교수이며 인간의 발달, 성공적인 노화, 행복을 평생 연구해온 조지 베일런트 교수가 70여 년의 연구를 토대로 7가지 행복의 조건을 제시했다. 고통에 대응하는 성숙한 방어기제, 교육, 안정된 결혼생활, 금연, 금주, 운동, 적당한 체중이 바로 그것이다.

베일런트 교수가 첫 번째로 꼽은 '고통에 대응하는 성숙한 방어기제'는 한 개인이 고통을 당했을 때 성숙하게 대처하는 정도를 의미한다. 나머지 6가지와 비교해볼 때 가장 어려운 조건이라고 할 수 있다. 그러나 베일런트 교수는 '삶의 고통을 진심으로 받아들이고 겸손한 자세를 유지하는 것이 행복한 삶의 열쇠'라고 말한다. 결국 살면서 겪는 고통과 시련을 감내할 내성을 키워야 한다는 뜻이다.

인간은 누구나 행복하기를 원한다. 돈, 명예, 권력에 가치를 두고 그것을 내 것으로 만들기 위해 평생 노력한다. 그러나 돈, 명예, 권력이 주는 성취감은 잠시뿐이다. 만족감이 그리 오래가지 않는다.

진정으로 만족하고 성공한 삶을 누리기 위해서는 어떻게 해야 할까? 우선

순간순간 자신의 존재감을 느낄 수 있도록 오감을 깨워야 한다. 매일 반복되는 일상적 일이라고 해도 다른 차원에서 새롭게 받아들이면서 어제와 다른 오늘의 나를 스스로 만들어나가야 한다. 단계별로 목표를 정하고 한 단계 올라갈 때마다 기쁨을 느끼며 다음 단계로 오르기 위해 노력한다면 결과와 상관없이 행복을 느낄 수 있다.

진부한 말처럼 들리겠지만 행복은 의외로 가까이에 있다. 추상적인 의미가 아니라 실제적인 의미에서 그렇다. 행복은 바로 우리 머릿속에 있으니까 말이다. 뇌 속 도파민을 분비하기 위해 소소하지만 끊임없이 뇌를 일깨우자. 그 과정이 바로 내가 스스로 행복해질 수 있는 길이라는 사실을 잊지 말자.

참고문헌

1강 · 쉽게 풀어보는 경제원리

- 김선화(2013). 100년 기업을 위한 승계전략. 쌤앤파커스.
- 박제가(2013). 완역 정본 북학의. 안대회 역주. 돌베개.

2강 · 제4의 물결

- 솔닛, 레베카(2018). 민중의 역사를 기억하라. 조시 맥피 편저. 원영수 번역. 서해문집.
- 오준호(2011). 반란의 세계사. 미지북스.
- 오준호(2016). 열여덟을 위한 세계 혁명사. 알렙.
- 임영태 외(2017). 솔직하고 발칙한 한국 현대사. 내일을여는책.

3강 · '지구'라는 터전

- 김경렬 외(2017). 지구인도 모르는 지구. 반니.
- 헤이즌, M. 로버트(2014). 지구 이야기. 김미선 번역. 뿌리와이파리.

5강 · 세종의 원칙

- 박영규(2008). 한 권으로 읽는 세종대왕실록. 웅진지식하우스.
- 박영규(2017). 한 권으로 읽는 조선왕조실록. 웅진지식하우스.
- 플루타르코스(2012). 플루타르코스의 모랄리아. 허승일 번역. 서울대학교출판문화원.

9강 · 시간과 공간으로 풀어낸 서울 건축문화사

- 김동욱 외(2012). 창덕궁 깊이 읽기. 글항아리.
- 베갱, 질(1999). 자금성. 김주경 번역. 시공사.
- 비온티노, 유리안(2016). 일제하 서울 남산 지역의 일본 신도 · 불교 시설 운영과 의례 연구. 서울대학교 박사학위논문.
- 서울고동창회(2003). 서울고등학교 50년사. 서울고동창회.
- 손정목(2017). 서울 도시계획 이야기(전5권). 한울.
- 안창모(2009). 덕수궁. 동녘.
- 우동선 외(2009). 궁궐의 눈물, 백년의 침묵. 효형출판.
- 은정태(2009). 고종 시대의 경희궁 : 훼철과 활용을 중심으로. 서울학연구 34.
- 이상배(2005). 장충단의 설립과 장충단제. 지역문화연구4.
- 이윤상(2003). 고종 즉위 40년 망육순 기념행사와 기념물. 한국학보 111.
- 이장우(2004). 조선 건축초기 한 가신적 신료에 대한 고찰: 박자청을 중심으로. 향토서울 64호.
- 임재찬(1999). 구한말 육군무관학교 연구. 동아대학교 박사학위논문.
- 조영규(2006). 협률사와 원각사 연구. 연세대학교 박사학위논문.

10강 · 뇌로 인간을 보다

- 강봉균 외(2016). 뇌^{Brain}. 휴머니스트.
- 하지현(2016). 정신의학의 탄생. 해냄.
- 허지원(2018). 나도 아직 나를 모른다. 홍익출판사

출처

1강 · 쉽게 풀어보는 경제원리

- 39쪽 https://www.youvisit.com
- 41쪽 Courtesy of the Library of Congress, Detroit Publishing Company Collection
- 47쪽 DREAMSTIME/RUSLANOMEGA

2강 · 제4의 물결

- 78쪽 The New York Times
- 83쪽 Horst Faas/AP
- 86쪽 The New York Times
- 89쪽 https://qz.com
- 92쪽 The New York Times

3강 · '지구'라는 터전

- 100쪽 Hubble, 2006.
- 105쪽(위) NASA_JPL
- 105쪽(아래) NASA
- 107쪽 Swen Stroop
- 118쪽 소년중앙

- 119쪽 www.britannica.com
- 124쪽 AAP
- 126쪽 Marcello Casal Jr.
- 142쪽 jpl.nasa.gov
- 145쪽 ESA/Hubble & NASA, Y. Chu

4강 · 노동인권: 이건 제 권리입니다

- 158쪽 전국민주노동조합총연맹
- 163쪽 새싹공작소
- 166쪽 월간노동법률
- 171쪽 Eric Gaillard/Reuters
- 175쪽 www.gangnam.go.kr
- 179쪽 전국민주노동조합총연맹
- 180쪽 https://jeb.biologists.org
- 183쪽 https://www.france24.com
- 187쪽 KBS
- 188쪽 DGB

6강 · 비난과 이해 사이

- 249쪽 기획재정부/신한은행 설문조사

- 254쪽 http://www.carguy.kr

7강 · 명의열전

- 292쪽 叶雄
- 298쪽 국립민속박물관
- 310쪽 허준박물관
- 313쪽 한독의약박물관
- 317쪽 네이버 건강백과

8강 · 생태계에서 배우는 삶의 원리

- 330쪽 A. Sliwa
- 333쪽 SMITHSONIANMAG.COM
- 349쪽 MEGHAN MURPHY/
  SMITHSONIANS NATIONAL ZOO
- 362쪽 CRISTINA MITTERMEIER

9강 · 시간과 공간으로 풀어낸
서울 건축문화사

- 370쪽 서울역사박물관
- 371쪽 http://thongtinhanquoc.com/
  co—cung
- 384쪽 서울대학교 규장각한국학연구원
- 388쪽 영국대사관
- 400쪽 서울역사아카이브
- 405쪽 서울역사박물관

10강 · 뇌로 인간을 보다

- 423쪽 Consortium of the Human
  Connectome Project
- 431쪽 https://clinicaltdcs.com
- 435쪽 MIEL
- 438쪽 David Geffen School of Medicine
  at UCLA
- 443쪽 나무위키
- 446쪽 https://www.frontiersin.org

※ 별도 표기하지 않은 이미지의 출처는 Wikimedia Commons 또는 무료 이미지 사이트를 이용했습니다.

저자 소개

| 박 정 호 |

연세대학교 경제학과를 졸업하고 동 대학원에서 경제학을, KAIST 대학원에서 경영학을 공부했다. 현재 명지대학교 특임교수로 있다. KDI(한국개발연구원)에 전문연구원으로 재직한 바 있으며, 현재 한국인적자원개발학회 부회장, 인공지능법학회 상임이사, 세종시 지역산업발전위원 등으로 활동하고 있다. 문득 디자인을 통한 혁신 창출에 관심이 생겨 홍익대 대학원에서 산업디자인을 공부하기도 했고, 한국디자인단체총연합회 사무총장, 광주디자인비엔날레 큐레이터 등을 역임했다. 현재 MBC 라디오 〈이진우의 손에 잡히는 경제〉 등에 고정 패널로 출연 중이다. EBS 〈TESAT 경제강의〉 등 다양한 매체와 주요 공공기관, 기업에서 보통 사람들을 위한 교양 경제 강의를 한다. 지은 책으로 《아주 경제적인 하루》《경제학을 입다 먹다 짓다》《한국사에 숨겨진 경제학자들》《경제학자의 인문학 서재》《이코노믹 센스》《미래 시나리오 2021(공제)》 등이 있다.

| 오 준 호 |

민주주의와 혁명에 관심이 많은 논픽션 작가. 서울대 국문과, 경상대 정치경제학과 석사를 수료하고 〈오마이뉴스〉 시민 기자로 활동했다. 인권, 민주주의 등을 주제로 한 저술 활동과 대중 강연을 하고 있다. 저서로 《2050 대한민국 미래 보고서》《부의 미래, 누가 주도할 것인가》《기본소득이 세상을 바꾼다》《세월호를 기록하다》《노동자의 변호사들》《소크라테스처럼 읽어라》《반란의 세계사》 외 다수가 있고, 역서로 《나는 황제 클라우디우스다》《착한 인류: 도덕은 진화의 산물인가》 외 다수가 있다.

| 장형진 |

수학과 물리학은 숫자로 풀어내는 인문학이라 믿는 물리학자. 서울대에서 입자물리학 전공으로 박사과정을 수료한 후 서울대 등에 출강했다. 과학은 어렵다는 선입견을 깨기 위해 대중의 눈높이에 맞춰 설명하려고 노력한다. 과학의 대중화를 위해 중고등학생, 시민들과 만나 '과학의 기원과 인간의 이해'라는 주제로 강의를 하고 있다.

| 문승호 |

고용노동연수원 청소년 노동인권 전문 강사. 고려대학교 노동대학원을 졸업했다. 성장과 이윤보다 사람의 소중함을 강조하면서 인권 관련 강의와 연구를 진행하고 있다. 더 많은 청소년이 노동인권을 인식하고 자신의 권리를 주장할 수 있으면 좋겠다는 바람으로 비영리 스타트업 '새싹공작소'를 시작해 대표로 활동하고 있다.

| 박영규 |

장자와 노자, 고양이를 사랑하는 인문학자. 서울대학교 사회교육학과와 동 대학원 정치학과를 졸업하고, 중앙대학교에서 정치학으로 박사학위를 받았다. 한국승강기대학교 총장, 한서대학교 국제관계학과 대우교수, 중부대학교 초빙교수 등을 역임했다. 지은 책으로 《인문학을 부탁해》《그리스, 인문학의 옴파로스》《관계의 비결》《다시, 논어》《욕심이 차오를 때, 노자를 만나다》《존재의 제자리 찾기》《아주 기묘한 장자 이야기로 시작하는 자존감 공부》《주역으로 조선왕조실록을 읽다》 등이 있다. 현재 〈동아비즈니스리뷰〉에 '장자 사상과 4차 산업혁명'이라는 화두로 칼럼을 연재한다.

| 이효정 |

현재 서울경제신문 부설 백상경제연구원에서 연구원으로 근무하고 있다. 에너지경제연구원, 한국은행 금융경제연구원, 국토환경연구소를 거쳐 이탈리아어 번역가로 활동했다. 고려대학교 경제학 석사를 마쳤다. 이탈리아 밀라노에 있는 유럽디자인종합학교Istituti Europeo di Design, Milano에서 패션마케팅 과정을 공부했다.

│ 김 형 찬 │

아이에게 부끄럽지 않은 아빠가 되고 싶은 마음에 딸의 이름을 따 한의원을 열었다. 생각과 생활이 바뀌면 건강도 변화한다는 믿음으로 아픈 사람들과 함께하고 있다. 지은 책으로 《텃밭 속에 숨은 약초》《내 몸과 친해지는 생활한의학》《건강한 노년을 위한 50 60 70 한의학》《시의적절 약선 음식(공저)》《뜻하지 않게 오래 살게 된 요즘 사람들에게》 등이 있다.

│ 최 형 선 │

동물의 생존전략을 연구하는 생태학자. 1984년 이화여대 생태학 박사학위를 마치고 성균관대 초빙교수로 학생들을 가르친다. 환경부 중앙환경보전자문위원, 환경부 갈등관리심의위원, 수질보전국 물포럼 위원장을 지냈다. 저서로 《펭귄이 날개로 날 수 있다면》《퇴근길 인문학 수업:멈춤(공저)》《낙타는 왜 사막으로 갔을까》《첫걸음 동물백과》《동물들아 힘을 내!》《어린이 생태학(전2권)》이 있다. 《낙타는 왜 사막으로 갔을까》로 2012년 제30회 과학기술도서상 저술상을 수상했다.

│ 박 희 용 │

도시와 건축을 역사와 함께 공부하는 건축사학자. 서울시립대학교 서울학연구소의 수석연구원이자 서울시 문화재 전문위원이다. 서울이라는 장소에 축적된 도시와 건축이 현재의 시민들과 어떻게 삶의 일부가 되어 새로운 기억을 더해가며 지속해갈 수 있을까를 연구한다.
주요 저서로 《궁궐의 눈물, 백 년의 침묵(공저)》《한국건축개념사전(공저)》《建築と力のダイナミズム(공저)》《퇴근길 인문학 수업: 전진(공저)》《식민도시 경성, 차별에서 파괴까지(공저)》《한국의 수도성 연구(공저)》가 있고, 번역서로 《중국 건축, 야오동 동굴 주거를 찾아서》 등이 있다.

│ 권 준 수 │

정신건강의학과 전문의. 정신질환의 낙인을 제거하고 조기 발견과 치료를 위해 뇌영상술을 이용하는 연구에 몰두한다. 정신분열증을 조현병으로 개정하는 데 주도적 역할을 했다. 현재 서울대학교 의과대학 정신과학교실 교수 겸 자연과학대학 뇌인지과학과 교수를 맡고 있다. 대한신경정신의학회 이사장, 대한정신분열학회 이사장 등을 겸하고 있다. 저서로 《강박증의 통합적 이해》《나는 왜 나를 피곤하게 하는가》《쉽게 따라하는 강박증 인지행동치료(공저)》《마음을 움직이는 뇌, 뇌를 움직이는 마음(공저)》 등이 있다.